THÉATRE COMPLET
DE
EUGÈNE LABICHE
III

ÉMILE COLIN. — IMPRIMERIE DE LAGNY

THÉATRE COMPLET
DE
EUGÈNE LABICHE

AVEC UNE PRÉFACE

PAR

ÉMILE AUGIER

III

CÉLIMARE LE BIEN-AIMÉ
UN MONSIEUR QUI PREND LA MOUCHE
FRISETTE — MON ISMÉNIE
J'INVITE LE COLONEL — LE BARON DE FOURCHEVIF
LE CLUB CHAMPENOIS

PARIS
CALMANN LÉVY, ÉDITEUR
ANCIENNE MAISON MICHEL LÉVY FRÈRES
3, RUE AUBER, 3
—
1892
Droits de reproduction et de traduction réservés

CÉLIMARE

LE BIEN-AIMÉ

COMÉDIE-VAUDEVILLE

EN TROIS ACTES

Représentée pour la première fois, à Paris, sur le théâtre du PALAIS-ROYAL le 27 février 1863.

COLLABORATEUR : M. DELACOUR

PERSONNAGES

	ACTEURS qui ont créé les rôles
PAUL CÉLIMARE.	MM. GEOFFROY.
VERNOUILLET.	LHÉRITIER.
BOCARDON.	HYACINTHE.
COLOMBOT.	MERCIER.
PITOIS.	LASSOUCHE.
MADAME COLOMBOT.	Mme DELILE.
EMMA, sa fille.	Mlles DESCHAMPS.
ADELINE, femme de chambre.	DANJOU.

DEUX TAPISSIERS.

La scène à Paris de nos jours.

CÉLIMARE
LE BIEN-AIMÉ

ACTE PREMIER.

Un salon très-élégant. A gauche, au premier plan, une cheminée. Au deuxième plan, une porte. Au fond, porte d'entrée. Dans les deux pans coupés, à gauche et à droite, deux fenêtres. A droite, deux portes latérales, une au premier plan, communiquant à la lingerie. Divan, chaises, fauteuils, ameublement riche. — Un secrétaire au fond, à droite, dans lequel se trouve un petit coffret. Table à gauche près de la cheminée. — Pendules, flambeaux, vases, etc.

SCÈNE PREMIÈRE.

ADELINE, PITOIS, DEUX TAPISSIERS.

Les deux tapissiers achèvent de poser des rideaux. Adeline les aide.

PITOIS, entrant par le fond.
Eh bien? ces rideaux, Dépêchons-nous, mes enfants!

ADELINE.
Dans une minute tout sera fini.

PITOIS.

A neuf heures, monsieur veut que l'appartement soit débarrassé.

ADELINE.

Mais la cérémonie n'est que pour onze heures.

PITOIS.

C'est égal... monsieur m'a défendu de laisser traîner des tapissiers dans l'appartement quand il partira pour la mairie.

ADELINE.

Dites donc... entre nous... il est un peu âgé, monsieur, pour se marier...

PITOIS.

Il a quarante-sept ans... Je lui ai fait les observations que je devais lui faire... Il m'a envoyé promener... ça le regarde.

ADELINE.

La future n'a que dix-huit ans... C'est bien dangereux !

PITOIS.

Ça ne prouve rien... Moi, j'ai épousé une femme qui avait cinq ans de plus que moi... et ça ne m'a pas empêché...

ADELINE, riant.

Comment !... vous, monsieur Pitois ?

PITOIS.

Parfaitement... Vous ne le saviez pas ?..

ADELINE.

Non... je ne suis ici que de ce matin...

PITOIS.

C'est donc ça... Du reste, quand il arriverait malheur ?

monsieur... ce serait pain bénit... En voilà un qui en a fait de toutes les couleurs... C'était un gandin... On l'appelait le gandin de la rue des Lombards... quand il était jeune et droguiste...

ADELINE.

Il a été droguiste?

PITOIS.

Oui... Ah! on peut dire que cet homme a eu un moment bien brillant!

On entend sonner.

ADELINE.

On sonne.

PITOIS.

C'est monsieur... c'est pour le friser... Depuis douze ans, c'est moi qui le frise... Quand je vois un cheveu blanc... crac! (On sonne plus fort.) Voilà, monsieur! voilà, monsieur!...

Il entre à droite. Deuxième plan.

SCÈNE II.

ADELINE, LES TAPISSIERS, puis COLOMBOT.

ADELINE, aux tapissiers.

Relevez les rideaux... c'est plus gracieux!

COLOMBOT, entrant par le fond.

Ne faites pas attention... c'est moi...

ADELINE, à part.

Le beau-père!

COLOMBOT, à Adeline.

Ah! la nouvelle femme de chambre de ma fille... celle que ma femme a arrêtée hier...

ADELINE, saluant.

Oui... monsieur...

COLOMBOT.

Où est Célimare... mon futur gendre?

ADELINE.

On le frise...

COLOMBOT.

Tiens... il se fait friser?... Ah! le sournois, il nous disait que c'était naturel!...

ADELINE.

Je vais le prévenir...

COLOMBOT.

On apportera la corbeille et le trousseau dans la journée... vous disposerez tout ça dans la lingerie.

ADELINE.

Oui, monsieur.

UN TAPISSIER, à Adeline.

Mademoiselle, nous avons fini...

ADELINE, remontant.

Il y a encore les petits rideaux à poser dans la chambre à coucher. (Prenant les rideaux sur un meuble.) Entrez toujours... je vais vous les porter...

COLOMBOT, à Adeline.

Je vais avec vous... je veux voir si tout est en ordre.

Il fait entrer à gauche les tapissiers et les suit

SCÈNE III.

ADELINE, PITOIS, puis CÉLIMARE.

PITOIS, entrant de droite, deuxième plan, et se dirigeant vers la cheminée. A la cantonade.

Oui, monsieur!... Voilà autre chose, à présent... monsieur qui me dit d'allumer du feu dans ce salon.

ADELINE.

Eh bien, puisqu'il vous le dit... faites-le... Ce n'est pas vous qui payez le bois.

Elle entre à gauche avec les rideaux.

PITOIS, allumant du feu.

Du feu... au mois d'août... et un jour de noces!

CÉLIMARE, entrant par la droite avec des papillotes et en robe de chambre et peignoir blanc.

Eh bien, ce feu a-t-il pris?

PITOIS.

On le souffle.

CÉLIMARE.

Dépêche-toi.

PITOIS

Monsieur a froid?

CÉLIMARE.

Oui... ouvre la fenêtre... et achève de me coiffer.

Il prend la chaise placée près de la table et s'assied en face du souffleur.

PITOIS, allant ouvrir la fenêtre de gauche, et à part.

Il veut que j'ouvre la fenêtre, à présent... Bizarre!... bizarre! (Haut.) Combien monsieur veut-il de boucles?

Il se tient debout derrière Célimare et finit de le coiffer.

CÉLIMARE, assis.

Partout... partout... et que ça ait l'air naturel.

PITOIS, le coiffant.

C'est égal... un homme qui se marie et qui fait du feu au mois d'août...

CÉLIMARE.

Eh bien!... après?

PITOIS.

J'ai fait à monsieur les observations que je devais lui faire...

CÉLIMARE.

Parce que tu as été malheureux avec ta femme, tu vois des sinistres partout... Le fait est qu'on doit passer un mauvais quart d'heure quand on découvre la chose...

PITOIS.

Oh! moi, je m'y attendais... Depuis quelque temps, Pulchérie... se pommadait extraordinairement et mettait de l'eau de Cologne dans son mouchoir... et, quand une femme de chambre se pommade...

CÉLIMARE.

Mauvais signe! (Parlant de sa coiffure.) Fais bouffer! fais bouffer!... Eh bien, qu'est-ce que tu en as fait, de ta femme? tu l'as renvoyée?...

PITOIS.

Non, monsieur... elle gagnait cinq cents francs par an!... nous les mettions à la caisse d'Épargne.

CÉLIMARE.

Ah! c'est une raison... Mais ton rival, tu l'as jeté par la fenêtre?...

PITOIS.

Non, monsieur... d'abord, les règlements de police s'y opposent... et puis il était plus fort que moi.

CÉLIMARE.

Ah! il paraît que c'était un rude gaillard!

PITOIS.

Un homme superbe... dans le genre de monsieur.

CÉLIMARE.

Fais bouffer... fais bouffer...

PITOIS.

Mais tout ça ne lui a pas porté bonheur.

CÉLIMARE.

Il est mort?

PITOIS.

Il est devenu huissier. (Otant le peignoir.) Monsieur est bouclé.

Célimare se relève.

CÉLIMARE, passant la chaise à droite.

C'est bien... Mets une bûche dans le feu et va-t'en.

PITOIS, mettant une bûche dans la cheminée. A part.

Au mois d'août... Bizarre!... bizarre!...

Il sort par la gauche.

SCÈNE IV

CÉLIMARE, seul.

Il ouvre le secrétaire au fond, à droite, et y prend un petit coffret très-élégant.

Là... est ma petite collection... les lettres de ces dames... Je ne le cache pas... j'ai aimé les dames (Gracieusement.) et je les aime encore, et je les aimerai toujours; mais, au moment de me marier, je ne puis garder chez moi ces souvenirs charmants... J'ai fait allumer le bûcher... et je vais consommer le sacrifice. Voyons... on dit que le feu purifie tout. (Prenant un paquet de lettres dans le coffret qu'il dépose sur la table, il s'assied.) Ah! les lettres de Ninette... ma dernière... une grande écriture rageuse... comme son caractère... (Il se lève.) C'est égal! c'est une femme qui avait de jolis détails! D'abord elle avait un mari... J'ai toujours aimé les femmes mariées... Une femme qui a un mari... un ménage... cela vous fait un intérieur... et puis c'est rangé, et c'est honnête... et il est si difficile aujourd'hui d'avoir pour maîtresse une femme complétement honnête! Quant à la dépense... des bouquets... quelques sacs de bonbons... rien du tout! Par exemple, il y a le mari... une espèce de gêneur qui s'éprend pour vous d'une amitié furieuse... qui vous raconte ses affaires, vous demande conseil, vous charge de ses commissions... ça, c'est le revers; moi, j'ai toujours soigné le mari... c'est mon système... Ainsi, celui de Ninette... Bocardon... un courtier en indigo... nous nous tutoyons... mais ces liaisons-là n'ont pas de racines... voilà ce qu'il y a de commode... ça se tranche comme avec un couteau... C'est pourtant un brave garçon, que ce Bocardon... très-serviable... Ainsi, toutes ces lettres, c'est lui qui me les a apportées... dans son chapeau... Nous étions convenus d'un signal avec Ninette... quand Bocardon me disait : « Ah! à propos! ma femme m'a chargé de te demander ce que tu penses des Nord... ça voulait dire : « Ma femme t'a écrit... regarde sous la coiffe de mon chapeau... à gauche... » Je regardais, et... (Montrant les lettres.) Voilà. C'est une femme d'ordre... elle économisait les timbres-poste!... Pauvres gens! je vais bien leur manquer... Je décidais tout dans la maison... j'étais leur intendant... côté du cœur. Allons! brûlons ces souvenirs!... Ça me fait de la peine... mais bah! (Il jette les lettres au feu.) Adieu, Ninette!... Adieu, Bocardon. (Prenant une autre liasse dans le coffret.) Passons à une autre!

SCÈNE V.

CÉLIMARE, COLOMBOT.

COLOMBOT, sortant de la chambre à coucher, à gauche. A la cantonade.

Très-bien!... ce sera charmant.

CÉLIMARE, fermant vivement le coffret, après y avoir remis les lettres. A part.

Oh!... mon beau-père.

COLOMBOT.

Bonjour, Célimare.

CÉLIMARE.

Monsieur Colombot!... Qui vous amène si matin?

COLOMBOT.

J'ai voulu donner un dernier coup d'œil à votre installation. (Il remonte, regardant la cheminée.) Tiens! vous faites du feu... au mois d'août.

CÉLIMARE.

Oui... l'air est frais, ce matin.

COLOMBOT, regardant la fenêtre.

Et vous ouvrez la fenêtre?

CÉLIMARE.

Ça fumait.

COLOMBOT, apercevant le coffret sur la table.

Ah! le joli coffret!

Il veut le prendre.

CÉLIMARE, le retenant.

Prenez garde!... c'est très-fragile.

COLOMBOT.

Je parie que c'est encore une surprise... pour ma fille...

CÉLIMARE.

Précisément.

COLOMBOT.

Nous le mettrons dans la corbeille.

CÉLIMARE.

C'est ça... plus tard... (A part.) quand il sera vidé.

COLOMBOT.

Célimare! il faudra bien l'aimer, ma fille?

CÉLIMARE.

Soyez tranquille, beau-père.

COLOMBOT.

J'ai peur que vous ne soyez un peu mûr pour elle.

CÉLIMARE.

Mûr?... Je n'ai que quarante-sept ans.

COLOMBOT.

D'abord, je vous préviens qu'Emma est très-enfant.

CÉLIMARE.

Moi aussi...

COLOMBOT.

Si vous l'aviez vue hier emballer ses poupées... car elle vous les apportera...

CÉLIMARE.

Ah! tant mieux! ah! tant mieux! (Confidentiellement.) Cependant, entre nous, je tâcherai de les lui faire oublier.

COLOMBOT.

Qu'est-ce que vous entendez par là?

CÉLIMARE.

Dame... (Lui frappant sur le ventre.) Eh! eh! papa Colombot.

Il rit.

COLOMBOT.

Ne riez pas comme ça! ça vous dessine la patte d'oie!

CÉLIMARE, à part.

Ah! mais... il est ennuyeux.

COLOMBOT.

Voyez-vous, moi, je suis franc... je ne vous cache pas qu'au premier abord, vous ne me plaisiez pas du tout... Oh! mais pas du tout.

CÉLIMARE.

Ah!

COLOMBOT.

A ma femme, non plus...

CÉLIMARE.

Alors, qu'est-ce qui vous a décidé?

COLOMBOT.

C'est le notaire... quand il nous a dit que vous aviez quarante mille livres de rente...

CÉLIMARE, piqué.

Ah! vous êtes bien bon... je vous remercie.

COLOMBOT.

Ça ne vous fâche pas?

CÉLIMARE.

Comment donc!... au contraire.

COLOMBOT.

Nous nous sommes dit: « Célimare n'est pas jeune... Célimare n'est pas beau... mais la jeunesse, la beauté!... ça passe... tandis que quarante mille livres de rente... quand on a de l'ordre... ça reste!... » Je suis franc, moi!

CÉLIMARE.

Je le vois bien!... Heureusement que votre fille ne partage pas votre opinion...

COLOMBOT.

C'est vrai... vous lui plaisez assez... Je ne comprends pas ça...

CÉLIMARE, piqué.

Qu'y a-t-il là d'étonnant? j'ai su plaire à bien d'autres...

COLOMBOT, incrédule.

Vous?... Laissez-moi donc tranquille!... avec un ventre comme ça!

CÉLIMARE.

Mais...

COLOMBOT, remontant.

Allons! je vous quitte... Vous avez votre toilette à terminer... A bientôt.

ACTE PREMIER.

CÉLIMARE.

Bonjour...

COLOMBOT.

Ne vous faites pas attendre... à onze heures précises.

CÉLIMARE.

Soyez tranquille.

Colombot sort par le fond.

SCÈNE VI.

CÉLIMARE, puis VERNOUILLET.

CÉLIMARE, seul.

Il dit qu'il est franc... je le trouve malhonnête, moi. Il me considère comme un fruit sec de la galanterie... c'est à pouffer de rire : j'avais bien envie de lui ouvrir ce petit coffret... (Il l'ouvre et y prend des lettres.) Les lettres de madame Vernouillet... Cette pauvre Héloïse. (Montrant les lettres.) Ceci représente cinq ans d'une passion... C'était une saisissante Bordelaise... mariée à un vieux bonhomme sans éclat ; elle n'avait qu'un défaut... mais un défaut terrible... Comme tous ceux de Bordeaux, elle aimait les champignons... et elle croyait les connaître, la malheureuse ! Si bien que, tous les dimanches, nous partions de Paris le matin, elle, son mari... et un petit panier... et nous allions dans le bois de Meudon herboriser des vénéneux... Elle s'écriait : « Ah ! voilà un *cepe !*... ah ! voilà une *oronge !* » et elle fourrait tout ça dans son petit panier... Vernouillet nous suivait de loin, de très-loin... c'était charmant. Le soir, on me retenait à dîner. Inutile de dire que je ne touchais pas à cette affreuse fricassée, assaisonnée à l'huile et à l'ail... Certainement, je ne suis pas plus poltron qu'un autre, mais je n'aime pas dîner avec de la mort aux rats... Je reprenais du bœuf, et comme j'avais raison !... Un soir, à onze heures, elle me dit : « A demain !... » et, à minuit, j'étais veuf. (Se reprenant.) Vernouillet était veuf... Cet événement changea mes petites habitudes... je ne savais plus que faire de mes soirées... C'est alors que je songeai aux Bocardon... pour m'étourdir... Pauvre Héloïse! elle avait un style charmant. (Prenant une lettre et lisant avec attendrissement.) « Mon cher ami... n'apportez pas de melon... mon mari en a reçu de la campagne. » (Parlé.) Elle pensait à tout, quelle femme! (Prenant une autre lettre et lisant.) : « Mon cher ami, c'est demain la fête de M. Vernouillet, n'oubliez pas de venir avec un bouquet. » (Parlé.) Et j'arrivais le lendemain avec mon bouquet et mon compliment... comme un collégien... L'ai-je assez gâté, ce mari-là! je le mettais dans du coton... je faisais ses courses le matin... le soir sa partie de domino, tous les jours à quatre heures, j'allais le prendre à son bureau... Un jour, il eut mal aux reins... et... non... je l'ai frictionné... Seulement... elle me savait gré de ces petites attentions... un regard bien senti venait me payer de tous mes sacrifices... Allons, c'est bête de s'attendrir, mettons tout cela au feu...

PITOIS, annonçant.

M. Vernouillet.

CÉLIMARE, à part.

Le mari!

Il replace vivement les lettres dans le coffret, qu'il referme et dont il cache la clef dans la poche de son gilet.

VERNOUILLET, entrant du fond.

Vous êtes seul?

CÉLIMARE, lui offrant une chaise.

Oui.

ACTE PREMIER.

VERNOUILLET, dépose son chapeau sur une chaise à droite, et s'assied près de Célimare poussant un soupir.

Ah!...

CÉLIMARE, assis et poussant aussi un soupir.

Ah!

Ils se serrent la main.

VERNOUILLET.

Enfin, que voulez-vous? nous n'y pouvons rien.

CÉLIMARE, qui avait un air gai, prend une mine triste.

Mon Dieu, non... nous n'y pouvons rien. (A part.) Il me retarde pour m'habiller.

VERNOUILLET.

Célimare... vous ne venez plus me prendre à mon bureau... je vous attends tous les jours jusqu'à quatre heures un quart... je me dis : « Il va venir ! » et vous ne venez pas.

CÉLIMARE.

Excusez-moi... mes occupations...

VERNOUILLET.

Célimare, je le vois bien, vous ne m'aimez plus comme autrefois.

CÉLIMARE, lui prenant la main.

Oh!... cher ami... quelle idée!

VERNOUILLET

Qu'est-ce que je vous ai fait?

CÉLIMARE.

Rien !... mais je vais me marier... et vous comprenez... les courses... les démarches...

VERNOUILLET.

J'étais habitué à vous voir tous les jours, et maintenant c'est à peine si je vous aperçois... de loin en loin...

CÉLIMARE.

Ah! je suis allé chez vous la semaine dernière...

VERNOUILLET.

Vous n'êtes resté que cinq minutes...

CÉLIMARE.

J'étais pressé...

VERNOUILLET.

Autrefois, vous passiez toutes vos soirées à la maison... nous faisions le domino...

CÉLIMARE, à part.

S'il croit que ça va continuer!

VERNOUILLET.

Certainement... quand j'ai perdu ma femme... ça m'a fait de la peine... mais je me disais : « Célimare me reste.»

CÉLIMARE, lui serrant de nouveau la main.

Ah! cher ami, cher ami... (A part.) Il est un peu ennuyeux!

VERNOUILLET.

Lorsque vous m'avez fait part de votre mariage... je me suis dit : « Tant mieux, cela me fera un intérieur... »

CÉLIMARE.

Ah!

VERNOUILLET.

« Il venait chez moi... j'irai chez lui... » Mais je vois bien que c'est un rêve... vous ne m'aimez plus!

CÉLIMARE.

Vernouillet, voyons, Vernouillet, pas d'enfantillage.

VERNOUILLET, se levant.

Ainsi, dernièrement, vous m'avez froissé... cruellement froissé.

CÉLIMARE; il se lève.

VERNOUILLET.

Vous ne m'avez même pas invité à votre repas de noce.

CÉLIMARE.

J'y ai pensé... mais vous êtes dans les larmes.

VERNOUILLET.

Je suis dans les larmes... c'est vrai... mais on ne peut pas toujours pleurer... voilà six mois.

CÉLIMARE.

Six mois, déjà!...

VERNOUILLET.

Mon Dieu, oui... comme le temps passe!...

CÉLIMARE.

Mais, cher ami, du moment que vous y consentez, je vous invite... je compte sur vous!

VERNOUILLET, s'épanouissant.

Vrai? eh bien, je vais vous prouver que je ne suis point ingrat.

Il cherche des papiers dans sa poche.

CÉLIMARE, à part.

Et ma belle-mère qui m'a bien recommandé de n'inviter personne... on ne tient que seize dans la salle à manger... et nous sommes déjà dix-huit... mais bah! un de plus... un de plus!

Il sourit.

VERNOUILLET, ouvrant un papier.

J'ai pensé à vous ce matin.

CÉLIMARE.

Qu'est-ce que c'est que ça?

VERNOUILLET.

Quelques couplets que je me suis amusé à griffonner à votre intention.

CÉLIMARE.

Comment! vous avez songé...? ah! que c'est aimable!

VERNOUILLET.

C'est sur un air connu, un air que ma pauvre femme aimait à chanter quelquefois. (Il soupire.) Ah!

CÉLIMARE, lui prend la main et poussant un soupir.

Ah!...

VERNOUILLET.

Enfin, que voulez-vous! nous n'y pouvons rien!...

Fredonnant très-gaiement.

Gai, gai, mariez-vous!

CÉLIMAR

Jeunes filles
Et bons drilles...

VERNOUILLET

(Parlé.) Vous y êtes.

Chantant.

Gai, gai, mariez-vous!
C'est un usage
Fort sage.
Gai, gai, mariez-vous,
Le mariage est si doux!
Notre ami, qui se marie
Est la crème des amis!

Ils se donnent la main.

Il sera, je le parie,
La crème aussi des maris.
Gai, gai,
Etc.

ACTE PREMIER.

CÉLIMARE.

Très-joli!... mais vous deviez... Vous n'êtes pas dans l'air. (Prenant le papier.) Permettez... Deuxième couplet.

Chantant.

Sa moitié plaît à la ronde.

VERNOUILLET, radieux.

(Parlé.) C'est pour madame.

CÉLIMARE, chantant.

L'époux plaît également.

VERNOUILLET.

(Parlé.) C'est pour vous.

CÉLIMARE, chantant.

Ces deux moitiés dans le monde
Doivent faire un tout charmant.

VERNOUILLET, très-gaiement.

(Parlé.) Et tout le monde reprend :

Chantant.

Gai, gai, mariez-vous!

ENSEMBLE.

C'est un usage
Fort sage
Gai, gai, mariez-vous,
Le mariage est si doux!

VERNOUILLET, tristement.

Comme Héloïse enlevait ça... la fin, surtout. (Il soupire.) Ah!...

CÉLIMARE, lui prenant la main et poussant un soupir.

Ah!...

VERNOUILLET.

Enfin... nous n'y pouvons rien... Je cours m'habiller, et je reviens vous prendre.

Il se dirige vers le fond

CÉLIMARE.

C'est pour onze heures.

VERNOUILLET.

Soyez tranquille.

Il sort en fredonnant, Célimare le reconduit et chante aussi.

Gai, gai, mariez-vous,
Etc.

VERNOUILLET, sortant.

Enfin, que voulez-vous!...

SCÈNE VII.

CÉLIMARE, puis BOCARDON.

CÉLIMARE, seul.

C'est drôle... depuis qu'il est veuf, je le trouve assommant... En voilà un que je négligerai, après la noce!

BOCARDON, entrant par le fond. Habit noir, cravate blanche.

C'est moi, mon cher ami... je ne reste qu'un instant.

CÉLIMARE, à part.

Bocardon! mon numéro deux.

BOCARDON.

Je viens te prévenir, car tu as fait une boulette... pommée. Heureusement que je l'ai réparée...

CÉLIMARE.

Quoi donc?

BOCARDON.

Ce n'est rien... Croirais-tu que tu as oublié de nous inviter à ton repas de noce?

CÉLIMARE.

Je vais t'expliquer... ma belle-mère...

BOCARDON.

J'ai arrangé tout cela... Ninette était furieuse... elle disait : « Il me le payera ! il s'en souviendra ! Tiens ! son tabouret !... » Tu sais ce joli tabouret qu'elle brodait pour toi ?... elle ne voulait pas le finir... Alors, j'ai tout pris sur moi. Tu vas voir comme je suis fin... je lui ai dit que tu m'en avais parlé... que tu m'avais chargé de l'inviter... et que cela m'était sorti de la tête.

CÉLIMARE.

Comment!

BOCARDON.

Ainsi, sois tranquille... nous viendrons tous les deux.

CÉLIMARE, à part.

Sapristi ! nous serons vingt et un... et on ne tient toujours que seize.

BOCARDON.

Ça l'a un peu calmée... Malgré cela, depuis quelques jours, elle est agacée... Tiens, au fait, depuis le jour où tu nous as fait part de ton mariage... elle est d'une humeur... on dirait que cela la contrarie...

CÉLIMARE.

Pourquoi serait-elle contrariée ?...

BOCARDON.

C'est ce que je lui ai dit : « Qu'est-ce que ça te fait? Célimare se marie... eh bien, tant mieux!... sa femme te fera une amie... » car j'entends que nos femmes se lient.

CÉLIMARE, froidement.

Oui! oui! sans doute... (A part.) Compte là-dessus.

BOCARDON.

Entre nous... je crois avoir découvert le véritable motif de sa mauvaise humeur.

CÉLIMARE

Hein?

BOCARDON

Tu ne devines pas?...

CÉLIMARE.

Non.

BOCARDON.

Elle avait des idées sur toi...

CÉLIMARE, effrayé

Des idées! Bocardon... je te jure...

BOCARDON.

Elle n'aurait pas été fâchée de te faire épouser sa cousine... Élodie.

CÉLIMARE, rassuré.

Ah! tu crois?

BOCARDON.

Oh! je ne suis pas bête! mais, comme je lui ai dit l'autre jour: « Élodie n'est pas du tout l'affaire de Célimare. »

CÉLIMARE.

Oh! du tout! du tout!

BOCARDON.

« D'abord, elle louche... » Alors, elle s'est mise en colère... et elle m'a dit que j'étais un imbécile... Preuve que j'avais deviné juste!

CÉLIMARE.

Comme tu connais les femmes!

BOCARDON.

La mienne, surtout! je la devine... Alors, elle a ajouté que ton mariage n'était pas fait, qu'il ne se ferait pas...

CÉLIMARE.

Comment!

BOCARDON.

Des bêtises! propos de femme vexée... Elle ne sait à qui s'en prendre... Ainsi la nouvelle cuisinière... celle que tu nous as donnée...

CÉLIMARE.

Eh bien?

BOCARDON.

Elle ne restera pas... Il y a eu des mots ce matin. Il faudra que tu arranges ça... Nous voulons aussi te consulter pour changer le papier de notre salle à manger.

CÉLIMARE.

Ah! mon ami, permets...

BOCARDON.

Pas aujourd'hui! marie-toi d'abord... et reviens-nous bien vite... car tu nous manques... Nous ne savons plus que faire...

CÉLIMARE, à part.

Encore un qui croit que ça va continuer.

BOCARDON.

Jusqu'à *Minotaure*... tu sais, mon terre-neuve... il devient triste...

CÉLIMARE.

Ah! pauvre bête!

BOCARDON.

Aussitôt qu'il t'apercevait, il se dressait sur ses pattes de derrière, comme ça... pour avoir un petit morceau de sucre! Ah! tu l'avais bien dressé!

CÉLIMARE.

Oui... nous étions très-amis.

BOCARDON.

C'est au point qu'à peine si tu entrais sous la porte cochère, il se mettait... comme ça... il te sentait. Il faut que l'homme ait un joli parfum, tout de même!

CÉLIMARE.

Non : mais l'odorat est tellement développé chez les chiens...

BOCARDON.

Enfin, mon pauvre ami, nos soirées sont longues... au lieu de ce bon bézigue que nous faisions tous les soirs...

CÉLIMARE.

Ah! oui... Tu es pour le bézigue, toi?

BOCARDON.

J'aime bien ça!

CÉLIMARE.

Il y en a qui préfèrent le domino.

BOCARDON.

Moi pas... Ah çà, je te quitte... je vais acheter des gants... ceux-ci ont craqué... A bientôt.

Il remonte

CÉLIMARE.

Adieu.

BOCARDON va jusqu'à la porte de sortie et revient.

Ah!... à propos... ma femme m'a chargé de te demander ce que tu penses des Nord..

CÉLIMARE, étonné.

Ah bah! (A part.) une lettre ! (Haut, voulant prendre le chapeau de Bocardon.) mais débarrasse-toi donc de ton chapeau.

BOCARDON, résistant.

Non... je m'en vais... il faut que j'aille acheter des gants...

CÉLIMARE.

Tu as le temps... tu les achèteras en allant à la mairie... Voyons, donne-moi ton chapeau... je le veux...

Il le prend.

BOCARDON, à part.

Est-il aimable!... Voilà un ami.

CÉLIMARE.

Tu ne m'as rien dit de mon nouveau mobilier.

BOCARDON.

Tiens! c'est vrai... des meubles neufs!... c'est charmant!

Il tourne autour de l'appartement qu'il examine.

CÉLIMARE, à part, visitant le chapeau.

Sous la coiffe... à gauche... (Tirant un billet.) Voilà... Que peut-elle me vouloir, à présent ? (A Bocardon.) Examine la pendule.

BOCARDON, regardant la pendule sur la cheminée.

Où as-tu trouvé ça?

CÉLIMARE, s'oubliant.

Dans ton chapeau.. (Se reprenant.) chez Montbro !...

BOCARDON.

C'est gentil!

CÉLIMARE, lisant, à part.

« Monsieur, je ne qualifierai pas votre conduite... mais si vous êtes un homme d'honneur, renvoyez-moi mes lettres avant midi... » (Parlé.) Ses lettres! saprelotte... je viens de les brûler...

SCÈNE VIII.

CÉLIMARE, BOCARDON, MADAME COLOMBOT.

MADAME COLOMBOT, dans la coulisse.

Il faut que je lui parle à l'instant.

CÉLIMARE.

Ma belle-mère! déjà!...

MADAME COLOMBOT paraît au fond.

Ah! c'est vous, monsieur.

CÉLIMARE.

Qu'y a-t-il donc? cet air bouleversé...

MADAME COLOMBOT.

J'ai laissé ma fille avec le coiffeur... pour venir vous demander une explication...

CÉLIMARE.

A moi?

MADAME COLOMBOT, regardant Bocardon.

Il faut que nous causions... seul à seul.

CÉLIMARE.

Parlez... monsieur est un ami...

ACTE PREMIER.

BOCARDON.

Intime.

MADAME COLOMBOT.

Soit... Monsieur, il s'agit d'une lettre anonyme que j'ai reçue, il y a quelques minutes à peine...

CÉLIMARE, étonné.

Une lettre anonyme?

BOCARDON.

Sans signature?

MADAME COLOMBOT.

Je ne l'ai pas même montrée à mon mari... Je me suis jetée dans un fiacre... Car, dans une heure, il ne serait plus temps de rompre.

CÉLIMARE.

Mais de quoi s'agit-il?

MADAME COLOMBOT.

Monsieur Célimare, votre fortune, votre brillante fortune... nous a déjà fait passer par-dessus bien des choses... et, pour ne parler que de votre âge, croyez bien que, sans vos quarante mille livres de rente...

CÉLIMARE.

Oui... je sais... monsieur votre mari a déjà eu l'obligeance de me le dire... Mais cette lettre?...

MADAME COLOMBOT.

Elle nous révèle un fait monstrueux... Vous avez un attachement, monsieur!...

CÉLIMARE.

Par exemple!

MADAME COLOMBOT.

Une femme chez laquelle vous passez toutes vos soirées.

CÉLIMARE, à part.

Aïe!... (Indiquant Bocardon.) Et l'autre qui est là?

BOCARDON.

Permettez... C'est impossible!...

MADAME COLOMBOT.

Pourquoi?...

BOCARDON.

Il passe toutes ses soirées chez moi.

CÉLIMARE.

Oui... nous jouons le bézigue.

BOCARDON.

A deux sous... L'autre jour... j'ai eu le quinze cents.. J'aime bien ça!...

MADAME COLOMBOT.

Mais pourtant cette lettre affirme...

CÉLIMARE, jetant les yeux sur la lettre, à part.

Pristi!... l'écriture de madame Bocardon.

BOCARDON, s'avançant.

Voyons voir!

CÉLIMARE, se précipitant entre lui et madame Colombot.

Non, c'est inutile!

BOCARDON.

Pourquoi?...

CÉLIMARE.

On méprise ces dénonciations anonymes... mais on ne leur fait pas l'honneur de les lire!

MADAME COLOMBOT, montrant sa lettre.

Cependant, mon gendre...

CÉLIMARE.

Cachez ça : j'aime mieux tout dire... oui, belle maman, j'ai aimé une femme : vous pensez bien que je ne suis pas arrivé à mon âge... oui, j'ai été chez elle tous les soirs pendant cinq ans...

MADAME COLOMBOT.

Pendant cinq ans...

BOCARDON.

Tous les soirs... je réclame...

CÉLIMARE.

Mais d'un mot je puis dissiper vos inquiétudes : depuis six mois, cette femme n'est plus... une fin tragique et prématurée est venue l'enlever à mon affection... et à l'estime de son mari.

BOCARDON, à part.

Il y a un mari : je conterai ça à Ninette, ça la fera rire!

MADAME COLOMBOT.

Et cette femme peut-on savoir?...

CÉLIMARE.

Impossible : il faudrait vous la nommer et son mari existe...

Il remonte un peu.

BOCARDON.

Il ne serait pas content.

MADAME COLOMBOT.

Qui m'assure que vous ne me faites pas une histoire?...

BOCARDON.

Ah! belle maman!

MADAME COLOMBOT.

Donnez-moi votre parole d'honnête homme...

CÉLIMARE.

Oh!... je vous en donne ma parole d'honneur!

MADAME COLOMBOT.

Paul... je vous crois.

Elle déchire la lettre en deux et en jette un morceau du côté de Célimare et l'autre du côté de Bocardon.

CÉLIMARE, à part.

Sauvé! (Il ramasse vivement le morceau. A part.) La lettre!
Il la froisse et la jette au feu.

BOCARDON, à part.

Il s'en tire... il n'y a que le mari...

MADAME COLOMBOT.

Ceci est entre nous... je n'en parlerai ni à ma fille ni à mon mari.

CÉLIMARE.

Je vous en prie... et soyez sûr qu'à l'avenir...

MADAME COLOMBOT.

Oh! je suis tranquille... votre âge me répond de vous.

CÉLIMARE, à part.

Mon âge... décidément ils me prennent pour un infirme.

MADAME COLOMBOT, remontant.

Je retourne auprès de ma fille, je reviendrai tantôt accompagner le trousseau.

CÉLIMARE, la saluant et l'accompagnant.

Belle maman... ah! j'oubliais : nous aurons trois convives de plus.

MADAME COLOMBOT.

Comment! vingt et un couverts?...

CÉLIMARE.

Un vieil ami que j'avais oublié... en outre, M. Bocardon et sa femme...

BOCARDON.

Qu'il avait oubliés aussi... Moi, le jour de mes noces, j'avais oublié le notaire, il est venu tout de même!

MADAME COLOMBOT, saluant Bocardon.

Trop flattée, monsieur...

BOCARDON, lui rendant son salut.

Comment donc, madame, c'est moi au contraire.

MADAME COLOMBOT, bas, à Célimare.

Où voulez-vous que je les fourre?

CÉLIMARE, bas. Ils sont près de la porte du fond. Bocardon est redescendu.

Vous ferez une petite table... on s'arrangera. (La reconduisant au fond.) A bientôt, belle maman!

Elle sort par le fond.

SCÈNE IX.

BOCARDON, CÉLIMARE.

BOCARDON, à lui-même, sur le devant de la scène, en ramassant la moitié de la lettre déchirée par madame Colombot.

Oh! les lettres anonymes! je trouve ça hideux. (Regardant l'écriture.) Ciel! l'écriture de Ninette!

CÉLIMARE, à part.

Patatras! je n'en ai brûlé qu'un morceau.

BOCARDON, allant à Célimare.

Mais c'est l'écriture de ma femme, monsieur.

CÉLIMARE.

Mais non... mais non... que tu es bête!...

BOCARDON.

Je la reconnais parfaitement...

CÉLIMARE.

Je t'assure que tu te trompes!

BOCARDON.

Cette femme mariée... chez laquelle vous passez toutes vos soirées... plus de doute. Je ne suis pas dupe de l'histoire que vous avez faite à votre belle-mère. (Se boutonnant.) Monsieur, il me faut une explication.

SCÈNE X.

Les Mêmes, VERNOUILLET.

VERNOUILLET, entrant par le fond. Habit noir et cravate blanche.

Me voilà!

CÉLIMARE, bas, à Bocardon.

Silence, du monde!

BOCARDON, bas.

Renvoyez ce monsieur... nous avons à causer.

VERNOUILLET, passant au milieu.

J'ai passé mon habit noir... et trouvé un nouveau couplet... voulez-vous que je vous le chante?

CÉLIMARE.

Non... merci... dans ce moment...

ACTE PREMIER.

VERNOUILLET.

C'est un souvenir pour ma pauvre femme que nous aimions tant.

BOCARDON, dressant les oreilles.

Hein?

VERNOUILLET, à Bocardon.

Car, pendant cinq ans, monsieur... il venait passer toutes ses soirées avec nous.

BOCARDON.

Cinq ans. Tiens, tiens!

CÉLIMARE, à Vernouillet.

Taisez-vous donc... il est inutile d'ennuyer monsieur...

BOCARDON, à Vernouillet.

Et madame votre épouse?...

VERNOUILLET.

Nous avons eu le malheur de la perdre..

BOCARDON, avec joie.

Ah... bah!

VERNOUILLET.

Une fin tragique et prématurée...

BOCARDON, éclatant de rire.

Ah! ah! ah! alors... c'est vous?

VERNOUILLET.

Moi... quoi?

BOCARDON, riant.

Ah! ah! ah! (A part.) J'aime mieux que ce soit lui.

VERNOUILLET, bas, à Célimare.

Qu'est-ce qu'il a donc à rire, ce monsieur?... Je lui parle de mes malheurs...

CÉLIMARE, bas.

Ne faites pas attention... c'est un tic, c'est nerveux.

VERNOUILLET, s'éloignant avec humeur.

On consulte un médecin...

Il remonte vers le fond

BOCARDON, bas, à Célimare.

Mon ami... pardonne-moi de t'avoir soupçonné.

CÉLIMARE, bas.

Bocardon! vous m'avez fait mal.

BOCARDON.

Que veux-tu! c'est la faute de ma femme avec sa lettre... employer un pareil moyen pour te faire épouser sa cousine.

CÉLIMARE.

Il faut lui pardonner...

BOCARDON.

Du tout!... nous causerons ce soir! Je n'ai jamais frappé les femmes, mais...

CÉLIMARE.

Ah! Bocardon...

BOCARDON.

Je ne prends pas d'engagement!

VERNOUILLET, à la cheminée, regardant la pendule.

Il est onze heures... partons-nous?

CÉLIMARE.

Onze heures!... je vous demande la permission d'aller passer un habit... je vous laisse ensemble. (A part.) Tiens, je ne les ai pas présentés. (Haut, présentant Vernouillet.) Monsieur Vernouillet... mon meilleur ami... (Présentant Bocardon.) Monsieur Bocardon... mon meilleur ami...

VERNOUILLET et BOCARDON, se saluant.

Monsieur!...

CÉLIMARE, à part et se dirigeant à droite.

Ils sont bons tous les deux.

Il sort.

SCÈNE XI.

BOCARDON, VERNOUILLET.

BOCARDON, à part, regardant Vernouillet.

Il a tout à fait le physique de l'emploi. (Haut.) C'est un homme bien aimable que Célimare.

VERNOUILLET, à part.

Tiens, son tic est passé. (Haut.) Un homme charmant!

BOCARDON.

Vous devez bien l'aimer...

VERNOUILLET.

Oh oui! C'est mon meilleur ami...

BOCARDON.

Naturellement... (Il éclate de rire.) Hi hi hi!

VERNOUILLET, à part, le regardant rire.

Ça le reprend. (Haut.) Vous ne souffrez pas?...

BOCARDON, étonné.

Moi?... non. (D'un ton goguenard.) Et comme ça, pendant cinq ans, il venait tous les soirs... tous les soirs chez vous?

VERNOUILLET.

Tous les soirs... il n'a pas manqué un jour... Nous faisions notre petite partie de dominos...

BOCARDON, à part.

Il faisait la partie du mari... comme c'est nature!

VERNOUILLET.

Mais, depuis six mois... depuis le départ de ma pauvre Héloïse... il m'a un peu négligé...

BOCARDON.

Ah dame!...

VERNOUILLET.

Quoi?...

BOCARDON.

Rien!...

VERNOUILLET.

Je ne sais pas ce qu'il fait de ses soirées.

BOCARDON, à part, finement.

Je le sais, moi!

VERNOUILLET.

Ma femme avait beaucoup d'estime pour lui... elle lui brodait tantôt une chose... tantôt une autre... un bonnet grec... des pantoufles.

BOCARDON, à part.

Des pantoufles! mon Dieu... que c'est nature! (Il éclate de rire.) Hi hi hi !

VERNOUILLET, à part.

Toujours son tic!.. (Haut.) Vous n'avez jamais consulté?

BOCARDON, étonné.

Consulté?... pourquoi?..

VERNOUILLET.

Non, rien... (A part.) Ça passe. (Haut.) Il nous faisait l'amitié de venir dîner avec nous tous les mercredis. (Se reprenant.) Non, tous les lundis...

ACTE PREMIER.

BOCARDON.

Je disais aussi, le mercredi, (A part.) c'est chez nous. (Haut.) Et madame lui faisait des petits plats sucrés?

VERNOUILLET.

Oui!

BOCARDON.

Des pommes au beurre?

VERNOUILLET.

Tiens! vous connaissez son faible...

BOCARDON.

Parbleu! (A part.) Il est complet! ô Molière, où sont tes pinceaux?

VERNOUILLET.

Et, comme il a une cave très-bien montée...

BOCARDON.

C'est vrai!

VERNOUILLET.

Il apportait toujours une fine bouteille que nous buvions au dessert. Il a surtout un certain kirsch...

BOCARDON.

Je le connais!

VERNOUILLET.

Ah! monsieur en a bu?

BOCARDON.

Tous les mercredis... C'est du nectar.

VERNOUILLET.

N'est-ce pas? Enchanté, monsieur, d'avoir fait votre connaissance.

Ils se donnent la main.

CÉLIMARE.

BOCARDON.

Comment donc! mais c'est moi...

Ils se serrent la main au moment où Célimare paraît habillé.

SCÈNE XII.

Les Mêmes, CÉLIMARE, puis PITOIS.

CÉLIMARE, sortant de droite, à part, les voyant se serrer la main.

Tiens! ils fraternisent!

BOCARDON, bas, à Célimare, désignant Vernouillet.

Je viens de causer avec lui... il fait mon bonheur.

CÉLIMARE, bas.

Je t'assure que tu te trompes... tu supposes des choses.

BOCARDON, bas.

Laisse-moi donc tranquille : je m'y connais.

CÉLIMARE, à part.

Au fait, il doit s'y connaître.

PITOIS, entrant du premier plan, porte de la lingerie, tout effaré, bas à Célimare.

Monsieur! monsieur!

CÉLIMARE.

Qu'est-ce qu'il y a?

PITOIS, bas.

Madame Bocardon est là; dans votre cabinet, elle a passé par la lingerie.

CÉLIMARE, à part.

Ah! mon Dieu!

ACTE PREMIER.

PITOIS, bas.

Elle a demandé si monsieur avait laissé un paquet pour elle...

CÉLIMARE, à part.

Ses lettres!

PITOIS.

Je lui ai dit que non... elle est furieuse... elle veut vous parler... elle est là... Faut-il la faire entrer?

CÉLIMARE, vivement.

Non.

PITOIS, indiquant la porte qui s'entr'ouvre.

La voilà!

CÉLIMARE.

Ciel!

Il se précipite vers la porte, la ferme vivement et met la clef dans sa poche.

BOCARDON et VERNOUILLET.

Qu'y a-t-il?

CÉLIMARE.

Rien!

On entend frapper violemment à la porte.

VERNOUILLET.

On frappe!

CÉLIMARE, maintenant la porte.

Ce sont les tapissiers... c'est insupportable... Allons! partons! partons!

BOCARDON, allant vers la porte.

Attends: je vais les faire taire. (Criant à travers la porte.) Attendez donc qu'on soit parti, vous, là-bas!

Le bruit cesse.

CÉLIMARE, à part

Elle a reconnu sa voix.

VERNOUILLET.

Je n'entends plus rien.

BOCARDON, avec triomphe.

Ah! c'est que je sais parler aux ouvriers, moi...

PITOIS, à part.

Je m'en vais... il me fait de la peine.

Il sort.

BOCARDON, à Célimare.

Eh bien, partons-nous?

CÉLIMARE.

Un instant... j'achève de mettre mes gants. (A part.) Donnons-lui le temps de s'échapper par la lingerie.

SCÈNE XIII.

Les Mêmes, M. et MADAME COLOMBOT, puis ADELINE.

COLOMBOT, entrant suivi de sa femme.

Eh bien, mon gendre! il faut donc venir vous chercher?... les voitures sont en bas.

CÉLIMARE.

Nous partions!...

MADAME COLOMBOT, montrant une clef.

Je viens de fermer la lingerie à clef.

ACTE PREMIER.

CÉLIMARE, effrayé

Comment!

MADAME COLOMBOT.

J'y ai fait déposer le trousseau... et, à cause des ouvriers...

CÉLIMARE, à part.

Bien! la voilà bloquée.

MADAME COLOMBOT, prenant le bras de Célimare.

Allons, votre bras.

CÉLIMARE, à part.

Comment la délivrer? (Haut.) Pardon, un ordre à donner... par là...

Il indique le cabinet.

MADAME COLOMBOT, l'entraînant.

Nous n'avons pas le temps... nous sommes déjà en retard. Venez! venez!

Ils sortent par le fond.

COLOMBOT, montrant la porte à Vernouillet et à Bocardon.

Messieurs... (Apercevant le coffret resté sur la table et courant le prendre.) Ah! le coffret! la surprise. (Il le secoue.) Il y a quelque chose... (Le remettant à Adeline qui entre.) On apportera la corbeille ce soir... vous mettrez ça dedans. (A Bocardon et à Vernouillet.) Messieurs, je vous montre le chemin.

Il sort.

BOCARDON, à Vernouillet.

Passez donc.

VERNOUILLET.

Après vous...

BOCARDON.

Non... vous êtes le plus ancien.

VERNOUILLET.

C'est juste!

Il passe le premier, Bocardon le suit.

ACTE DEUXIÈME.

Une salle à manger. — Porte au fond, portes latérales. — Table servie à droite, quatre couverts. A gauche, un buffet.

SCÈNE PREMIÈRE.

PITOIS, seul.

Au lever du rideau, il finit de dresser la table.

Quatre couverts... le papa et la maman vont venir déjeuner... Des parents, ça gêne!... de nouveaux mariés, ça a tant de petites choses à se dire! (Entendant Célimare et Emma qui entrent de gauche en se donnant le bras.) Monsieur et madame, dérobons-nous!

Il sort sur la pointe des pieds par la droite.

SCÈNE II.

CÉLIMARE, EMMA.

CÉLIMARE, au public, tenant Emma sous son bras.

C'est bon d'aimer une femme à soi... à soi seul... ce n'est plus du tout la même chose... (A sa femme.) Vous paraissez triste, Emma...

EMMA, baissant les yeux.

Non, monsieur...

CÉLIMARE.

Est-ce que vous êtes souffrante?

EMMA.

Non, monsieur...

CÉLIMARE, à part.

Elle est intimidée, pauvre petite caille.

Il l'embrasse vivement.

EMMA.

Eh bien, monsieur, voulez-vous finir!

CÉLIMARE.

Puisque nous sommes seuls.

EMMA.

Ça ne fait rien, monsieur...

CÉLIMARE.

« Monsieur... » oh! quel vilain mot!... c'est froid, c'est cérémonieux... j'ai l'air d'un invité...

EMMA.

Mais comment voulez-vous que je vous appelle?...

CÉLIMARE.

Paul... appelez-moi Paul... je vous appelle bien Emma, moi!

EMMA.

Oh! je n'oserai jamais!

CÉLIMARE.

Votre papa ne se gêne pas pour dire à votre maman :

« Séraphine... » l'autre jour encore, il lui a dit : « Séraphine, tu m'ennuies ! » et elle lui a répondu : « Tu n'as pas le sens commun ! » voilà un bon ménage ! un vrai ménage où l'on se tutoie... Emma, est-ce que vous... est-ce que tu craindrais de me tutoyer ?...

EMMA, vivement.

Oh ! pas maintenant !... plus tard !... nous ne nous connaissons pas assez...

CÉLIMARE.

Oh ! par exemple...

Il rit.

EMMA

Qu'est-ce qui vous fait rire ?

CÉLIMARE, avec feu, Emma se sauve à droite.

Rien... Oh ! chère petite... ah ! si tu savais comme je suis bon, comme je suis gentil avec les femmes !

EMMA.

Comment, avec les femmes ?... vous avez donc aimé d'autres femmes, monsieur ?

CÉLIMARE, à part.

Oh ! saperlotte ! (Haut.) Jamais ! jamais !

EMMA.

Est-ce bien vrai ?

CÉLIMARE.

Demande à ton père... il me connaît, lui !

EMMA.

Oh ! voyez-vous... si vous m'aviez trompée... je ne vous le pardonnerais de ma vie.

CÉLIMARE.

Oh! quelle folle idée!... Voyons, raisonnons... tu n'as jamais eu d'autre affection, toi?

EMMA.

Non.

CÉLIMARE.

Eh bien, alors, pourquoi veux-tu que je me sois dérangé plus que toi?

EMMA.

Au fait...

CÉLIMARE.

Tu es donc jalouse?

EMMA.

Dame... je ne sais pas... mais, quand je pense que vous avez pu aimer une autre femme... que vous l'avez embrassée, peut-être...

CÉLIMARE.

Allons donc! est-ce qu'on s'embrasse comme ça? mais dans le monde, on n'embrasse que sa femme... sa petite femme!

Il l'embrasse.

PITOIS, entrant.

Monsieur! (Les apercevant.) Oh!

CÉLIMARE.

Quoi? qu'est-ce qu'il y a?

PITOIS.

Monsieur... c'est les vieux!

EMMA.

Les vieux?

PITOIS.

Oui... Le papa et la maman de madame.

EMMA.

Eh bien, il est poli, votre domestique.

CÉLIMARE, à Pitois.

Imbécile !

PITOIS.

Le fiacre vient de s'arrêter à la porte...

EMMA.

Je cours au-devant d'eux.

Elle sort vivement par le fond

SCÈNE III.

PITOIS, CÉLIMARE.

CÉLIMARE, à Pitois.

Approche et parle bas... En rentrant hier soir, j'étais d'une inquiétude... comment as-tu fait sortir la personne qui était chez moi?...

Il indique la droite.

PITOIS, très-haut.

Madame Bocardon?

CÉLIMARE.

Plus bas donc.

PITOIS.

Ah bien ! elle peut se vanter de m'avoir fait une peur !... quand je suis rentré... j'étais allé voir ma femme... qui a touché son mois... j'ai entendu du bruit dans la lingerie... j'allais prendre la pincette... lorsqu'une voix de femme m'a dit : « Ouvrez ! »

CÉLIMARE.

Tu n'avais pas de clef.

PITOIS.

Non! elle était enfermée des deux côtés, vissé la serrure.

CÉLIMARE, lui serrant la main.

Ah! merci!

PITOIS, flatté

Ah! monsieur!

CÉLIMARE, retirant sa main.

Non... Je me suis trompé... Continue...

PITOIS.

La malheureuse mourait de faim... vu qu'il était neuf heures du soir.

CÉLIMARE.

Ah! mon Dieu! dix heures de lingerie!

PITOIS.

Alors, je lui ai offert un restant de *nantilles*... mais elle est partie comme un coup de vent...

CÉLIMARE, à part.

Heureusement Bocardon ne s'est aperçu de rien... Je l'ai occupé toute la journée... à aller conduire et chercher les dames... (Haut.) Pitois... je suis content de toi... tiens! voilà vingt francs.

PITOIS, croyant qu'ils sont pour lui.

Ah! monsieur!

CÉLIMARE.

Non! tu iras, après déjeuner, acheter un bouquet de roses blanches pour ma femme

PITOIS, désappointé.

Ah!... comme ça, la pièce... c'est pour le bouquet?

CÉLIMARE.

Oui.

PITOIS, avec amertume.

Servez donc les grands!

Il s'occupe au buffet.

SCENE IV.

Les Mêmes, EMMA, M. et MADAME COLOMBOT

On entend Colombot à la cantonade.

CÉLIMARE, allant au-devant de M. et madame Colombot

Beau-père... Belle-maman...

COLOMBOT

Votre main, mon gendre...

MADAME COLOMBOT.

Paul... embrassez-moi!

Ils s'embrassent.

PITOIS, se rapprochant de la table

Madame est servie...

EMMA, elle se dirige vers la table, ainsi que madame Colombot.

Allons, à table! (A Célimare.) Venez-vous, monsieur?

COLOMBOT, bas, à Célimare.

« Monsieur? »

CÉLIMARE, bas.

Ne vous inquiétez pas de ça... c'est la timidité...

Ils prennent place autour de la table.

COLOMBOT, remontant et allant se placer à table.

A la bonne heure! si j'étais raisonnable, je ne prendrais que du thé...

Tout le monde est assis.

CÉLIMARE.

Ah! vous avez joliment fonctionné hier!... Belle-maman, votre dîner était épatant.

EMMA.

Nous étions trop serrés...

CÉLIMARE, à Emma.

Je connais un de tes voisins qui ne s'en plaignait pas
Il joue avec sa serviette et cherche à en donner un coup par-dessous la table.

MADAME COLOMBOT, riant.

Ah! très-joli!

COLOMBOT, à part, riant

Il a de l'esprit!

MADAME COLOMBOT.

Si nous étions serrés, c'est la faute de ton mari, qui nous a invité trois personnes de plus.

COLOMBOT.

Ah oui! M. Bocardon! Il me plait beaucoup... il est gai!...

MADAME COLOMBOT.

Et complaisant... Mais pourquoi donc sa femme n'est-elle pas venue?

CÉLIMARE, embarrassé.

Elle a été retenue... bien malgré elle.

EMMA.

On la dit charmante...

ACTE DEUXIÈME.

CÉLIMARE, s'oubliant.

Très-gentille... elle a du montant.

TOUS.

Comment?

CÉLIMARE.

Elle a du piquant dans la conversation...

COLOMBOT.

Ah! par exemple j'aime moins votre autre ami... le vieux...

CÉLIMARE.

Vernouillet...

MADAME COLOMBOT.

Il a l'air grognon...

COLOMBOT.

Pourquoi diable nous a-t-il chanté un couplet contre les champignons?

MADAME COLOMBOT, aigrement.

S'il a voulu faire une critique de mon diner...

CÉLIMARE.

Oh! belle-maman... pouvez-vous supposer...?

COLOMBOT.

Est-ce que vous le voyez souvent, ce monsieur-là?

CÉLIMARE.

Jamais! jamais!

SCÈNE V.

Les Mêmes, PITOIS, VERNOUILLET

PITOIS, annonçant.

M. Vernouillet!

Il sort.

M. et MADAME COLOMBOT et EMMA.

Lui!

CÉLIMARE, à part.

Qu'est-ce qu'il vient faire ici?

VERNOUILLET, entrant; il dépose son chapeau sur une chaise au fond, à gauche.

Ne vous dérangez pas... Tiens! vous déjeunez déjà? (Saluant.) Mesdames... messieurs...

M. et madame Colombot et Emma s'inclinent froidement. — Célimare se lève, mais madame Colombot le retient.

COLOMBOT, bas, aux dames.

C'est ça... soyons froids...

CÉLIMARE, à part.

Pauvre homme!... Il vient pour déjeuner. (Haut.) Asseyez-vous donc...

VERNOUILLET, prenant une chaise à gauche et s'asseyant.

Je vous remercie...

Grand temps pendant lequel on mange sans parler à Vernouillet.

CÉLIMARE, à Vernouillet.

Et vous allez bien ce matin?

ACTE DEUXIÈME.

VERNOUILLET, assis

Parfaitement...

COLOMBOT.

Mon gendre... passez-moi les radis...

VERNOUILLET.

Ah! vous n'en êtes encore qu'aux radis!...

MADAME COLOMBOT, sèchement.

Ils sont finis!

Nouveau temps.

CÉLIMARE, à part.

Je n'ose pas l'inviter. (Haut.) Et vous allez bien, ce matin?

VERNOUILLET.

Parfaitement... autrefois, vous ne vous mettiez à table qu'à onze heures...

MADAME COLOMBOT, sèchement.

Mon gendre a changé ses heures...

CÉLIMARE.

Oui... j'ai changé... parce que... (Un temps.) Et vous alle-bien ce matin?

VERNOUILLET.

Parfaitement... Je me suis dit : « Le temps est beau... » Car il fait très-beau aujourd'hui... un soleil!...

COLOMBOT.

Invitation à la promenade!

VERNOUILLET.

Alors, j'ai eu l'idée de venir chercher de vos nouvelles Un temps.), de vos nouvelles, (Nouveau temps.), de vos nou-

velles. Allons, je vois que vous êtes en parfaite santé!...
Je vous laisse...

Il se lève et va prendre son chapeau.

CÉLIMARE.

Adieu.

VERNOUILLET, saluant.

Mesdames... messieurs... ne vous dérangez... (A part, avec amertume.) Pas même un verre d'eau!

Il sort par le fond.

SCÈNE VI.

CÉLIMARE, EMMA, M. et MADAME COLOMBOT, puis BOCARDON, puis PITOIS.

Tous, même position, continuant de manger.

COLOMBOT.

Enfin!... j'ai cru qu'il ne s'en irait pas.

MADAME COLOMBOT.

Est-ce qu'il va prendre l'habitude de tomber ainsi chez vous?

CÉLIMARE.

Mais non... C'est un vieil ami... de ma famille... Il voulait avoir de mes nouvelles; il en a... il est content, il ne reviendra plus..

BOCARDON, entrant, et s'annonçant.

Monsieur Bocardon!... c'est moi!... Je m'annonce... Mesdames... messieurs...

COLOMBOT, à part.

Il me va tout à fait, cet homme-là.

MADAME COLOMBOT, à part.

Toujours gai! (Haut.) Avez-vous déjeuné?

BOCARDON.

C'est fait... (A Célimare.) Je viens te chercher

CÉLIMARE, se levant.

Moi? pourquoi?

BOCARDON.

Elle est partie...

CÉLIMARE.

Qui ça?

BOCARDON.

La cuisinière... Il y a encore eu des mots ce matin... et ma foi!... elle est partie!

CÉLIMARE.

Eh bien, qu'est-ce que tu veux que j'y fasse?

BOCARDON.

J'en ai deux en vue... une Picarde et une Bourguignonne. Il faut que tu les voies.

CÉLIMARE, impatienté.

Ah! mon ami, je n'ai pas le temps... C'était bon autrefois!

BOCARDON.

Pourquoi, autrefois?

CÉLIMARE.

Parce que... je suis marié!...

BOCARDON.

Eh bien, moi aussi, je suis marié!... (A Emma.) Madame, je vous préviens que je vous le prendrai souvent... Nous ne faisons rien sans lui.

EMMA.

Mais mon mari sera toujours heureux de se mettre à votre disposition...

BOCARDON, revenant à Célimare.

Allons ! tu as la permission... Prends ton chapeau.

CÉLIMARE.

Non... Je ne suis pas en train... Je ne sortirai pas aujourd'hui.

BOCARDON.

Alors, veux-tu que je t'envoie les deux cuisinières ?

CÉLIMARE.

Eh ! je ne m'y connais pas, en cuisinières ! (A part.) Est-ce qu'il ne va pas me lâcher ?

BOCARDON.

Il ne s'y connait pas ! (Aux autres.) C'est lui qui nous les donne toutes !

Tous se lèvent de table.

PITOIS, entrant.

Peut-on ôter le couvert ?

EMMA.

Oui.

Il débarrasse la table, met tout dans le buffet, et sort en emportant la table desservie.

MADAME COLOMBOT.

En vérité, mon gendre, vous êtes bien peu complaisant pour vos amis...

BOCARDON.

Ne le grondez pas, il a ses nerfs... Ah ! je savais bien que j'avais encore quelque chose à te dire... C'est pour notre papier de salle à manger. Le veux-tu couleur marbre ou bois ?

ACTE DEUXIÈME.

CÉLIMARE.

Je le veux... comme tu voudras!

BOCARDON, étonné, à part.

Mais qu'est-ce qu'il a? (Regardant le papier.) Tiens! en voilà un qui est gentil... qu'est-ce que ça coûte le rouleau?

COLOMBOT.

Trois francs soixante-quinze.

BOCARDON.

C'est dans mes prix... Je vous demanderai la permission d'amener ma femme pour le voir.

CÉLIMARE, vivement.

C'est inutile...

BOCARDON.

Pourquoi, inutile?

MADAME COLOMBOT.

Mais nous serons enchantés de faire connaissance avec madame Bocardon...

CÉLIMARE, à part.

Bon! elle va l'inviter.

EMMA.

Et nous espérons bien lui rendre notre visite...

BOCARDON.

Entre nous, j'y compte un peu.

CÉLIMARE, à part.

Oui, prends garde de le perdre.

BOCARDON.

Célimare me répétait encore hier : « Je veux que nos femmes se lient. »

CÉLIMARE.

Ah! permets!... c'est toi qui as dit cela.

BOCARDON.

Est-ce moi?... Après ça, c'est la même chose...

CÉLIMARE.

La même chose? pas du tout.

BOCARDON.

Pourquoi?

CÉLIMARE.

Dame!... tu me fais parler... sans savoir...

BOCARDON.

Tiens, veux-tu que je te dise?... tu n'as jamais aimé ma femme, toi!

CÉLIMARE, remontant.

Ah! par exemple!

BOCARDON.

C'est elle qui me l'a dit.

MADAME COLOMBOT.

Vous êtes injuste... car, ce matin encore, mon gendre regrettait de n'avoir pas vu hier madame Bocardon.

COLOMBOT.

Quand la voiture est allée pour la prendre hier à six heures, elle n'était pas chez elle.

CÉLIMARE, à part.

Aïe!

PITOIS, à part.

Je sais pourquoi.

BOCARDON.

Pardon... elle y était.

ACTE DEUXIÈME.

CÉLIMARE, étonné.

Ah!

BOCARDON.

En tête-à-tête avec sa névralgie.

PITOIS, à part.

Elle est forte, celle-là!

EMMA.

Ah! la pauvre dame!

BOCARDON.

Mais elle était à l'église...

CÉLIMARE.

Ah! elle était...? tu l'as vue?

BOCARDON.

Non... mais elle... elle m'a vu...

PITOIS, s'oubliant en riant et laissant tomber une assiette.

Ah! ah! ah!

CÉLIMARE, se retournant vivement et allant à lui.

Quoi donc?

PITOIS.

C'est une assiette qui a glissé!...

CÉLIMARE, à Pitois.

C'est bien, laisse-nous.

PITOIS, emportant le plateau, à part.

Oh! les maris! dire que j'ai été comme ça.

Il disparaît.

BOCARDON.

Mes amis... il faut que je vous quitte... j'ai un tas de courses. (Tirant un papier de son agenda.) Voici ma liste, l'emploi de ma journée... (Lisant.) « Passer chez Célimare. » C'est fait. « Lui parler de la cuisinière. » C'est fait. « Lui parler du papier... » C'est fait.

CÉLIMARE, à part.

Plein d'intérêt.

BOCARDON, lisant.

« Lui parler de la pompe. » (Parlé.) Ah! tu sais bien, la pompe... dans ma maison... rue de Trévise

CÉLIMARE.

Eh bien?

BOCARDON.

Elle ne va plus... il faudra que tu examines ça.

CÉLIMARE.

Alors, prends-moi tout de suite à l'année.

BOCARDON, riant.

Ah! ah! (Aux autres.) Il n'est pas dans son jour. (Lisant.) « Passer aux Italiens. »

CÉLIMARE, remontant à droite, s'asseyant impatienté.

Je m'assecois.

BOCARDON.

Il faut vous dire qu'il y a aujourd'hui à trois heures un concert mirobolant. La Patti chante, la Penco chante, l'Alboni chante... tout le monde chante.

EMMA.

Ah! ce sera charmant.

BOCARDON.

Tiens... une idée! Venez-y... je vous présenterai ma femme.

CÉLIMARE, toujours un peu remonté à droite.

Bien!

ACTE DEUXIÈME.

EMMA.

Ah! oui! oui!

MADAME COLOMBOT.

Quelle bonne idée!

COLOMBOT.

Excellente!

CÉLIMARE, à part.

Ah çà! est-ce qu'il ne va pas nous laisser tranquilles avec sa femme?

EMMA, à Célimare.

C'est convenu; n'est-ce pas, mon ami?

CÉLIMARE.

C'est que...

COLOMBOT.

Quoi?

CÉLIMARE.

Je suis extrêmement impressionnable, la musique m'énerve.

BOCARDON.

Alors, pourquoi donc venais-tu tous les lundis à l'Opéra avec nous? Ah!

CÉLIMARE, furieux.

Va-t'en au diable!... Ah!

BOCARDON, riant.

Il n'est pas dans son jour. Ah! mesdames, une autre idée, encore meilleure.

CÉLIMARE.

Quoi? (A part.) Il me fait frémir.

BOCARDON.

Au lieu de nous trouver là-bas aux Italiens... ma femme dans un fiacre et je l'amène ici.

EMMA.

Bravo !

MADAME COLOMBOT.

C'est charmant !

CÉLIMARE

Charmant ! (A part.) Il est à jeter par la fenêtre.

BOCARDON.

De cette façon, elle fera connaissance avec ces dames, et elle verra ton papier !

CÉLIMARE.

Oui... La fête sera complète. (A part.) Elle n'entrera pas, quand je devrais faire démolir l'escalier.

BOCARDON, reprenant sa liste et lisant.

« Renouveler mon assurance. » (Parlé.) Ça te regarde. (Lisant.) « Passer chez Léon. » (Parlé.) C'est un cousin de ma femme. (Lisant.) « Lui demander ce qu'il pense des Nord. »

CÉLIMARE, à part.

Ah bah ! déjà ?

BOCARDON.

C'est fait... J'en sors, c'est un bon garçon, pas très-fort.. mais bon garçon... impossible de m'en aller... il ne voulait pas me rendre mon chapeau.

CÉLIMARE, à part.

Je parie qu'il porte une réponse... si je pouvais...

Il se dirige tout doucement vers le chapeau de Bocardon, qui est placé sur un meuble à droite.

ACTE DEUXIÈME.

COLOMBOT, à Bocardon.

Est-ce que vous opérez sur les Nord?

BOCARDON.

Non... pas moi... c'est ma femme... elle aime baucoup cette valeur.

Il consulte sa liste et pendant l'aparté de Célimare, indique encore ce qu'il a à faire.

CÉLIMARE, à part, lisant une lettre qu'il a tirée du chapeau.

Voilà! Un mot de Léon, au crayon. (Lisant à la dérobée.) « A 5 heures, aux Tuileries... » (Parlé à part.) J'ai mon affaire. (Tirant un crayon de sa poche.) Le concert est pour trois heures... un 3 au lieu d'un 5... « A 3 heures aux Tuileries... » Elle choisira les Tuileries... je la connais.

Il remet le billet dans le chapeau.

BOCARDON, achevant de consulter sa liste.

Il ne me reste plus qu'à me faire coiffer.

CÉLIMARE.

Encore!...

BOCARDON.

Quoi... encore?

CÉLIMARE.

Rien.

SCÈNE VII.

LES MÊMES, PITOIS, VERNOUILLET.

PITOIS, annonçant.

M. Vernouillet.

M. et MADAME COLOMBOT.

C'est insupportable.

CÉLIMARE, à part.

A l'autre maintenant.

VERNOUILLET, se tenant au fond, un peu à droite, où il dépose son chapeau. Sèchement.

Mesdames, ne vous dérangez pas, je ne vous importunerai pas longtemps... je n'ai qu'un mot à dire à M. Célimare.

Il échange un salut avec Bocardon qui est un peu remonté

EMMA, bas, à Célimare.

Renvoyez-le.

COLOMBOT, de même.

Débarrassez-nous-en.

CÉLIMARE, bas.

Soyez tranquilles, ce ne sera pas long. (A part.) Après, ce sera le tour de l'autre.

MADAME COLOMBOT, remontant et emmenant Emma.

Viens, Emma! nous avons tout juste le temps de nous préparer pour le concert.

BOCARDON, qui est descendu en scène.

Je vous quitte, nous serons ici à deux heures et demie

CÉLIMARE.

C'est convenu. (Lui donnant son chapeau.) N'oublie pas ton chapeau. (A part.) Important.

ENSEMBLE.

AIR de *la Chatte*.

M. et MADAME COLOMBOT et EMMA.

Mais comprend-on son insistance!
Revenir sans être invité.

ACTE DEUXIÈME.

Troubler ainsi par sa présence,
Les plaisirs de l'intimité.

CÉLIMARE, seul.

Moi, je comprends son insistance,
Il se croit, sans être invité,
En droit de partager je pense,
Les plaisirs de l'intimité.

VERNOUILLET, toujours au fond

De leur part quelle indifférence,
J'en ai le cœur tout attristé,
Car je nourrissais l'espérance
Par eux d'être autrement traité.

BOCARDON.

Je suis pressé, l'heure s'avance,
Bientôt avec ma liberté
Le concert nous rendra, je pense,
Les plaisirs de l'intimité.

Bocardon sort par le fond. Emma, M. et madame Colombot entrent par la gauche.

SCÈNE VIII.

CÉLIMARE, VERNOUILLET.

CÉLIMARE, à part.

Allons! il s'agit de trancher cela comme avec un couteau... je vais lui faire comprendre que ses visites sont par trop multipliées. (Haut.) Mon cher Vernouillet, j'ai à vous parler.

VERNOUILLET, sèchement.

Moi aussi... je suis venu pour ça.

CÉLIMARE.

Vernouillet, je n'ai pas besoin de vous dire combien je

vous aime... je crois vous avoir donné assez de preuves de mon amitié.

VERNOUILLET, froidement.

Oui... jadis.

CÉLIMARE.

J'ai toujours infiniment de plaisir à vous voir... mais, vous comprenez, ma nouvelle position... je suis marié.

VERNOUILLET.

Eh bien?

CÉLIMARE

Vous plaisez beaucoup à ma femme... certainement... mais, entre nous... c'est une petite sauvage... elle n'aime pas les nouvelles connaissances, et alors, vous savez... un mari doit faire des concessions; mais, soyez tranquille, j'irai vous voir

VERNOUILLET.

Très-bien, c'est un congé

CÉLIMARE.

Ah! Vernouillet, voilà un mot cruel.

VERNOUILLET.

Au reste, je devais m'y attendre... après ce qui s'est passé hier, à la noce.

CÉLIMARE.

Quoi donc?

VERNOUILLET.

Vous avez trouvé convenable de me faire placer tout au bout de la table, avec les enfants.

CÉLIMARE, vivement.

Vous les aimez.

VERNOUILLET.

Je les aime... entre mes repas.

CÉLIMARE.

Ce n'est pas ma faute... c'est ma belle-mère qui a disposé le couvert.

VERNOUILLET.

Au dessert... quand j'ai chanté... on parlait, et vous n'avez pas réclamé le silence... vous-même, vous avez causé...

CÉLIMARE.

Moi?... permettez...

VERNOUILLET, avec autorité.

Je vous dis que vous avez causé!

CÉLIMARE, à part.

Hein!... est-il exigeant, cet animal-là! voilà ce que c'est que de les gâter.

VERNOUILLET, avec amertume.

Tout à l'heure... vous étiez à table, et vous ne m'avez pas même offert un verre d'eau.

CÉLIMARE.

Nous avions presque fini...

VERNOUILLET.

Non, monsieur... vous en étiez aux radis.

CÉLIMARE.

Vous croyez?...

VERNOUILLET.

J'en suis sûr... je me suis retiré le cœur ulcéré.

CÉLIMARE.

Voyons, Vernouillet!...

VERNOUILLET.

Et savez-vous où je suis allé?...

CÉLIMARE.

Non...

VERNOUILLET.

Je suis allé déjeuner à vingt-cinq sous... à votre porte...

CÉLIMARE.

Vraiment?... on dit qu'on n'est pas mal.

VERNOUILLET.

Deux plats au choix... un carafon de vin et un dessert... On m'a servi, en guise de bifteck, un morceau de caoutchouc durci...

CÉLIMARE.

Hein!... faut des dents!

VERNOUILLET.

Et, comme je ne pouvais pas en venir à bout... je me suis mis à faire des réflexions.

CÉLIMARE.

Sur l'état de la boucherie en France.

VERNOUILLET.

Je me suis dit: « Autrefois... quand ma femme vivait... Célimare était aux petits soins pour moi... maintenant qu'elle n'est plus, il me lâche; pourquoi?... »

CÉLIMARE, à part.

Que le diable l'emporte avec ses réflexions!

VERNOUILLET.

« Mais, s'il me lâche, ai-je ajouté, ce n'est pas moi qu'il aimait, et, si ce n'est pas moi... c'était donc ma femme? »

CÉLIMARE.

Vernouillet!... c'est mal! c'est très-mal! (A part.) Il va devenir jaloux, à présent!

ACTE DEUXIÈME.

VERNOUILLET.

Alors, un soupçon horrible a traversé mon cerveau, je me suis rappelé toutes les circonstances de notre intimité...

CÉLIMARE.

Voyons!... ne vous montez pas la tête.

VERNOUILLET.

Ah! si cela était vrai...

CÉLIMARE.

Oui... mais c'est faux !

VERNOUILLET.

J'ai déjà choisi mes armes.

CÉLIMARE.

Un duel?

VERNOUILLET.

Non... je ne me battrai pas. Le duel est un préjugé barbare... mais je vous attendrai le soir au coin de votre rue... avec des pistolets...

CÉLIMARE, effrayé.

Un meurtre?

VERNOUILLET.

Oh! je serais acquitté... On acquitte toujours pour la jalousie.

CÉLIMARE.

Vernouillet... mais vous êtes fou! Vous, mon ami... mon vieil ami... (A part.) Il faut le chauffer.

VERNOUILLET.

De deux choses l'une : ou c'est ma femme, ou c'est moi que vous aimiez... je ne sors pas de là!

CÉLIMARE.

Mais c'est vous seul.

VERNOUILLET.

Alors, pourquoi me négligez-vous?...

CÉLIMARE.

Moi?... mais je me jetterais dans le feu pour vous... Tenez... demandez-moi un service, un petit service.

VERNOUILLET.

Des phrases! J'ai acquis aujourd'hui la preuve de votre parfaite indifférence.

CÉLIMARE.

Comment?

VERNOUILLET, avec amertume.

Célimare... c'est aujourd'hui ma fête!

CÉLIMARE, à part.

Allons, bien!... (Haut, voulant l'embrasser.) Cher ami, permettez...

VERNOUILLET, l'écartant.

J'ai attendu votre bouquet ce matin...

CÉLIMARE, à part.

Ah! bigre!...

VERNOUILLET.

Depuis cinq ans... c'est la première fois que vous l'avez oublié.

CÉLIMARE.

Oublié?... par exemple!... Je l'ai commandé... il va venir.

SCÈNE IX.

Les Mêmes, PITOIS, puis EMMA et M. et MADAME COLOMBOT.

CÉLIMARE, apercevant Pitois, qui entre avec un bouquet, et remontant à lui.

Tenez ! le voilà...

VERNOUILLET, ému.

Est-il possible !... Célimare...

CÉLIMARE, prenant le bouquet et l'offrant à Vernouillet.

Cher ami... permettez-moi...

PITOIS, à part.

Il le donne au vieux.

VERNOUILLET, prenant le bouquet et tombant dans les bras de Célimare.

Ah ! mon ami... mon excellent ami... et des roses blanches !... Ah ! j'étais bien injuste... et cependant, quand j'y songe... car enfin, vous ne quittiez pas ma femme...

CÉLIMARE, à part.

Ça va recommencer.

VERNOUILLET.

Et je me rappelle qu'un jour... (Se prenant tout à coup les reins.) Aïe !...

CÉLIMARE.

Quoi donc ?...

VERNOUILLET, avec douleur.

C'est mon rhumatisme dans les reins !

CÉLIMARE.

Ah! pauvre ami... permettez... (Il le frictionne.) Vous voyez, comme autrefois... comme autrefois...

PITOIS, à part.

Il le bouchonne.

VERNOUILLET, se laissant frotter.

Qu'il est bon!

CÉLIMARE, à part, tout en frictionnant.

Condamné aux frictions forcées à perpétuité.

EMMA, M. et MADAME COLOMBOT, qui viennent d'entrer s'arrêtant étonnés.

Hein?...

COLOMBOT.

Qu'est-ce qu'il fait donc là?

MADAME COLOMBOT

Il le frotte!

VERNOUILLET, à Célimare.

Merci! ça va mieux. (Apercevant Emma et lui montrant son bouquet). Voyez donc, madame, comme il est joli; c'est un présent de votre mari.

EMMA, M. et MADAME COLOMBOT.

Comment?

CÉLIMARE, embarrassé.

Oui... oui... un petit bouquet.

VERNOUILLET.

Il faut vous dire que c'est ma fête.

CÉLIMARE, embarrassé.

C'est sa fête... la Saint-Vernouillet!

ACTE DEUXIÈME.

VERNOUILLET.

Mais vous ne m'en avez jamais donné d'aussi beau.

EMMA.

Ce n'est pas le premier?

VERNOUILLET.

Tous les ans... à ma fête. (Remontant à droite, à Pitois.) Tiens, mon garçon, va le mettre dans l'eau.

Pitois sort.

EMMA, bas, à sa mère.

Qu'est-ce que cela signifie?

COLOMBOT, bas.

Si c'est comme cela qu'il le met à la porte.

VERNOUILLET, remontant en scène.

Vous m'avez fait une surprise... A mon tour... j'ai fait faire ma photographie. (Il tire des portraits-cartes de sa poche.) Et je n'ai point oublié ces dames... il y en aura pour tout le monde.

MADAME COLOMBOT, sèchement.

Trop bon.

VERNOUILLET, offrant sa photographie à M. Colombot.

Voilà!... ou plutôt, non, pas encore... je veux y mettre une dédicace... de ma main.

CÉLIMARE.

C'est ça... (Lui montrant la porte de droite.) Entrez dans mon cabinet.

VERNOUILLET, sortant par la droite.

Ne vous dérangez pas... je connais l'appartement.

Il entre dans le cabinet.

SCÈNE X.

CÉLIMARE, EMMA, M. et MADAME COLOMBOT.

MADAME COLOMBOT.

Ah çà! mon gendre, qu'est-ce que cela veut dire?

COLOMBOT.

Vous deviez le renvoyer.

EMMA.

Et vous lui donnez des bouquets.

CÉLIMARE.

C'est sa fête.

MADAME COLOMBOT.

Bien plus... vous le frictionnez... pour sa fête.

COLOMBOT.

Est-ce que vous lui devez de l'argent?...

CÉLIMARE.

Moi? (A part.) Oh! quelle idée! (Haut.) Mieux que cela : il m'a rendu un service... oh! mais un de ces services...

MADAME COLOMBOT, vivement.

Lequel?

COLOMBOT.

Lequel?

EMMA.

Lequel?

CÉLIMARE.

Attendez donc... (A part.) Il faut que je le trouve. (Haut.)

C'était un soir... non... un jour... il faisait extrêmement chaud... j'étais allé vaguement à l'école de natation... tout à coup mes deux pieds se prennent dans les filets, au fond.

TOUS.

Ah! mon Dieu!

CÉLIMARE.

Je tirais... je tirais... impossible de me dégager... je commençais à faire des réflexions sérieuses... « Mourir si jeune! » m'écriai-je, (Se reprenant,) me disais-je, parce que, au fond de l'eau, on ne peut pas crier...

COLOMBOT, naïvement.

C'est vrai!

CÉLIMARE.

J'en étais là... lorsqu'un homme... pourquoi ne le nommerais-je pas?... Vernouillet! l'intrépide Vernouillet, se précipite dans les flots.

EMMA.

Comment?...

CÉLIMARE.

Et il venait de manger... notez ce détail! il plonge... il me rejoint, il me serre la main en me disant : « Courage, Célimare, ne désespérez pas de la Providence. »

COLOMBOT.

Dans l'eau!

CÉLIMARE.

Son regard semblait me dire : « Courage, Célimare!... » puis, avec une énergie... qu'on ne lui soupçonnerait pas... il déchire le filet.

MADAME COLOMBOT.

Avec quoi?...

CÉLIMARE.

Avec son couteau... (Se reprenant.) avec ses ongles... avec ses dents... dans ces moments-là, on prend ce qu'on trouve... bref, il m'empoigne par le bras... et me ramène à la surface aux applaudissements de la populace.

MADAME COLOMBOT.

C'est superbe!

COLOMBOT.

C'est magnifique !

EMMA.

Quel brave homme!

COLOMBOT.

Alors, c'est un très-fort plongeur?

CÉLIMARE.

Lui?... il resterait vingt-deux minutes sous l'eau, sans boire ni manger.

COLOMBOT.

Tiens! ça me rappelle qu'il y a huit jours, en pêchant, j'ai laissé tomber ma montre près du pont Neuf... il serait peut-être capable de la retrouver.

CÉLIMARE.

Lui?... il est capable de tout... Et voilà l'homme auquel vous ne voulez pas que j'offre un misérable bouquet le jour de sa fête!

MADAME COLOMBOT.

Mais nous ignorions...

CÉLIMARE.

Et voilà l'homme que vous voulez que j'exile de mon foyer!... Non... accusez-moi... blâmez-moi! mais il y a un courage qui me manquera toujours, c'est le courage de l'ingratitude.

ACTE DEUXIÈME.

COLOMBOT, transporté.

Très-bien, mon gendre.

MADAME COLOMBOT.

Parbleu! si nous l'avions su... Pourquoi ne pas nous avoir conté ça plus tôt?

CÉLIMARE.

Vernouillet n'aime pas qu'on en parle... ça le contrarie... modeste comme tous les plongeurs.

COLOMBOT.

Ça suffit, nous ne lui en ouvrirons pas la bouche.

PITOIS, entrant.

Monsieur...

CÉLIMARE.

Quoi?

PITOIS.

Il y a là deux cuisinières qui demandent à vous parler.

EMMA.

Celles de M. Bocardon.

CÉLIMARE.

Ah! mais ils ne me laisseront donc pas tranquille... ces deux escargots-là.

COLOMBOT.

Escargots?

CÉLIMARE.

Oui, j'ai mes raisons. (A Pitois.) Dis que je n'y suis pas.

MADAME COLOMBOT.

Vous ne pouvez vous dispenser de les voir, votre ami vous en a prié!

EMMA.

Ce serait malhonnête!

CÉLIMARE.

Oui?... Eh bien, j'y vais. (A part.) Je vais leur donner de mauvais conseils.

SCÈNE XI.

COLOMBOT, EMMA, MADAME COLOMBOT, VERNOUILLET.

MADAME COLOMBOT, à Emma.

En vérité, ton mari n'est guère complaisant.

EMMA, voyant entrer Vernouillet

Ah! monsieur Vernouillet!

COLOMBOT, à part.

Noble cœur!

VERNOUILLET, tenant ses photographies à la main.

Mesdames... permettez-moi... c'est un peu barbouillé, mais la plume était mauvaise.

MADAME COLOMBOT, gracieusement.

C'est surtout à votre portrait que nous tenons.

EMMA.

Je le placerai en tête de mon album.

VERNOUILLET, à Emma.

Voici votre dédicace. (Lisant.) « A celle dont la destinée est de faire le bonheur de Célimare. »

COLOMBOT, à part.

Ce n'est pas méchant.

ACTE DEUXIÈME.

VERNOUILLET.

C'est de la prose, ça.

EMMA, souriant.

Je m'en doutais.

VERNOUILLET, se tournant vers madame Colombot.

Maintenant, voici des vers.

Lisant

« A vous qui des vertus nous offrez l'assemblage... »

Il s'arrête.

COLOMBOT.

Eh bien ?

VERNOUILLET.

Je n'en ai fait qu'un... j'attends l'autre... oh! je le trouverai.

MADAME COLOMBOT, avec bonté.

Ne vous fatiguez pas!

VERNOUILLET, remettant une photographie à Colombot.

Voici la vôtre.

COLOMBOT, lisant.

« Au père de l'ange! au mari des grâces. »

VERNOUILLET, à Emma.

L'ange, c'est vous; les grâces, c'est madame.

Il indique madame Colombot

MADAME COLOMBOT, flattée.

On n'est pas plus galant.

COLOMBOT, regardant la carte.

C'est très-ressemblant... Vous auriez dû vous faire faire en costume de bain.

EMMA.

Oh! papa!

MADAME COLOMBOT.

Oui.

VERNOUILLET, étonné.

Moi?... pourquoi?

COLOMBOT.

En plongeur.

VERNOUILLET, étonné.

En plongeur?...

MADAME COLOMBOT.

Nous savons tout.

COLOMBOT, passant.

Seriez-vous de force à retrouver une montre au fond de la Seine?

MADAME COLOMBOT.

Ça ne doit pas être plus difficile que de retrouver un homme.

VERNOUILLET.

Non... Cependant, un homme, c'est plus gros... généralement.

EMMA.

Mais comment faites-vous pour rester si longtemps sans respirer?

VERNOUILLET.

Moi?... mais je respire chaque fois que j'en ai envie.

Il respire.

COLOMBOT.

Oui... mais quand vous plongez... pas moyen

VERNOUILLET, étonné.

Quand je plonge?...

ACTE DEUXIÈME. 83

COLOMBOT.

Par exemple, le jour où vous avez repêché Célimare.

MADAME COLOMBOT.

Qui se noyait.

VERNOUILLET.

Moi?... je ne sais pas nager.

TOUS.

Ah! bah!...

EMMA, bas.

Qu'est-ce que cela veut dire?

Mouvement général.

MADAME COLOMBOT.

Je n'y comprends rien.

COLOMBOT, à part.

Il ne veut pas l'avouer, modeste comme tous les plongeurs.

VERNOUILLET, à part, assis à gauche.

« A vous qui des vertus nous offrez l'assemblage,... »
Il semble compter la mesure sur ses doigts.

SCÈNE XII.

EMMA, CÉLIMARE, M. et MADAME COLOMBOT.

CÉLIMARE paraît au fond. A la cantonade

Pas une de plus!... allez vous promener!

M. et MADAME COLOMBOT.

Qu'y a-t-il?

CÉLIMARE.

Ce sont les cuisinières... nous ne sommes pas d'accord pour le vin, elles demandent huit bouteilles par semaine.

MADAME COLOMBOT.

C'est trop.

CÉLIMARE.

C'est de l'intempérance... J'en ai offert trois.

COLOMBOT, à Célimare, lui montrant Vernouillet.

Dites donc... il prétend qu'il ne sait pas nager.

CÉLIMARE.

Qui ça?...

COLOMBOT.

Lui.

CÉLIMARE, détournant la conversation.

Savez-vous combien ça fait par an, huit bouteilles? quatre cent seize?

COLOMBOT.

Mais...

CÉLIMARE.

C'est révoltant.

Il le quitte. — On entend un bruit de voiture.

MADAME COLOMBOT, remontant.

Une voiture!

EMMA, remontant.

C'est sans doute M. Bocardon qui amène sa femme.

CÉLIMARE, à part.

Pourvu qu'elle ait fouillé dans le chapeau.

MADAME COLOMBOT.

Mais je ne suis pas prête?... Mon mantelet...

Fausse sortie.

ACTE DEUXIÈME.

EMMA.

Maman, et mes bracelets?

MADAME COLOMBOT.

Où sont-ils?

EMMA.

Dans ma corbeille.

MADAME COLOMBOT.

Fais attendre cette dame... je reviens.

Elle sort par la droite.

SCÈNE XIII.

EMMA, CÉLIMARE, COLOMBOT, VERNOUILLET, assis; BOCARDON, puis PITOIS.

CÉLIMARE, à part.

Il est trop long à monter l'escalier, il y a une femme.

PITOIS, annonçant.

M. Bocardon.

BOCARDON, paraissant au fond.

Me voilà.

CÉLIMARE, à part, s'épanouissant.

Il est seul.

EMMA, à Bocardon.

Eh bien, et madame?

BOCARDON.

Vous me voyez consterné... Nous allions partir, ma femme me donnait mon chapeau... tout à coup... v'lan.. sa névralgie!

COLOMBOT.

Ah! la pauvre dame!

EMMA.

Quel contre-temps!

CÉLIMARE.

Nous qui nous faisions une fête... (A part.) Elle a choisi les Tuileries...

BOCARDON.

Je lui ai offert de rester pour lui tenir compagnie... elle n'a jamais voulu.

CÉLIMARE.

Parbleu!

BOCARDON.

Tu dis?...

CÉLIMARE.

Rien.

EMMA.

C'est vraiment désolant! Est-ce que madame Bocardon ne songe pas à faire quelque chose?

BOCARDON.

Si!... je suis décidé à consulter... (A Célimare.) Peux-tu, demain?

CÉLIMARE.

Comment? (A part.) Il me fourre de la consultation, à présent.

BOCARDON.

Voilà le coupon; une très-bonne loge.

VERNOUILLET, à lui-même.

J'ai bien un second vers, mais il a quatre pieds de trop.

SCENE XIV.

Les Mêmes, MADAME COLOMBOT, avec son chapeau.

MADAME COLOMBOT, un petit coffret à la main, s'adressant à Emma.

Ma chère enfant, impossible de mettre la main sur tes bracelets... J'ai fouillé partout et je n'ai trouvé que ce coffret.

CÉLIMARE, le reconnaissant, à part.

Ah! mon Dieu! (Haut.) Où avez-vous pris ça?

MADAME COLOMBOT.

Dans la corbeille...

COLOMBOT.

C'est moi... une surprise.

EMMA, secouant le coffret.

Tiens! il y a quelque chose dedans!

CÉLIMARE, à part.

Les lettres d'Héloïse.

EMMA.

Eh bien, où est donc la clef?

CÉLIMARE.

Je ne sais... (Se fouillant.) Je l'avais hier... (A part.) Pas de clef, je suis sauvé!

PITOIS, s'avançant et remettant la clef à Emma.

La voici; je l'ai trouvée ce matin dans la poche de votre gilet.

CÉLIMARE, bas, bourrant Pitois.

Butor!... animal!...

PITOIS.

Quoi donc?

CÉLIMARE, à part.

Et Vernouillet! Vernouillet qui est là!

EMMA, qui a ouvert le coffret, gagnant la droite.

Des lettres!

CÉLIMARE, à part.

Patatras!

EMMA.

Une écriture de femme!... elles sont signées!...

CÉLIMARE, à demi-voix et vivement.

Taisez-vous!... pas devant lui!

TOUS, excepté Vernouillet.

Comment?...

CÉLIMARE, bas, montrant Vernouillet.

Le mari! silence!... c'est le mari!

M. et MADAME COLOMBOT.

Hein?

EMMA.

Ah! monsieur, c'est indigne!...

BOCARDON, bas, à Emma.

Vous ne le saviez donc pas? moi, je le savais.

VERNOUILLET, se levant sa carte à la main

Le voilà!... je le tiens!...

ACTE DEUXIÈME.

EMMA, très-agitée.

Monsieur Vernouillet, il faut que je vous parle,... que je vous fasse enfin connaître votre ami...

CÉLIMARE, bas.

Emma!

MADAME COLOMBOT, de même.

Tais-toi!

EMMA; elle va vivement vers Vernouillet.

Monsieur Vernouillet!...

VERNOUILLET.

Je vous écoute, belle dame!

EMMA, à part.

Oh non! pauvre homme! (Haut, changeant d'idée.) C'est mon mari... un excellent ami...

VERNOUILLET.

Oh! je le sais...

EMMA.

Il serait bien heureux... si vouliez nous accompagner au concert... il reste une place...

TOUS.

Hein?

BOCARDON, à part.

Elle l'invite ; elle a un bon petit caractère

VERNOUILLET.

Mon Dieu! je ne demanderais pas mieux... mais, dans ma position... c'est encore trop récent... Le mois prochain, je ne dis pas..

CÉLIMARE.

Non!.. il ne le peut pas!... Allons, partons.

EMMA, bas, à Célimare.

Mais vous ne le pouvez pas non plus, monsieur.

CÉLIMARE, bas.

Pourquoi?

EMMA, bas et ironiquement.

C'est encore trop récent.

CÉLIMARE, bas

Permets, chère amie..

EMMA, à Vernouillet

Voilà M. Célimare qui insiste pour vous tenir compagnie...

CÉLIMARE.

Moi?

VERNOUILLET.

Ah! qu'il est bon! Mais je ne souffrirai pas...

EMMA, résolûment.

Mon mari connaît ses devoirs... il restera!

CÉLIMARE, bas.

Mais...

EMMA, bas, avec énergie.

Il ne vous manquerait plus que d'avoir le courage de l'ingratitude... Je vous défends de m'accompagner.

Elle remonte, ainsi que Colombot et madame Colombot

CÉLIMARE, à part, sur l'avant-scène.

Bon! nous voilà brouillés!

VERNOUILLET, à Célimare.

Si vous le voulez, nous ferons une petite partie comme autrefois...

ACTE DEUXIÈME.

BOCARDON.

Une partie?

VERNOUILLET ; il rentre à gauche

Je vais chercher la table.

EMMA, du fond

Venez-vous, monsieur Bocardon?

BOCARDON, hésitant.

C'est que... la musique italienne... (A part.) Une partie!... (Haut.) Ma femme est encore bien souffrante!... Je vais chercher la table.

Il rentre à gau

CÉLIMARE, qui est remonté, à sa femme.

Voyons... Emma...

EMMA.

Laissez-moi, monsieur.

MADAME COLOMBOT.

Ah!... mon gendre!

BOCARDON et VERNOUILLET, entrant.

Voilà la table!

Ils la posent au milieu du théâtre. — Pitois est entré a divers effets pour la sortie de ses maîtres.

SCÈNE XV.

CÉLIMARE, VERNOUILLET, BOCARDON, PITOIS.

CÉLIMARE, à part, redescendant

Ah çà! est-ce que je vais traîner toute ma vie ce cabriolet à deux roues?

<small>Emma, madame Colombot et Colombot font leurs préparatifs de sortie. Pitois se tient au fond, à gauche; Vernouillet et Bocardon s'occupent à la table de jeu. Célimare est remonté près d'Emma et cherche à se soustraire à la partie proposée.</small>

ENSEMBLE.

AIR d'Offenbach.

EMMA et CÉLIMARE.

Lorsque je rêvais un plaisir,
Quelle insupportable journée!
Voilà l'affreuse destinée
Que me réserve l'avenir.

M. et MADAME COLOMBOT et PITOIS.

Lorsqu'elle rêvait un plaisir,
Quelle insupportable journée!
Voilà la triste destinée
Que lui réserve l'avenir.

BOCARDON, et VERNOUILLET.

Ah! pour nous quel charmant plaisir
Et quelle agréable journée!
Comme autrefois la destinée
A pris soin de nous réunir.

CÉLIMARE, à part, continuant l'air.

C'est le châtiment qui commence!...

ACTE DEUXIÈME.

VERNOUILLET, le prenant par le bras.

Allons!

BOCARDON, le forçant à s'asseoir.

Place-toi là!

CÉLIMARE, s'asseyant.

Bravo!
Me voilà condamné d'avance
A trois heures de domino!

S'asseyant. — Parlé, pendant que Vernouillet remue les dominos.

Je boude!

Pendant la reprise, Célimare s'est assis avec humeur; — Emma, M. et madame Colombot sortent par le fond. Célimare veut les suivre et fait divers mouvements pour partir, mais Vernouillet et Bocardon le forcent à rester assis.

ACTE TROISIÈME.

Un salon de campagne, très-élégant, avec trois portes au fond, ouvrant sur un jardin et garnies de stores. — Portes latérales, au premier et troisième plan; une table à ouvrage, à gauche; chaises et tabourets. — A droite chaises, fauteuils, etc. — Deux jardinières dans les pans coupés.

SCÈNE PREMIÈRE.

COLOMBOT, MADAME COLOMBOT, puis EMMA, puis CÉLIMARE.

COLOMBOT, venant de gauche avec sa femme.

Ah! j'ai bien déjeuné!

MADAME COLOMBOT.

Vous avez mangé comme un ogre...

COLOMBOT.

Oui!... l'air de la campagne me fait du bien... Excellente idée qu'a eue mon gendre de louer cette maison...

MADAME COLOMBOT.

Ça n'a pas été long : en cinq minutes tout a été conclu...

COLOMBOT.

Une heure après, nous quittions Paris... avec deux voitures de déménagement.

ACTE TROISIÈME.

MADAME COLOMBOT.

Et, depuis huit jours, nous voilà installés ici... à Auteuil!...

COLOMBOT.

En pleine lune de miel!... ils roucoulent! Ça me rappelle le temps où nous...

MADAME COLOMBOT.

Taisez-vous donc!...

COLOMBOT.

Oui... Où est le journal?

MADAME COLOMBOT, le prenant sur la table.

Le Constitutionnel?... le voilà!

COLOMBOT.

Encore sous bande... Célimare est si amoureux, qu'il n'a même plus le temps de décacheter son journal... Ça me rappelle que, dans les commencements de notre mariage, je lisais, un soir, ce même *Constitutionnel*, ça t'ennuyait, tu l'as jeté au feu... et alors...

MADAME COLOMBOT.

Mais taisez-vous donc!... je ne sais pas ce que vous avez aujourd'hui...

COLOMBOT, riant.

C'est la campagne!

EMMA, entrant par le fond, un bouquet de fleurs à la main.

Vois donc, maman, les belles fleurs que je viens de cueillir... et dans notre jardin, s'il vous plaît!...

MADAME COLOMBOT, prenant le bouquet.

Délicieuses!... Où est donc ton mari?...

EMMA.

Il achève de prendre son café... près du bassin. je le quitte!...

COLOMBOT.

Alors, il va venir!... (Apercevant Célimare qui paraît au fond.) Tiens! le voilà!

CÉLIMARE, sa tasse de café à la main.

Comment! ma petite femme, tu me laisses seul?...

EMMA.

Dame! tu n'en finis pas de prendre ton café.

CÉLIMARE, amoureusement.

Je n'en finis pas... parce que je te regarde...

COLOMBOT, à part.

Il est étonnant pour son âge!

CÉLIMARE.

J'avale une gorgée... comme ça... et je te regarde comme ceci!... c'est moins sucré!

EMMA.

Ah! que tu es ridicule!...

CÉLIMARE, à part.

Elle me tutoie, maintenant!

COLOMBOT, bas, à sa femme.

Sont-ils gentils! ça me rappelle...

MADAME COLOMBOT, impatientée.

Monsieur Colombot, laissez-moi tranquille!

EMMA.

Qu'est-ce que nous allons faire aujourd'hui?

CÉLIMARE.

Ah! oui... voyons. Si nous allions nous asseoir à l'ombre?

COLOMBOT.

Non! non! il faut marcher!

CÉLIMARE.

Alors, je propose une promenade en bateau...

EMMA.

Oh oui! une promenade en bateau!

CÉLIMARE.

Nous en prendrons deux... un pour papa et maman Colombot... et l'autre...

MADAME COLOMBOT.

Pourquoi deux?

CÉLIMARE.

Comme à Venise... chacun sa gondole... vous passerez devant...

COLOMBOT.

Mais non... il vaut mieux être ensemble... Nous descendrons la Seine jusqu'à Saint-Cloud.

EMMA.

Ah! ce sera charmant!

CÉLIMARE.

C'est convenu! à deux heures, nous levons l'ancre... (Tirant un morceau de pain de sa poche.) Ah! tenez, beau-père, une croûte de pain pour vos poissons rouges...

COLOMBOT.

J'en ai déjà plein mes poches... mais ça ne fait rien... ils vont se régaler...

CÉLIMARE.

Vous faites des études sur le poisson rouge?

COLOMBOT.

C'est un peuple très-intéressant... ils me reconnaissent...

EMMA.

Vraiment?

COLOMBOT, s'adressant aux dames.

Ils approchent quand j'arrive... et ils me regardent avec des yeux d'un doux... Quand ils seront apprivoisés, nous jetterons le filet, et nous les mangerons.

EMMA.

Oh! papa!

MADAME COLOMBOT.

Est-ce que ça se mange, les poissons rouges?

COLOMBOT.

Pourquoi pas?... on mange bien des écrevisses... (A sa femme.) Viens avec moi... tu verras leurs petits yeux...

MADAME COLOMBOT, lui donnant le bras.

Et, en revenant, nous compterons les pêches.

M. et madame Colombot sortent par le fond.

SCÈNE II.

CÉLIMARE, EMMA, tous deux à table.

CÉLIMARE.

Enfin, ils sont partis!... nous voilà seuls... tous les deux...

ACTE TROISIÈME.

EMMA, assise.

Il me semble que ça nous arrive souvent.

CÉLIMARE.

Je m'applaudis tous les jours d'avoir loué cette campagne!... Un jardin charmant... un rocher... et un labyrinthe... Veux-tu venir dans le labyrinthe?...

EMMA.

Non!...

CÉLIMARE.

Tu ne sais pas, je rêve une construction dans notre jardin...

EMMA.

Comment?

CÉLIMARE.

Oh! une petite construction... Une volière... J'ai fait demander l'architecte...

EMMA.

Qu'est-ce que tu veux faire d'une volière?

CÉLIMARE.

C'est une bêtise... une superstition, si tu veux... Je voudrais y mettre des tourterelles...

EMMA, se levant

Voilà une autre idée, à présent!

CÉLIMARE, la suivant.

Ton père a ses poissons rouges!... J'aurai mes tourterelles... Chaque âge a ses petits vices.

EMMA.

Tiens, tu deviens fou!

CÉLIMARE, lui prenant le bras.

Il y a de quoi le devenir... Je suis si heureux, ici... loin du bruit... loin du monde...

EMMA, souriant.

Loin de M. Vernouillet, surtout...

CÉLIMARE, demi-ton de reproche.

Ah! Emma!... c'est de la méchanceté!... Tu m'avais promis de ne plus m'en parler.

EMMA.

Moi?

CÉLIMARE.

Oui... tu m'as pardonné... Lundi, tu m'as pardonné!...

EMMA, baissant les yeux.

Je vous ai pardonné... mais je vous en veux toujours... Une pareille conduite...

CÉLIMARE.

D'abord, je ne te connaissais pas... Et puis, j'étais jeune... j'ai été entraîné... Mais, c'est ma seule faute... mon seul crime... car c'en est un!

EMMA.

Est-ce bien vrai, monsieur?

CÉLIMARE.

Je l'ai juré... sur la photographie de ta mère... Veux-tu que je recommence?

EMMA.

C'est inutile!...

CÉLIMARE.

D'ailleurs, tu penses bien qu'un jeune homme qui s'est laissé prendre une fois n'a pas envie de recommencer...

EMMA.

Ça, je le crois... Dis donc, j'ai fait un drôle de rêve cette nuit...

CÉLIMARE.

Ah! en étais-je?

EMMA.

Non... J'ai rêvé que M. Vernouillet venait te relancer jusqu'ici... avec un jeu de dominos à la main!

CÉLIMARE.

Par exemple !... je l'en défie bien !...

EMMA.

Pourquoi?

CÉLIMARE.

Voici ce que je lui ai écrit en partant : « Cher ami, j'ai été pris cette nuit d'un violent accès de fièvre... »

EMMA.

Menteur!

CÉLIMARE.

« Mon médecin m'ordonne de changer d'air... Je pars pour la campagne... Venez me voir dès que vous aurez un moment. »

EMMA.

Eh bien!... il va venir...

CÉLIMARE.

Non... (Riant.) J'ai oublié de lui donner mon adresse...

EMMA, riant.

Comment?

CÉLIMARE.

Et, comme notre concierge à Paris ne la connaît pas... il peut chercher!

EMMA.

Et ton autre ami, M. Bocardon?

CÉLIMARE.

Je lui ai envoyé la même circulaire.

EMMA.

Oh! pourquoi?

CÉLIMARE.

Ce que j'ai fait pour l'un, je l'ai toujours fait pour l'autre.

SCÈNE III.

Les Mêmes, PITOIS.

PITOIS, entrant.

Monsieur... une visite!

EMMA.

Une visite!

CÉLIMARE.

Quelque voisin de campagne, sans doute... Je n'y suis pas!

PITOIS, bas à Célimare.

Monsieur... c'est votre rhumatisme... le numéro un!

CÉLIMARE.

Vernouillet!

EMMA.

M. Vernouillet!

CÉLIMARE.

Allons donc!... c'est impossible!

PITOIS, apercevant Vernouillet qui entre.

Tenez!... voyez plutôt!

SCÈNE IV.

CÉLIMARE, VERNOUILLET, EMMA.

VERNOUILLET, entrant avec une petite malle et un sac de nuit, courant à Célimare et l'embrassant.

Ah! mon ami! mon ami!

CÉLIMARE.

Cher Vernouillet! (A part.) D'où tombe-t-il?

VERNOUILLET.

Vous êtes levé... Quelle imprudence!... Mais où avez-vous pris cette mauvaise fièvre?

CÉLIMARE.

Dame!... vous savez... Je ne pensais à rien, et tout à coup... (Frissonnant.) Brrr!

VERNOUILLET.

Vous êtes rouge... c'est l'accès qui va venir... Il faut vous coucher.

CÉLIMARE.

Permettez!

EMMA, se moquant de lui.

Mon ami, veux-tu qu'on bassine ton lit?

CÉLIMARE, à part.

Elle se moque de moi. (Haut.) Merci, ça va mieux... Je me sens très-bien!...

VERNOUILLET.

Heureusement, me voilà! Je me constitue votre garde-malade... car je vois que madame n'y entend rien... Je coucherai dans votre chambre.

CÉLIMARE, faisant un mouvement.

Ah! non!

VERNOUILLET, vivement.

J'ai dans ma malle une petite pharmacie de voyage : de l'émétique, de la magnésie, de l'arnica, du taffetas d'Angleterre. Nous vous donnerons tout cela... pas à la fois.

CÉLIMARE.

J'ose l'espérer...

VERNOUILLET.

En attendant, je vais vous faire préparer une petite tisane... du miel, de la laitue et une pomme de reinette coupée en quatre.

CÉLIMARE.

Pourquoi en quatre?...

VERNOUILLET.

C'était la tisane de ma femme. (Il soupire.) Ah! pauvre Héloïse!

CÉLIMARE, bas, voulant le faire taire.

Chut! chut!

VERNOUILLET.

Quoi? vous souffrez?

CÉLIMARE.

Non!

VERNOUILLET.

Je suis sûr que vous m'avez accusé en ne me voyant pas venir...

CÉLIMARE.

Moi ?... Ah bien, vous ne me connaissez pas!

VERNOUILLET.

Mais ce n'est pas ma faute... Votre lettre me disait bien : « Venez me voir!... » mais vous avez oublié de me donner votre adresse.

CÉLIMARE.

Ah bah!... pas possible!...

EMMA.

Quelle étourderie!...

VERNOUILLET.

Voilà huit jours que je vous cherche! Mais j'ai eu un éclair... un éclair du cœur!... Je me suis rappelé que vous étiez abonné au *Constitutionnel*.

CÉLIMARE.

Bon!

VERNOUILLET.

Je me suis dit: « Il doit se faire envoyer son journal à la campagne; » je suis allé au bureau... On a refusé de me donner votre adresse sans un mot de vous... Je leur ai expliqué que je ne pouvais pas apporter un mot de vous, puisque je ne savais pas où vous étiez... Alors, on m'a fermé le guichet sur le nez.

CÉLIMARE, à part.

Très-bien! voilà un bon journal! Je vais renouveler mon abonnement.

VERNOUILLET.

Je ne me suis pas rebuté... j'ai demandé un rendez-vous au rédacteur en chef... pour une communication importante... Il m'a reçu... Je lui ai exposé ma demande; il m'a renvoyé au gérant, qui m'a renvoyé au chef des départs de la province, qui m'a renvoyé à celui de Paris, qui m'a renvoyé à celui de la banlieue... Ça a duré quatre heures... Enfin, j'ai vu votre bande : Auteuil, rue *La Fontaine*, 44... Votre abonnement finit le premier octobre... Et me voilà!...

CÉLIMARE, lui serrant la main.

Oh! merci! (A part.) Je me désabonne.

VERNOUILLET.

L'amitié rend l'homme ingénieux!... il faut tâcher de transpirer.

SCÈNE V.

Les Mêmes, M. et MADAME COLOMBOT, BOCARDON.

COLOMBOT, en dehors.

Entrez donc, monsieur Bocardon.

BOCARDON, paraissant au fond. Il porte un chapeau gris. A la cantonade.

A la porte, Minotaure! couchez là! couchez là

EMMA.

M. Bocardon!

CÉLIMARE, à part.

Très-bien! nous voilà au complet!

BOCARDON, apercevant Vernouillet

M. Vernouillet!

MADAME COLOMBOT.

Quel heureux hasard!

ACTE TROISIÈME.

BOCARDON, à Célimare.

Eh bien, tu peux te vanter d'être un joli étourneau!... tu m'écris : « Viens me voir!... » et tu ne me donnes pas ton adresse!

VERNOUILLET.

Comme à moi!

CÉLIMARE.

Alors, comment as-tu fait pour me découvrir?

BOCARDON.

C'est un miracle... tu as de la chance, toi!... Je cherche une maison de campagne pour ma femme... Alors, ce matin, je me promenais dans Auteuil, m'arrêtant à chaque porte devant les écriteaux... lorsque tout à coup... au numéro 44... Minotaure... mon chien... se dresse sur ses deux pattes de derrière... comme ça. Je l'appelle... il refuse d'aller plus loin... et il me regarde toujours comme ça... Alors, je me dis : « Célimare est ici! » Je sonne, je reconnais Pitois... Minotaure t'avait senti!

COLOMBOT.

C'est prodigieux!

MADAME COLOMBOT.

Quel instinct!

BOCARDON, à Célimare.

Il t'aime bien, Minotaure!

CÉLIMARE, à part.

Je lui réserve une boulette, à celui-là!

BOCARDON, à Célimare.

Puisque je t'ai retrouvé... je passe la journée avec toi...

VERNOUILLET, à part.

Ils vont le fatiguer.

BOCARDON.

Je devais aller chez Léon pour lui demander des renseignements... j'irai demain...

CÉLIMARE.

Mon ami, il ne faut pas te gêner...

BOCARDON.

Non... il s'agit des Nord... ce n'est pas pressé...

CÉLIMARE, à part.

De mon temps, il était plus exact... C'est un facteur qui se dérange!...

PITOIS, entrant.

Monsieur... c'est l'architecte qui vient pour la volière...

CÉLIMARE.

Très-bien! j'y vais...

VERNOUILLET.

Où est ma chambre?...

COLOMBOT, remontant et indiquant la porte de droite.

Par ici... venez...

MADAME COLOMBOT.

Nous allons vous installer.

M. et MADAME COLOMBOT, EMMA.

AIR du *Pince-nez*.

Sans perdre un seul instant
Entrez dans cet appartement;
Vous y bien recevoir
Est notre plus fervent espoir.

VERNOUILLET.

Sans perdre un seul instant
Entrons dans cet appartement;
Aujourd'hui, j'ai l'espoir
Qu'ils doivent m'y bien recevoir.

BOCARDON.

Sans perdre un seul instant
Entrez dans cet appartement
Ayez donc bon espoir,
On va vous y bien recevoir.

Ils sortent par la droite, excepté Célimare, qui sort par le fond

SCÈNE VI.

BOCARDON, EMMA.

BOCARDON.

Je viens de voir une maison ravissante... à côté de la vôtre... J'attends Célimare pour la louer...

EMMA, assise à droite et travaillant à une tapisserie.

Comment!... nous serions voisins?

BOCARDON, qui a pris une chaise, mais sans s'asseoir.

Porte à porte... Le soir, ma femme viendrait... elle travaillerait pendant que nous ferions notre petit bézigue...

EMMA.

Oh! ce serait charmant!...

BOCARDON.

Ce n'est pas pour la vanter... mais je crois que Ninette vous plaira... elle est tout à fait dans votre genre... c'est une femme d'intérieur... (Confidentiellement.) Elle raccommode!

EMMA.

Vraiment?

BOCARDON.

Je ne lui reproche que d'être un peu timide... Nous ne

voyons personne... excepté Léon... Et encore, c'est moi qui l'ai exigé... Elle le trouve nul, ce jeune homme...

EMMA.

Alors, pourquoi le recevez-vous ?

BOCARDON.

Oh !... un parent ! La première fois que je vous amènerai Ninette, je suis sûr qu'elle aura peur... elle est bête pour ça !

EMMA.

Mais c'est à moi à lui faire la première visite... Je la lui dois... et depuis longtemps...

BOCARDON.

Faut-il vous parler franchement ?... eh bien, allez-y plus tôt que plus tard...

EMMA.

Pourquoi ?

BOCARDON.

J'ai mes raisons... je ne dis rien... mais j'y vois clair... Chaque fois que je prononce le nom de Célimare,... elle élude... elle me répond par celui de Léon... qu'elle ne peut pas souffrir... Je crois qu'elle est vexée de n'avoir pas encore reçu votre visite

EMMA se lève.

Oh ! mais j'irai aujourd'hui même. .

BOCARDON.

Justement, c'est son jour.

EMMA.

Nous devions faire une promenade en bateau ; mais nous la remettrons à demain...

ACTE TROISIEME.

PITOIS, entrant, à Bocardon.

Monsieur, c'est votre dogue...

BOCARDON.

Minotaure?... c'est un terre-neuve!

PITOIS.

Il est dans l'antichambre, en train de ronger le manteau gris.

EMMA.

Le manteau de maman!

BOCARDON.

Et tu ne l'as pas empêché?...

PITOIS.

Non, monsieur : il montre les dents...

BOCARDON.

Attends!... je vais l'attacher. (Il sort par le fond avec Pitois, en criant :) Minotaure!... Minotaure!

SCÈNE VII.

EMMA, puis CÉLIMARE, puis VERNOUILLET.

EMMA, seule.

Eh bien, maman va être contente... un manteau tout neuf!...

CÉLIMARE, entrant

La volière est commandée... cinq mètres sur trois... cinq mètres de tourterelles!

EMMA.

Mon ami, j'ai une bonne nouvelle à t'apprendre... Nous allons avoir un nouveau voisin...

CÉLIMARE.

Tiens!... qui ça?

EMMA.

Tu ne devines pas?... M. et madame Bocardon!

CÉLIMARE.

Comment!... où ça?

EMMA.

Ici!... ils vont louer la maison à côté de la nôtre.

CÉLIMARE, à part.

C'est de la glu!

EMMA.

Nous leur devons une visite... il faut la leur faire...

CÉLIMARE.

Ça ne presse pas...

EMMA.

Aujourd'hui... j'ai promis...

CÉLIMARE.

Aujourd'hui!...

EMMA.

Nous prendrons une voiture... c'est l'affaire d'une heure... Va t'habiller.

CÉLIMARE.

Ma chère amie, je suis désolé d'avoir quelque chose à te refuser... mais j'ai des raisons.... des raisons personnelles pour ajourner cette visite...

EMMA.

Tu n'y penses pas... tu vas chagriner de vieux amis... blesser madame Bocardon, une si excellente dame, simple timide même...

CÉLIMARE.

Elle, timide?... comme un carabinier!

EMMA.

Décidément, mon ami, M. Bocardon disait vrai l'autre jour... tu n'aimes pas sa femme...

CÉLIMARE.

Pas beaucoup... je l'avoue... et, s'il faut te le dire, je ne tiens pas à ce que tu fasses sa connaissance...

EMMA.

Pourquoi?

CÉLIMARE.

Pourquoi?... pourquoi?... parce que...

EMMA.

Mais encore?...

CÉLIMARE.

Madame Bocardon n'est pas une personne à voir... la!

EMMA.

Elle!... une femme de ménage... une femme d'intérieur!...

CÉLIMARE, entre ses dents.

Et d'extérieur!...

EMMA.

Qu'est-ce que tu dis?...

CÉLIMARE.

Je dis... je dis que madame Bocardon est une femme un peu légère.

EMMA.

Qu'est-ce que tu entends par là?

CÉLIMARE.

Elle a des intrigues...

EMMA.

Comment!...

CÉLIMARE.

Ne le répète pas!... avec Léon... mon successeur... (se reprenant vivement.) son cousin !

EMMA.

Allons donc! c'est impossible!...

CÉLIMARE.

Je te dis qu'ils s'écrivent... ils sont en

EMMA.

C'est une calomnie!

CÉLIMARE.

Tu ne me crois pas... Où est le chapeau?... (Apercevant le chapeau de Bocardon sur un meuble.) Il est là... très-bien! (A Emma.) Qu'est-ce que tu dirais si je faisais apparaître, à l'instant même, une lettre de la timide madame Bocardon... adressée à son cousin?

EMMA.

Tu as surpris une lettre?...

CÉLIMARE.

Fais-moi le plaisir d'aller chercher cet imperturbable chapeau gris qui s'épanouit là-bas...

EMMA, allant prendre le chapeau.

Ce chapeau... le voilà... mais je ne comprends pas...

CÉLIMARE.

Maintenant, regarde sous la coiffe... (L'arrêtant.) Attends..

Il faut te dire, auparavavant, que Ninette... que madame Ninette Bocardon, manque complétement de confiance dans l'administration des postes... alors elle glisse ses petits épanchements... franco... dans le chapeau de son mari...

EMMA, soupçonnant.

Ah!... comment le savez-vous?

CÉLIMARE, embarrassé.

Moi?... c'est... c'est Léon... ce bavard de Léon qui me l'a dit!... Maintenant, fouille et tu trouveras...

EMMA, visitant le chapeau.

Je ne vois rien...

CÉLIMARE.

C'est impossible!... (A part.) Il a parlé des Nord!... (Haut.) Sous la coiffe... à gauche!... à gauche!...

EMMA.

Ah! si!... un billet!

CÉLIMARE.

Allons donc! (Voyant sa femme qui déplie le billet.) Eh bien, que fais-tu?

EMMA.

Il faut absolument que je sache...

CÉLIMARE, vivement.

Ne lis pas le post-scriptum!... (A part.) Ils sont généralement très-vigoureux!

EMMA, lisant.

« Mon doux Célimare... »

CÉLIMARE, bondissant.

Hein?

EMMA, lisant.

« Vous avez tort d'être jaloux, vous savez bien que je vous aime... »

CÉLIMARE, à part.

Sapristi! son chapeau de l'année dernière!... une vieille lettre oubliée!

EMMA.

Oh! monsieur! c'est affreux! c'est indigne!

CÉLIMARE.

Non... je vais t'expliquer...

EMMA, pleurant.

Laissez-moi! je ne veux plus vous parler! je vous déteste!

CÉLIMARE, prenant le chapeau.

Animal, va! tu ne peux pas acheter un chapeau neuf.
Il le jette tout aplati sur un meuble.

EMMA.

Hier, M. Vernouillet!... aujourd'hui, M. Bocardon!... Ah çà! monsieur, tous vos amis ont donc été... mis à contribution?...

CÉLIMARE.

Oh! quelle idée!

EMMA.

Donnez-moi tout de suite la liste de ces messieurs... je saurai à quoi m'en tenir...

CÉLIMARE.

C'est la fin... je te jure que c'est la fin!

EMMA.

Elle est donc bien jolie, cette madame Bocardon?

CÉLIMARE.

Du tout!... un nez en trompette... une bouche énorme... un menton de galoche... des yeux...

EMMA.

Eh bien, alors?..

CÉLIMARE.

J'étais jeune... j'ai été entrainé...

EMMA.

Après huit jours de mariage!

CÉLIMARE.

Mais tu n'as pas compris... le chapeau... c'est le chapeau de l'année dernière! Voyons... réfléchis seulement une minute... Depuis huit jours, je ne te quitte pas... je ne suis pas sorti une seule fois... (Prenant la lettre des mains de sa femme.) D'ailleurs, regarde ce papier, il est vieux, il est jaune, il est fané... (Apercevant la date.) Tiens! 62!... elle a daté!... (Embrassant le papier.) Oh! merci!

EMMA, vivement.

Comment, monsieur!...

CÉLIMARE.

C'est la date que j'embrasse!... (Vernouillet paraît à la porte de droite.) Es-tu convaincue, maintenant?

EMMA.

Oui!... mais vous n'en avez pas moins été l'amant de madame Bocardon!

VERNOUILLET, qui est entré et qui a entendu.

Ah bah!... lui?

CÉLIMARE, à Emma, voyant Vernouillet.

Silence!...

VERNOUILLET.

Je vous demande pardon... j'ai entendu sans le vouloir...

CÉLIMARE, à part.

Bien! ça se répand!... tout à l'heure on va le faire afficher!

VERNOUILLET, riant.

Ce pauvre M. Bocardon!... Du reste, il a bien une tête à ça!

CÉLIMARE.

Vernouillet, je vous jure que vous avez tort de rire de ça... vous surtout!

VERNOUILLET.

Pourquoi, moi surtout?

On entend Bocardon crier après son chien.

CÉLIMARE.

Chut!... le mari!...

Célimare se dirige vers la table de gauche, où Emma vient de s'asseoir et travaille à une tapisserie.

SCÈNE VIII.

CÉLIMARE, EMMA, BOCARDON, VERNOUILLET.

BOCARDON, entrant du fond.

Je viens d'attacher Minotaure... il ne voulait pas me suivre.. il te sentait. Ah! il t'aime bien, Minotaure!

EMMA, à part.

La vue de ces deux hommes m'est insupportable!

BOCARDON.

A propos de Minotaure!... ça me rappelle une histoire bien drôle. (A Emma.) Vous allez rire... Un soir, je rentrais

chez moi avec mon chien... que je venais de promener...
je le promène tous les soirs... j'arrive dans la chambre de
ma femme... Tout à coup, Minotaure s'élance contre la
porte de l'armoire... il se met à gratter... à aboyer! Je me
dis : « C'est un rat... ou un voleur... » J'ouvre l'armoire...
c'était Célimare!

CÉLIMARE, à part.

Que le diable l'emporte!

VERNOUILLET, à part.

Il est maladroit de raconter ça!

BOCARDON.

C'est ma femme qui l'avait fait cacher pour voir si Minotaure le sentirait... (Gaiement.) Il l'a senti!...

EMMA, avec dépit.

Ah!... c'est très-plaisant!

BOCARDON.

N'est-ce pas qu'elle est drôle?

VERNOUILLET, bas, à Bocardon.

Taisez-vous donc!

BOCARDON, étonné.

Pourquoi?...

VERNOUILLET, à Emma, pour détourner son attention.

Ma femme avait un perroquet encore plus extraordinaire que votre chien... Célimare prenait plaisir à l'instruire...

CÉLIMARE, à part.

Allons, le perroquet maintenant!

VERNOUILLET.

Sa cage était dans l'antichambre... et, chaque fois qu'il

me voyait rentrer, il criait : « Voilà monsieur! voilà monsieur! »

EMMA, dépitée.

En effet... c'était très-commode...

BOCARDON, à part.

Il conte ça à la femme... est-il bête!

VERNOUILLET.

Je n'avais pas besoin de me faire annoncer...

BOCARDON, bas, à Vernouillet.

Taisez-vous donc! taisez-vous donc!

VERNOUILLET.

Pourquoi?

CÉLIMARE.

Avez-vous vu les nouvelles constructions de l'Opéra?

BOCARDON.

Non!... je ne suis pas allé à l'Opéra depuis notre pari...

CÉLIMARE, à part.

Bien!... le pari!... pas de chance!

EMMA.

Quel pari?

CÉLIMARE.

Rien! ça ne peut pas se raconter.

BOCARDON.

Figurez-vous, madame, que j'avais reçu d'Alger un burnous arabe...

CÉLIMARE.

Et il paria qu'il ferait le tour du Champ-de-Mars avec deux pots de moutarde.

ACTE TROISIÈME.

BOCARDON.

Mais non... que j'irais m'asseoir à l'orchestre de l'Opéra.

CÉLIMARE.

C'est un autre pari, ça...

BOCARDON.

Je me présentai au contrôle en disant : « Mamamuth... karamba... »

CÉLIMARE, cherchant à détourner la conversation.

Arrivé à l'Ecole militaire... un monument superbe, en pierre de taille.

BOCARDON.

Permets...

CÉLIMARE, remontant.

Allons faire un tour de jardin !...

BOCARDON.

Bref... il perdit...

CÉLIMARE.

Eh bien, oui !... j'ai perdu... Allons voir les poissons rouges...

BOCARDON.

Et, comme nous avions parié une discrétion... il fut obligé de conduire Ninette à Chalon-sur-Saône... chez sa tante... Il était furieux !

EMMA, à part.

Oh ! c'est intolérable !

VERNOUILLET, à Célimare.

Il n'a aucun tact ! aucun tact !

BOCARDON, regardant le tabouret sur lequel Emma a posé ses pieds.

Tiens ! je le reconnais...

EMMA.

Quoi donc?

BOCARDON.

Ce tabouret... c'est l'ouvrage de Ninette... (Emma se lève et le repousse violemment.) Aïe!

EMMA.

Oh! je n'y tiens plus!

BOCARDON, à Célimare.

Qu'a-t-elle donc?...

CÉLIMARE, vivement et bas.

Une crampe! c'est Vernouillet qui l'agace!

BOCARDON, à part.

Je comprends ça!...

CÉLIMARE.

Emmène-le!

BOCARDON, haut.

Papa Vernouillet... je vous propose une partie de billard...

VERNOUILLET.

Oh! merci!... le billard...

CÉLIMARE, bas, à Vernouillet.

Acceptez!... il exaspère ma femme!

VERNOUILLET, à part.

Je comprends ça...

CÉLIMARE.

Emmenez-le...

VERNOUILLET.

Allons!... mais nous ne jouerons pas d'argent...

ACTE TROISIÈME.

CÉLIMARE.

L'honneur ! l'honneur !

VERNOUILLET, riant.

Oui, l'honneur !...

Ils sortent par la droite.

SCÈNE IX.

CÉLIMARE, EMMA, puis PITOIS.

EMMA.

Enfin !... ils sont partis !

CÉLIMARE.

Oui... ils sont un peu... ennuyeux !

EMMA.

Ennuyeux ?... ils sont odieux !... avec leurs souvenirs !... il m'a fallu essuyer pendant une heure le récit de vos fredaines !...

CÉLIMARE.

Voyons, Emma...

EMMA.

C'est intolérable ! Vous devriez au moins m'épargner la vue de vos... de ces messieurs !

CÉLIMARE.

Mais je ne tiens pas plus que toi à les recevoir !

EMMA.

Alors, renvoyez-les...

CÉLIMARE.

Sous quel prétexte ?

EMMA.

Cela vous regarde ! Mais je vous déclare que je ne veux plus me trouver avec eux... S'ils restent... je partirai !...

CÉLIMARE.

Mais...

EMMA.

Eux ou moi... choisissez !...

Elle sort.

CÉLIMARE.

Choisissez !... Parbleu !... je choisis ma femme !... Mais le moyen ? Si je donne congé à Vernouillet... ses soupçons vont lui revenir... il a des idées si larges sur l'emploi du pistolet... Après tout, moi, je ne peux pas lui en vouloir, à ce bonhomme... (Souriant.) Pendant cinq ans, il a été très-hospitalier.

PITOIS, entrant.

Monsieur !...

CÉLIMARE.

Quoi ?

PITOIS.

Le dogue a mangé sa corde... et il gratte dans les corbeilles...

CÉLIMARE.

Eh ! qu'est-ce que ça me fait ?

PITOIS.

Voilà le fruit d'une jeunesse passionnée... on vous amène des chiens qu'on n'a pas le droit de renvoyer... C'est le châtiment !

CÉLIMARE.

Ah çà ! me laisseras-tu tranquille avec tes réflexions !...

PITOIS.

Puisqu'il a le droit de gratter... qu'il gratte !

SCÈNE X.

CÉLIMARE, PITOIS, COLOMBOT.

COLOMBOT, entrant par la gauche.

Mon gendre... j'ai à vous parler.

CÉLIMARE, à Pitois.

Laisse-nous ! (Pitois sort.) De quoi s'agit-il, beau-père ?

COLOMBOT.

Monsieur, je quitte ma fille... elle m'a tout appris... c'est révoltant ! Un... passe encore !... mais deux... Ah çà ! c'était donc une profession chez vous ?

CÉLIMARE.

Ah ! permettez, beau-père, mon passé n'appartient pas à ma femme...

COLOMBOT.

Soit !... mais il ne faut pas qu'il vienne s'installer dans votre ménage... votre passé ! et qu'il y raconte des histoires de chien et de perroquet... biscornues !

CÉLIMARE.

Qu'y faire ?

COLOMBOT.

Je vous préviens que ces dames font leurs paquets.

CÉLIMARE

Comment ! ma femme ?...

COLOMBOT, d'un ton doux.

Autorisez-vous ma fille à emporter les bijoux de la corbeille?

CÉLIMARE.

Eh! qu'elle emporte tout... mais qu'elle reste!

COLOMBOT.

Comment, voulez-vous qu'elle emporte... si elle reste?

CÉLIMARE.

Mais je ne veux pas qu'elle parte!

COLOMBOT.

Voici son ultimatum : « Si dans dix minutes vous n'avez pas congédié vos deux... »

CÉLIMARE.

Allez! dites le mot!

COLOMBOT, fièrement.

Non, monsieur, je ne le dirai pas! vos deux commensaux, c'est nous qui partirons!...

CÉLIMARE.

Mais comment? que leur dire?

COLOMBOT.

Dites-leur la chose...

CÉLIMARE.

C'est ça... après dîner... au dessert! Vous êtes fou, beau-père!

COLOMBOT.

Est-ce que ces gens-là m'intéressent! voulez-vous que je m'en charge?

CÉLIMARE, vivement.

Non!

COLOMBOT.

Comme vous voudrez! Mais ma fille ne doit pas souffrir de vos déportements, et, dès que les paquets seront faits, nous partirons!

Bocardon et Vernouillet entrent sur ces derniers mots.

SCÈNE XI.

Les Mêmes, BOCARDON et VERNOUILLET.

VERNOUILLET.

Des paquets?

BOCARDON.

Qui est-ce qui part?

CÉLIMARE, bas, à Colombot.

Attendez!... j'ai un moyen! (Haut.) Mes amis... vous me voyez navré... il va falloir nous séparer...

VERNOUILLET.

Nous séparer?

BOCARDON.

Jamais!

CÉLIMARE, leur serrant la main.

Merci... merci... pour ce mot!... mon médecin me quitte à l'instant... il m'a trouvé quelque chose dans les voies respiratoires.

VERNOUILLET et BOCARDON.

La poitrine?

CÉLIMARE.

Ce n'est pas précisément.. là... C'est une sueur des

bronches... et il m'a ordonné un séjour de quelques mois sous le beau ciel de l'Italie... à Venise!

COLOMBOT, à part.

C'est très-adroit!

VERNOUILLET.

Ah! mon pauvre ami!

BOCARDON.

Quel coup!...

VERNOUILLET.

Mais j'y pense... vous n'avez personne pour vous soigner.

CÉLIMARE.

Ma femme...

VERNOUILLET.

Elle n'y entend rien!... moi, je suis libre, je suis en vacances... je pars avec vous!

COLOMBOT.

Comment?

CÉLIMARE, à part.

Un crampon!

BOCARDON, passant.

Une idée! Ninette me tourmente depuis longtemps pour voir l'Italie... si, au lieu de louer une maison de campagne... oui... nous partons avec toi!

CÉLIMARE, à part.

Ah! il n'est pas possible... ils sont vissés!...

Il remonte un peu.

COLOMBOT, d'un ton déterminé.

Allons, il faut en finir... et, puisque Célimare n'a pas le courage de vous avouer ses torts... je vais...

ACTE TROISIÈME.

CÉLIMARE, allant à Colombot, bas, et vivement.

Non! laissez-moi leur dire...

TOUS.

Quoi?

CÉLIMARE, à part.

Je les tiens. (Haut à Vernouillet et à Bocardon.) Mes amis, vous saurez tout... ce voyage dont je vous parlais tout à l'heure... c'est une fuite... une fugue!...

TOUS.

Comment?

CÉLIMARE.

Je suis ruiné, poursuivi, traqué! la Bourse...

COLOMBOT.

Comment! mon gendre...?

CÉLIMARE, bas, à Colombot.

Taisez-vous donc! vous ne comprenez rien. (Aux autres.) Enfin je dois... neuf cent soixante-quatorze mille francs... sans compter les frais!

BOCARDON et VERNOUILLET; ils remontent.

Diable!

CÉLIMARE.

Oh! je ne vous demande rien!

VERNOUILLET, lui serrant la main.

Ah! mon pauvre ami!

BOCARDON, de même.

Mon brave ami!

CÉLIMARE.

Merci, merci pour ce mot... mais je me relèverai... on me propose une affaire magnifique... il s'agit de fabriquer du zinc avec de la terre de bruyère... c'est un secret... n'en parlez pas!

BOCARDON.

Oh!

VERNOUILLET.

Soyez tranquille.

CÉLIMARE.

Et c'est ici que j'ai besoin de toute votre amitié.

VERNOUILLET, lui prenant une main.

N'en doutez pas!...

BOCARDON, de même.

Compte sur moi... à la vie, à la mort!

CÉLIMARE.

Merci, merci pour ce mot!... il me faudrait cent mille francs! (Bocardon et Vernouillet retirent doucement leurs mains. Voyant leur mouvement et à part.) Allons donc! (Haut.) J'aurais pu les chercher à droite... ou à gauche, mais vous m'en auriez voulu...

BOCARDON et VERNOUILLET, faiblement

Oh! oh!

CÉLIMARE, à part.

Je suis en train de les dévisser... (Haut.) Alors, je vous ai fait à chacun votre part... cinquante mille francs à l'un, cinquante mille francs à l'autre... comme ça, il n'y aura pas de jaloux.

VERNOUILLET, embarrassé.

Certainement... un vieil ami...

BOCARDON, de même.

Et dans le malheur encore! c'est sacré!...

Il remonte un peu.

ACTE TROISIÈME

CÉLIMARE.

Diable! diable!

COLOMBOT, bas, à Célimare.

Vous allez voir qu'ils vont vous les prêter?...

CÉLIMARE, bas.

Ah! s'ils font ça... je les garde! (Haut.) Du reste, je ne suis pas pressé, pourvu que j'aie cette somme avant cinq heures (Tirant sa montre.) Il en est trois.

VERNOUILLET, tirant sa montre.

Deux heures et demie, vous avancez...

BOCARDON, de même.

Moi, j'ai le quart...

COLOMBOT, de même.

Trois heures dix!...

CÉLIMARE.

Enfin, peu importe!...

VERNOUILLET, avec aigreur.

Comment! peu importe?... c'est-à-dire qu'il n'y a que votre montre qui aille bien!

BOCARDON, de même.

Oui... faut toujours lui céder... c'est fatigant à la fin!

COLOMBOT, étonné.

Qu'est-ce qu'ils ont?

CÉLIMARE, à part.

Remarquez que je ne leur dis rien!

VERNOUILLET.

Monsieur a la déplorable habitude d'imposer sa personnalité.

BOCARDON.

Il fait le potentat; je soutiens, moi, qu'il est deux heures un quart.

VERNOUILLET, à Célimare.

Alors... dites tout de suite que ma montre est une patraque !

BOCARDON, avec éclat.

Patraque! la montre de ma mère!

VERNOUILLET.

Il insulte nos mères!

CÉLIMARE, à part.

Remarquez que je n'ai rien dit!

VERNOUILLET, se montant.

Certes, monsieur... je ne suis pas susceptible, mais il est de ces mots...

BOCARDON, de même.

Qu'un galant homme...

VERNOUILLET.

Ne saurait supporter...

BOCARDON.

Sans s'abdiquer soi-même!...

VERNOUILLET.

Et si c'est une façon de nous faire sentir que notre présence vous gêne...

BOCARDON, avec éclat, à Vernouillet.

Oh! il nous flanque à la porte.

VERNOUILLET, très-exalté.

A la porte!

ACTE TROISIEME.

BOCARDON.

Partons, monsieur!...

Ils remontent.

CÉLIMARE, à part.

Remarquez...

VERNOUILLET, près de la porte.

Je n'eusse pas cru que nos relations dussent finir ainsi...

BOCARDON, également à la porte.

Ni moi... certes! Allons-nous-en!... je souffre trop!

VERNOUILLET.

Oh! les amis!

> Ils sortent tous les deux par le fond, au moment où Emma et madame Colombot paraissent à gauche, Colombot et Célimare dansent et rient.

SCÈNE XII.

EMMA, CÉLIMARE, COLOMBOT, MADAME COLOMBOT, puis PITOIS.

MADAME COLOMBOT.

Ils dansent!

EMMA.

Ils partent?

CÉLIMARE.

Et pour toujours!...

MADAME COLOMBOT.

Mais que leur avez-vous fait? des amis si chauds!

CÉLIMARE.

Je leur ai administré une potion calmante.

EMMA et MADAME COLOMBOT.

Quoi donc?

CÉLIMARE.

C'est bien simple; j'ai voulu leur emprunter de l'argent...

COLOMBOT.

L'éteignoir de l'amitié!

EMMA.

Et cela a suffi!

CÉLIMARE.

Règle générale... on peut tout demander... tout prendre à un ami..., (A part.) même sa femme! (Haut.) mais il ne faut pas toucher à sa bourse.

PITOIS, entrant.

Monsieur!... le dogue emporte votre caoutchouc.

MADAME COLOMBOT.

Ah! mon Dieu! il faut courir.

EMMA, vivement.

Non! ils n'auraient qu'à revenir...

CÉLIMARE.

Et puis... je ne suis pas fâché qu'ils me prennent quelque chose... nous sommes quittes!

PITOIS, à part

Et allez donc! il me fait rougir!

CÉLIMARE.

Oh! si jamais je fais la cour à une femme mariée...

ACTE TROISIÈME.

EMMA.

Eh bien, monsieur?

CÉLIMARE, se reprenant

Non! si jamais j'ai un fils... (Regardant Emma qui baisse les yeux.) Pourquoi n'aurions-nous pas un fils?

COLOMBOT et MADAME COLOMBOT.

Chut! chut! chut!

CÉLIMARE.

Le jour où il viendra au monde... voici ce que je lui dirai : (Il semble tenir un enfant sur son bras, et fait le geste de lui donner de petites claques.) « Jeune homme, ne faites jamais la cour à une femme mariée. Si vos passions désordonnées vous entraînent, je ne vous gronderai pas pour ça... mais respect à la femme mariée... à moins qu'elle ne soit veuve! »

CHŒUR.

AIR : *Mon maître a des châteaux. (Chatte.)*

Les beaux jours vont fleurir,
Plus d'ennuis, plus de nuage,
Rien ne viendra, je gage,
Les assombrir
A l'avenir.

EMMA, au public.

AIR d'*Yelva.*

De leur départ, ce soir, ma joie est grande.

CÉLIMARE.

Moi, sans regrets, je les ai vus partir.

Au public.

Au premier mot d'argent qu'on leur demande
Les vrais amis ne doivent pas s'enfuir.
Voilà, messieurs, quelle est ma théorie;
Or, dussiez-vous me trouver exigeant,

Montrez-vous tous mes amis, je vous prie,
En revenant nous porter votre argent.

TOUS.

Montrez-vous tous nos amis, je vous prie,
En revenant nous porter votre argent.

REPRISE DU CHŒUR.

Les beaux jours,
Etc.

FIN DE CÉLIMARE

UN MONSIEUR
QUI PREND LA MOUCHE

COMÉDIE

EN UN ACTE, MÊLÉE DE COUPLETS

Représentée pour la première fois, a Paris, sur le théâtre des Variétés, le 25 mars 1852.

COLLABORATEUR : M. MARC-MICHEL

PERSONNAGES

	ACTEURS
	qui ont créé les rôles
ALPHONSE DE BEAUDÉDUIT.	MM. Arnal.
BÉCAMEL.	Leclère
JURANÇON, ami de Bécamel.	H. Alix.
CYPRIEN, domestique de Bécamel.	Kopp.
DOMINIQUE, domestique de Beaudéduit.	Charles.
CÉCILE, fille de Bécamel.	Mlle. Virginie Duclay.

La scène se passe chez Bécamel, à Crépy.

UN MONSIEUR
QUI PREND LA MOUCHE

Un salon de campagne, porte au fond, portes latérales dans les pans coupés de droite et de gauche. — Une fenêtre à droite. Sur le devant, à droite, un guéridon. Autre petit guéridon, à gauche, contre le mur. — Gravures encadrées. — Chaises. Ouvrage de broderie sur le guéridon de droite. Le fond ouvre sur un jardin.

SCÈNE PREMIÈRE.

CYPRIEN, puis JURANÇON, puis BÉCAMEL.

CYPRIEN, assis contre le guéridon de droite, et lisant le journal.

« Oui, nous ne saurions trop le répéter, la société est ébranlée dans sa base... que si l'on nous demande un remède... nous ne nous chargeons pas de l'indiquer. » (Parlé.) Eh bien, alors... tais ton bec, méchant gratte-papier! (Lisant.) « La France depuis 89... »

JURANÇON, entrant par le fond.

Cyprien!

CYPRIEN, sans se déranger.

Ah! c'est vous... Bonjour, monsieur Jurançon, bonjour. (Lisant.) « La France depuis 89... »

JURANÇON.

Où est Bécamel?

CYPRIEN.

Dans sa chambre. (Appelant.) Monsieur... monsieur!...

BÉCAMEL, dans la coulisse de gauche.

Quoi?

CYPRIEN.

C'est votre ami qui vous demande... Dépêchez-vous!

BÉCAMEL, dans la coulisse.

Voilà.

CYPRIEN, à Jurançon

Il va venir...

JURANÇON.

Ah! tu as le journal d'aujourd'hui?

Il avance la main pour le prendre.

CYPRIEN.

Oui, monsieur. (Se remettant à lire.) « La France depuis 89... »

BÉCAMEL, entrant par la gauche.

Tiens! c'est Jurançon, mon ami, mon vieux voisin... Tu viens déjeuner avec moi?

JURANÇON.

Non, merci, je prends médecine à deux heures.

BÉCAMEL.

Comment!... Tu prends médecine?... Est-ce que tu es malade?

SCÈNE PREMIÈRE.

JURANÇON.

Moi, pas du tout.

BÉCAMEL.

Eh bien, alors?

JURANÇON.

C'est une précaution recommandée par le Guide du voyageur avant de se mettre en route... et, comme dans trois jours je pars pour l'Italie... la belle Italie...

BÉCAMEL.

Comment! tu pars?... sans moi?

CYPRIEN, à part, impatienté, se levant et allant s'asseoir de l'autre côté du guéridon.

Sont-y embêtants! je ne sais plus ce que je lis.... (Reprenant la lecture.) « La France depuis 89... »

BÉCAMEL.

Jurançon, je ne m'attendais pas à ça de ta part... Tu avais promis de m'attendre.

JURANÇON.

Mais voilà dix-neuf ans que je t'attends!

BÉCAMEL.

Ce n'est pas de ma faute... nous avons été sur le point de partir une fois...

JURANÇON.

Oui, nous étions garçons, nos places étaient retenues.

BÉCAMEL.

Tout à coup on me marie...

JURANÇON.

Tu me demandes un délai pour ta lune de miel.

BÉCAMEL.

Dame!...

JURANÇON.

Je te l'accorde, je perds mes arrhes... mais voilà que ta femme devient intéressante.

BÉCAMEL.

A qui la faute?

JURANÇON.

Parbleu! ce n'est pas la mienne!...

CYPRIEN, à part, se levant et allant s'asseoir au fond, à droite de la porte.

Cristi! (Lisant.) « La France depuis 89... »

JURANÇON.

Dans cette conjoncture, tu me demandes un second délai.

BÉCAMEL.

Je ne pouvais pas m'expatrier sans avoir embrassé mon enfant.

JURANÇON.

Je reperds mes arrhes... Ta fille arrive, tu l'embrasses... Je te dis : « Cette fois, nous allons partir? » tu me réponds : « Attendons qu'elle soit sevrée... » j'attends!... « Attendons qu'elle ait fait ses dents... » j'attends!... « Attendons qu'elle ait terminé son éducation... » j'attends toujours!...

BÉCAMEL.

Ce bon Jurançon!

JURANÇON.

Que diable! je ne peux pas passer ma vie à retenir mes places.

BÉCAMEL.

Je ne te demande plus que quelques jours.

SCÈNE PREMIÈRE.

JURANÇON.

Mais pour quoi faire? pour quoi faire?

BÉCAMEL.

Le temps de marier ma fille... la... puisque tu veux le savoir.

CYPRIEN, à part, se levant et venant se rasseoir à sa place, près du guéridon.

Nom d'un nom! (Lisant.) « La France depuis 89... »

JURANÇON.

Un mariage!... ça n'en finit pas...

BÉCAMEL, mystérieusement.

Chut!... j'ai quelque chose en train pour Cécile.

JURANÇON.

Ah bah!

BÉCAMEL.

Je suis même étonné de n'avoir pas reçu de réponse. (Haut, et passant près de Cyprien.) Cyprien!

CYPRIEN, sans se déranger de sa lecture.

Monsieur? (A part.) C'est assommant!

BÉCAMEL.

Est-ce qu'il n'est pas venu de lettre pour moi, ce matin?

CYPRIEN.

Si, monsieur.

BÉCAMEL, vivement.

Où est-elle?

CYPRIEN.

Dans ma poche.

BÉCAMEL.

Donne! donne!

CYPRIEN, sans se déranger.

Là... à droite... sous ma pipe.

BÉCAMEL, prenant la lettre dans la poche de Cyprien.

Merci ! (L'ouvrant.) Juste !

CYPRIEN, à part, se levant et remontant.

Non, je donne ma démission ! (Haut.) Monsieur ?

BÉCAMEL, tout en parcourant sa lettre.

Hein ?

CYPRIEN, avec humeur.

Je m'en vas !

BÉCAMEL.

Va, mon garçon.

CYPRIEN, à part.

C'est insupportable d'entendre jacasser.. (Il sort par le fond en lisant.) « La France depuis 89... »

SCÈNE II.

JURANÇON, BÉCAMEL.

JURANÇON, regardant sortir Cyprien.

Il a l'air grognon, ton domestique.

BÉCAMEL.

Oui, je le gâte... c'est presque un ami... je suis son parrain... (Achevant sa lettre.) Bravo... Jurançon, c'est arrangé !

JURANÇON.

Quoi?

SCÈNE DEUXIÈME.

BÉCAMEL.

C'est une lettre du prétendu... maître Savoyart (de la Drôme).

JURANÇON.

Qu'est-ce que c'est que ça?

BÉCAMEL.

Un avocat... nos conditions sont arrêtées... il va venir ce matin déjeuner et faire sa demande...

JURANÇON.

Ta fille est-elle prévenue?

BÉCAMEL.

Non, mais elle le connait... l'affaire marchera promptement...

JURANÇON.

Quand partons-nous? il faut que je sois fixé!

BÉCAMEL.

Voyons... c'est aujourd'hui le 1er... le 15, je marie ma fille!... le 16...

JURANÇON.

Nous nous purgeons.

BÉCAMEL.

Il parait que tu y tiens... Eh bien, soit!... le 16, nous nous purgeons... et le 17...

JURANÇON.

Nous roulons!

BÉCAMEL.

Voilà! (Avec enthousiasme.) O l'Italie! Venezia la Bella? Romani, les Romains! Dis donc, nous ferons nos farces!

JURANÇON.

Oui... et nous emporterons des gilets de flanelle... les nuits sont fraîches.

BÉCAMEL.

Ça me va! tout me va!

JURANÇON.

Allons, puisque c'est décidé... je vais encore donner des arrhes... mais c'est la dernière fois... je t'en préviens!

BÉCAMEL.

Sois donc tranquille!

ENSEMBLE.

AIR de *Gilles ravisseur.*

Vers la belle Venise
Nous roulerons bientôt,
Pour respirer sa brise
Et voguer sur son flot.

Jurançon sort par le fond.

SCÈNE III.

BÉCAMEL, puis CÉCILE.

BÉCAMEL.

Mon gendre sera ici dans une petite heure... Je n'ai que le temps de préparer ma fille...

CÉCILE, entrant par la droite.

Papa, as-tu la clef de l'office? il n'y a plus de macarons pour le dessert.

BÉCAMEL.

Ma fille, il ne s'agit pas de macarons... le moment est venu d'avoir avec toi un entretien solennel...

Il s'assied.

SCÈNE TROISIÈME.

CÉCILE.

Ah! mon Dieu!

BÉCAMEL, se donnant un air grave.

Cécile... as-tu songé quelquefois que tu pourrais un jour te marier?

CÉCILE.

Oh! oui, papa... très-souvent.

BÉCAMEL.

Eh bien, mon enfant, cette heure a sonné!

CÉCILE.

Vraiment!... — Est-il bien?

BÉCAMEL.

Qui ça?

CÉCILE.

Le jeune homme?

BÉCAMEL.

Fort convenable... c'est un homme froid...

CÉCILE, faisant la moue.

Ah!

BÉCAMEL.

Posé, rassis, entendant parfaitement les affaires, et possédant cent huit actions des zincs de la Vieille-Montagne...

CÉCILE.

Mais je ne vous demande pas ça! Est-il brun, blond? a-t-il des moustaches?

BÉCAMEL, se levant.

Des moustaches! un avocat?

CÉCILE.

Ah! c'est un avocat?

BÉCAMEL.

Tu ne devines pas?

CÉCILE.

Non.

BÉCAMEL.

Eh bien, c'est...

CÉCILE.

C'est?...

BÉCAMEL.

Maître Savoyart.

CÉCILE, reculant.

Oh! par exemple!

BÉCAMEL.

Qu'as-tu donc?

CÉCILE.

Tiens! si vous croyez que c'est amusant de s'appeler toute sa vie madame Savoyart.

BÉCAMEL.

AIR d'un homme qui n'a qu'une poche.

Rassure-toi, ma chère amie.

CÉCILE.

Le joli nom, en vérité!

BÉCAMEL.

Ne crains pas d'amphibologie ;
Son nom s'écrit avec un T.

CÉCILE.

C'est égal!

SCÈNE QUATRIÈME.

BÉCAMEL.

On voit avec gloire
Cette nation-là, d'ailleurs,
Faire figure dans l'histoire.

CÉCILE.

Dans l'histoire... des ramoneurs.

BÉCAMEL.

Ma chère enfant, tu exagères!

CÉCILE.

Et puis il n'est pas jeune, votre prétendu, il louche, il chante faux, il a les pieds en dedans, et il parle toujours latin.

BÉCAMEL.

La langue de Cicéron!

CÉCILE.

Je ne tiens pas à épouser la langue de Cicéron!

BÉCAMEL.

Mais songe donc, mon enfant...

SCÈNE IV.

BÉCAMEL, CÉCILE, CYPRIEN, puis BEAUDÉDUIT.

CYPRIEN, entrant par le fond.

Monsieur?

BÉCAMEL.

Quoi?

CYPRIEN.

Il y a là une espèce d'homme à cheval, avec son domestique, à cheval, qui demande à vous parler.

BÉCAMEL.

Son nom?

CYPRIEN, lui donnant une carte de visite.

Voici leur carte.

BÉCAMEL, lisant la carte.

Alphonse de Beaudéduit.... je ne connais pas.

CYPRIEN.

Y dit que c'est pressé.

BÉCAMEL.

Allons!... fais-le entrer.

CYPRIEN, appelant de la porte.

Hé! monsieur!... vous pouvez entrer!... (Beaudéduit paraît au fond et s'arrête sur le seuil de la porte. Brusquement.) Entrez donc!...

BEAUDÉDUIT, entrant, à Cyprien.

Dites donc, domestique!... il me semble que vous pourriez m'annoncer... d'une façon... moins carnassière!

Il est en redingote, gilet blanc, cravate noire, gants blancs, cravache à la main.

BÉCAMEL, s'avançant et ôtant sa casquette.

Pardon, monsieur?

BEAUDÉDUIT.

Monsieur Bécamel, s'il vous plaît?

BÉCAMEL.

C'est moi.

BEAUDÉDUIT, saluant.

Bien charmé... (Apercevant Cécile.) Mademoiselle votre fille sans doute?... permettez-moi de lui présenter mes hommages.

SCÈNE QUATRIÈME.

CÉCILE, s'inclinant.

Monsieur!... (A part.) Il est très-poli.

Elle s'assoit près du guéridon et brode.

BÉCAMEL.

Vous avez désiré me parler?

BEAUDÉDUIT.

Oui, monsieur... j'arrive de Paris pour ça... à cheval!... dix-huit lieues... Du reste, j'aime cet exercice... parce que le cheval...

BÉCAMEL, l'interrompant.

Pardon...

Cyprien passe à droite.

BEAUDÉDUIT, s'excusant.

Ah! oui! (Changeant de ton.) Monsieur, j'ai le plaisir de vous apporter... une assez triste nouvelle.

BÉCAMEL, CÉCILE et CYPRIEN.

Comment?

BEAUDÉDUIT.

Il y a trois mois... par un beau soir de printemps, le soleil empourprait l'horizon de ses derniers reflets d'or...

BÉCAMEL.

Mais, monsieur.

BEAUDÉDUIT, s'excusant.

Ah! oui!... (Reprenant.) Je me promenais sur le boulevard devant le café Véron... le café Véron?

BÉCAMEL.

Oui, je le connais.

Il remet sa casquette sur sa tête.

BEAUDÉDUIT le regarde un moment, paraît choqué de son impolitesse, puis remet lui-même son chapeau avec affectation.

Tout à coup... un de mes amis passe vivement près de

moi... je lui ôte mon chapeau. (Otant son chapeau et avec intention.) Je suis extrêmement poli, moi, monsieur!

BÉCAMEL.

Je n'en doute pas... Mais cette nouvelle?

CYPRIEN, à part.

Bavard!

BEAUDÉDUIT, voyant que Bécamel n'ôte pas sa casquette, remet son chapeau.

J'arrive au fait... Je lui ôte donc mon chapeau... et, au lieu de répondre à ma politesse, ce... polisson continue son chemin.

CYPRIEN, s'approchant de Beaudéduit.

Ah! ça n'est pas bien!

BEAUDÉDUIT, à Cyprien.

Mon ami, je n'ai pas l'habitude de faire des récits pour les valets de chambre. (A Bécamel.) Ce polisson continue son chemin...

BÉCAMEL.

Mais je ne vois pas...

BEAUDÉDUIT.

Piqué au vif, je cours après lui, je le rattrape par son habit, à l'angle du faubourg Montmartre, et je reconnais...

BÉCAMEL, impatienté.

Votre ami! après?

BEAUDÉDUIT.

Non, un inconnu! je m'étais trompé!

BÉCAMEL.

Ah!... (A part.) Qu'est-ce que ça me fait?

BEAUDÉDUIT.

Je lui dis : « Monsieur, c'est moi qui viens d'avoir l'hon-

SCÈNE QUATRIÈME.

neur de vous saluer devant le café Véron... » Il me répond : « Je ne vous connais pas. »

BÉCAMEL.

Eh bien ?

BEAUDÉDUIT, continuant.

« Moi non plus, monsieur, je ne vous connais pas, et cependant je vous ai salué ! voulez-vous, oui ou non, me rendre mon coup de chapeau ?... — Eh ! vous m'ennuyez ! riposte cette créature... — Vous êtes un manant ! »

BÉCAMEL.

Oh !

BEAUDÉDUIT, avec force à Bécamel.

Oui, monsieur, tout homme qui ne rend pas un coup de chapeau est un manant... à moins qu'il ne soit nu-tête...

CÉCILE, à part.

Il est original !

BEAUDÉDUIT, s'animant.

Bref, nous échangeons plusieurs épithètes malsonnantes, la foule s'amasse et je lui glisse ma carte en le provoquant.

BÉCAMEL.

Mais encore une fois, monsieur, tout ça ne m'explique pas...

BEAUDÉDUIT.

J'arrive au fait... (Se piquant.) Cependant, si je vous ennuie, je vais m'en aller...

CYPRIEN.

Non... continuez...

BEAUDÉDUIT, à Cyprien, ironiquement.

Vous êtes trop bon... (A part.) Voilà un groom qui m'a

gace! (Haut, à Bécamel.) Deux jours après... le 27 mars... ou le 28... non, c'était le 29!...

BÉCAMEL.

Ça ne fait rien... après?...

BEAUDÉDUIT.

Le 29 mars... au fait! ça pourrait bien être le 27... ou le 28.

BÉCAMEL, à part.

Ah! il n'en finira pas!

Il se jette sur une chaise.

BEAUDÉDUIT le regarde, va prendre une chaise au fond et vient s'asseoir à côté de lui. — Continuant.

Le 30 mars... je reçois une citation à comparoir comme prévenu d'une tentative de meurtre! pour un coup de chapeau! Comment trouvez-vous ça?

BÉCAMEL.

Moi? je trouve ça... (A part.) long!

Il se lève, et remonte à droite.

CYPRIEN, familièrement à Beaudéduit, en venant s'asseoir à la place de Bécamel.

Ah! ah! pour un coup de chapeau... c'est comique!

BEAUDÉDUIT, à Cyprien, se levant.

Mon ami, je vous engage à aller brosser vos habits. (A Bécamel.) Il est familier, votre nègre.

Cyprien reporte au fond la chaise de Beaudéduit et redescend près de lui.

BÉCAMEL, avec indulgence.

C'est mon filleul.

BEAUDÉDUIT, sèchement

Ce n'est pas le mien. (Reprenant.) Quand on a un procès,

SCÈNE QUATRIÈME.

monsieur, la première chose... (Remarquant que Cyprien s'est rapproché pour l'écouter, il regarde d'abord Bécamel; puis, voyant que celui-ci ne dit rien, il change brusquement de place et continue.) La première chose est de prendre un défenseur : je cours à la salle des Pas-Perdus et j'en choisis un... dans le tas

Bécamel tape sur sa tabatière avec impatience.

BEAUDÉDUIT, piqué.

Monsieur, si je vous ennuie... je vais m'en aller!...

BÉCAMEL.

Continuez donc!

BEAUDÉDUIT.

Nous arrivons devant le tribunal... mon avocat se lève! cet animal... octroyez-moi le mot, j'ai mes motifs... cet animal...

Il s'arrête en voyant que Bécamel gratte la manche de son habit.

BÉCAMEL.

Eh bien, allez donc!

BEAUDÉDUIT, piqué.

Non, j'attends... quand vous aurez fini votre toilette.

BÉCAMEL.

C'est de la bougie.

BEAUDÉDUIT, à part.

On rencontre parfois dans la vie des gens d'une éducation un peu bien rudimentaire! (Reprenant.) Cet animal... mon avocat... expose assez bien les faits, il gesticule, lit des morceaux de papier et fourre du latin dans tout ça.

CÉCILE, à part.

Tiens, du latin!

BEAUDÉDUIT.

Jusque-là, il n'y a rien à dire.. il avait le droit de faire son petit mélange... mais tout à coup il se tourne vers moi, en s'écriant : « Non, messieurs, mon client n'est point un homme altéré du sang de ses semblables... c'est un maniaque, un braque, un pointu... je le reconnais... un être susceptible, désagréable, insociable... à ne pas prendre avec des pincettes... je le veux bien... » Et allez donc, comme ça pendant trois quarts d'heure... et on riait...

TOUS, riant.

Ah! ah! ah! ah!

CÉCILE, à part.

Je crois bien!

BEAUDÉDUIT, vexé.

D'une manière indécente... (A Bécamel, qui rit toujours.) Comme vous... dans ce moment...

BÉCAMEL, riant.

Pardon!

BEAUDÉDUIT, très-froidement.

Enfin, je suis acquitté! je gagne mon procès.

BÉCAMEL.

Vous avez dû être content?

BEAUDÉDUIT, indigné.

Content! un perroquet que je paye à l'heure... et qui m'insulte à la toise!... J'étais furieux, monsieur!... je cours chez lui... il me reçoit en souriant... comme ça, tenez. (L'imitant.) « Eh bien, mon cher... » (Changeant de ton.) « Monsieur, voilà cinquante francs! vous êtes un cuistre! un paltoquet! vous m'en rendrez raison! »

BÉCAMEL.

Comment! votre avocat?

SCÈNE QUATRIÈME.

CÉCILE, se levant.

Qui vous avait fait acquitter!

BEAUDÉDUIT.

Je me moque pas mal d'être acquitté! Il accepte mon cartel, et nous voilà sur le terrain.

BÉCAMEL, à part.

Un duel à présent! (A Cyprien.) Pourquoi as-tu laissé entrer cet homme-là?... je ne le connais pas!

CYPRIEN.

Laissez-le... il m'amuse...

BEAUDÉDUIT, se mettant sous les armes.

On nous place...

BÉCAMEL.

Mais, monsieur!...

BEAUDÉDUIT.

Nous croisons le fer... mon adversaire fait un mouvement... et je lui plonge mon épée...

CÉCILE, effrayée.

Oh! mon Dieu!

BÉCAMEL.

Dans le cœur!

BEAUDÉDUIT.

Non... dans le gras!... il s'était retourné. Et voilà!... voilà toute la vérité! — Il ne me reste plus qu'à vous présenter mes adieux... (Il ôte son chapeau pour saluer Cécile.) Mademoiselle... (Voyant que Bécamel n'ôte pas sa casquette, il remet son chapeau et le salue de la main.) Monsieur...

Il remonte et sort par le fond.

BÉCAMEL, à part.

Ah çà! qu'est-ce qu'il est venu faire ici? (Rappelant Beaudéduit.) Pardon, monsieur (Beaudéduit reparaît.), vous venez de Paris...

BEAUDÉDUIT, redescendant un peu.

A cheval!..

BÉCAMEL.

Oui... vous me racontez vos procès, vos duels... pour quoi faire?

BEAUDÉDUIT, redescendant tout à fait.

Comment! pour quoi faire? Ah! sapristi! vous avez raison!... j'ai oublié un détail!... Mon adversaire!... l'avocat qui s'est retourné...

BÉCAMEL.

Eh bien?

BEAUDÉDUIT, gaiement.

C'est votre gendre! c'est Savoyart!

BÉCAMEL, CYPRIEN et CÉCILE.

Ah! mon Dieu!

BÉCAMEL.

Et vous osez vous présenter ici tout couvert de son sang!

BEAUDÉDUIT, après avoir regardé son habit.

Réjouissez-vous... il sera sur pied dans trois mois...

CÉCILE et BÉCAMEL.

Trois mois!

BEAUDÉDUIT, avec solennité.

Alors, je lui ai demandé quelles étaient ses dernières volontés... il m'a prié de monter à cheval, attendu que cela lui était impossible... dans ce moment, et de venir vous faire part de son douloureux... bobo.

SCÈNE CINQUIÈME.

BÉCAMEL.

Le pauvre garçon !... je vais lui écrire... ma lettre sera un baume sur sa blessure.

BEAUDÉDUIT, à part.

Il ne sait pas dans quel sens il a été blessé. (Haut.) Si vous voulez me la remettre... je me charge de la faire porter...

BÉCAMEL, remontant à gauche.

Je ne vous demande qu'une minute... (Prenant la main de Beaudéduit.) Ah ! monsieur ! quelle coutume féroce que le duel ! quand donc disparaîtra-t-elle du globe ?

Il sort vivement par la gauche. Cécile remonte à sa suite.

BEAUDÉDUIT, croyant répondre à Bécamel.

Monsieur... cette pensée vous honore... (Il tend la main que Cyprien lui prend.) Elle dénote un cœur...

CYPRIEN, lui serrant la main.

C'est égal... blesser notre gendre ! ça n'est pas gentil !

BEAUDÉDUIT, éclatant et retirant sa main.

Domestique ! je vous intime l'ordre d'aller brosser vos habits.

CYPRIEN.

Allons !... allons !... ça n'est pas gentil !

Il sort par le fond.

SCÈNE V.

BEAUDÉDUIT, CÉCILE.

BEAUDÉDUIT, à part.

C'est étonnant comme ce groom me monte aux oreilles !

CÉCILE, s'approchant de lui timidement.

Monsieur...

BEAUDÉDUIT, ôtant son chapeau.

Mademoiselle? (A part.) La fiancée! elle va me dire des choses pénibles.

CÉCILE.

Cette blessure... est-elle dangereuse?

BEAUDÉDUIT.

Une piqûre... peu sentimentale, il est vrai!... Il ne pourra pas la porter en écharpe!... Franchement je dois vous paraître bien atroce?

CÉCILE, vivement.

Oh! du tout!

BEAUDÉDUIT.

Cependant, voilà votre mariage retardé...

CÉCILE.

Précisément.

BEAUDÉDUIT.

Ah bah!

CÉCILE.

Écoutez donc... un homme de cinquante ans, qui louche...

BEAUDÉDUIT.

De l'œil gauche... côté du cœur...

CÉCILE.

J'en aimerais mieux un autre qui ne louchât pas du tout..

BEAUDÉDUIT, à part.

Elle m'a regardé! (Haut.) Mademoiselle, j'accepte... vos

SCÈNE SIXIÈME.

remercîments... enchanté d'avoir pu vous être agréable...

CÉCILE, lui faisant une longue révérence.

Monsieur...

BEAUDÉDUIT, saluant profondément.

Mademoiselle... (Cécile remonte vers la droite. — A part, en passant à gauche.) Elle est fort bien, cette jeune personne.

CÉCILE, à part.

Il est très-aimable! (Haut, et le saluant de nouveau.) Monsieur...

BEAUDÉDUIT, saluant.

Mademoiselle...

Cécile sort par la droite.

SCÈNE VI.

BEAUDÉDUIT, seul; puis DOMINIQUE.

BEAUDÉDUIT, seul, la regardant sortir.

Voilà une petite femme comme en rêve mon célibat! Mais j'ai renoncé au mariage. (Regardant sa montre.) Il est long, ce monsieur avec sa lettre. — J'en ai déjà manqué dix-sept... par la faute de mes beaux-pères... j'ai la main malheureuse... je suis toujours tombé sur des hérissons, des gens crochus, biscornus!... (S'interrompant et avec une impatience plus marquée.) Ah çà! cet animal-là n'en finit pas... (Reprenant.) Moi, au contraire, je suis d'un caractère tout rond... je ne me fâche de rien!... Exemple. — Hier, je passais rue du Coq... il pleuvait... j'entends derrière moi une femme qui dit à son mari : « La, pourquoi n'as-tu pas pris de parapluie? — Ma foi, non, répond cet homme, on a l'air trop serin!... » Trop serin!... et j'en tenais un.

moi... un parapluie!... c'était grave!... eh bien, je n'ai rien dit!... la bête du bon Dieu! (S'interrompant et avec colère.) Décidément ce Bécamel me prend pour un commissionnaire! — Comment! je me donne la peine de lui apporter une nouvelle... désagréable!... et il me fait poser dans son antichambre!... car l'intention est évidente... et comme il m'a reçu!... avec quelle affectation il a remis sa casquette... eh bien, non!... je n'ai rien dit! — la bête du bon Dieu!

DOMINIQUE, entrant par le fond, le chapeau sur la tête.

Monsieur?

BEAUDÉDUIT, qui a gardé son chapeau à la main.

Mon domestique! — Quoi?

DOMINIQUE.

Je viens vous dire...

BEAUDÉDUIT.

Monsieur... Dominique, je trouve étrange que vous restiez couvert quand j'ai le chapeau à la main... Est-ce intentionnel?

DOMINIQUE, ôtant son chapeau.

Oh!

BEAUDÉDUIT.

Parlez !

DOMINIQUE.

Les chevaux sont prêts... quand monsieur voudra partir?...

BEAUDÉDUIT, à part, très-piqué.

Et cette lettre?... il m'avait demandé une minute. (Haut.) Dominique!

DOMINIQUE.

Monsieur?

SCÈNE SIXIÈME.

BEAUDÉDUIT.

Compte jusqu'à vingt, et après ça... Quand tu me regarderas! compte! je te dis de compter.

DOMINIQUE.

Oui, monsieur...

BEAUDÉDUIT, se promène avec impatience, et il compte.

Un, deux, trois, quatre, cinq, six, sept, huit.

DOMINIQUE, en même temps, comptant sur l'air de *Vive Henri quatre*.

Un, deux, trois, quatre,
Cinq, six, sept, huit, neuf, dix,
Onze, douze, treize...

BEAUDÉDUIT, l'interrompant.

Qu'est-ce que c'est que ça?

DOMINIQUE.

Monsieur, on m'a appris à compter sur cet air-là à la mutuelle.

BEAUDÉDUIT, regardant avec impatience la porte par où Bécamel est sorti.

Non! on ne se moque pas du monde comme ça... Dominique!

DOMINIQUE.

Monsieur?

BEAUDÉDUIT, enfonçant son chapeau sur sa tête.

Nous partons!

DOMINIQUE, enfonçant aussi son chapeau.

Oui, monsieur!

Tous deux sortent brusquement par le fond et tournent à droite

SCÈNE VII.

BÉCAMEL, puis JURANÇON.

BÉCAMEL, entrant par la gauche, avec sa lettre à la main.

Monsieur, je vous demande un million de pardons... (Se retournant.) Je n'ai pas été long... Eh bien, où est-il donc?... disparu! (S'approchant de la fenêtre.) Je ne me trompe pas... le voilà qui galope sur la route... Et ma lettre? Bah! je la mettrai à la poste!

JURANÇON, entrant par le fond et venant de la gauche.

Mon ami, c'est fait... je viens d'envoyer un exprès à Paris...

BÉCAMEL.

Pour quoi faire?

JURANÇON.

Pour retenir nos places...

BÉCAMEL.

Allons, bon!

JURANÇON.

J'ai donné des arrhes... quatre-vingt-trois francs!

BÉCAMEL.

Mais c'est impossible!... je ne pars plus!

JURANÇON.

Ah! pour le coup, c'est trop fort!

BÉCAMEL.

Le mariage est retardé de trois mois... mon gendre s'est retourné.

SCÈNE SEPTIÈME.

JURANÇON.

Qu'est-ce que tu me chantes là?

BÉCAMEL.

Oui, un coup d'épée... dans le gras... Que le diable emporte ce M. Beaudéduit!

JURANÇON.

Hein? Beaudéduit... Alphonse Beaudéduit?

BÉCAMEL.

Il vient de partir... Tu le connais?

JURANÇON.

Il a été mon locataire deux ans... un homme charmant!... qui payait le quatorze!... — Je suis fâché qu'il soit parti!

BÉCAMEL.

Pourquoi?

JURANÇON.

Rien!... une idée qui me trotte depuis longtemps... j'avais songé à lui pour ta fille...

BÉCAMEL.

Allons donc! un original pareil!

JURANÇON.

Je ne connais pas de caractère plus doux, plus aimable, plus facile; il payait le 14!

BÉCAMEL.

C'est drôle!... je ne l'aurais pas cru... Mais est-ce qu'il a une position sociale, cet homme-là?

JURANÇON.

Une maison superbe! près des *Bains Chinois*...

BÉCAMEL.

Diable!... mais c'est un très-beau parti... près des

Bains Chinois!... je suis fâché de ne pas l'avoir invité à déjeuner... parce qu'à table on cause, et... (Tout à coup.) Ah çà, et maître Savoyart?

JURANÇON.

Tant pis pour lui!...

BÉCAMEL.

Tiens, au fait, pourquoi s'est-il retourné?... Ma fille ne peut pas attendre trois mois... d'ailleurs, elle ne l'aime pas... il a les pieds en dedans...

JURANÇON.

Et puis nos places sont retenues...

BÉCAMEL.

C'est juste... quatre-vingt-trois francs!...

JURANÇON.

Et dire que, dans vingt jours, nous pourrions poser le pied sur le sol de la belle Italie.

BÉCAMEL, s'exaltant.

Oh! oui! Venezia la Bella! Romani, les Romains! oh!... (Changeant de ton.) Mais nous barbotons, mon pauvre vieux, puisque ce monsieur est parti!

SCÈNE VIII.

BÉCAMEL, JURANÇON, BEAUDÉDUIT.

Beaudéduit paraît à la porte du fond, il porte une énorme botte de fleurs sous son bras.

BEAUDÉDUIT, à la cantonade.

Attendez-moi, drôle!

SCÈNE HUITIÈME.

BÉCAMEL et JURANÇON.

Lui!

BEAUDÉDUIT, à Bécamel, froidement.

Monsieur, je ne comptais pas vous revoir, je vous prie de le croire... Permettez-moi de vous offrir cette botte de fleurs qui m'éreinte le bras...

Il la lui donne.

BÉCAMEL.

Vous êtes trop aimable... certainement... (Étonné.) Est-ce que c'est ma fête?

BEAUDÉDUIT.

Je ne sais pas... c'est la Sainte-Ursule!... Je viens de faire une demi-lieue pour vous dire que mon domestique est une canaille...

BÉCAMEL.

Comment!...

BEAUDÉDUIT.

Ce polisson s'était permis de ravager votre jardin pour fleurir une Ursule... qu'il a...

BÉCAMEL.

Quoi! vous avez pris la peine...?

Il pose les fleurs sur le guéridon.

JURANÇON.

Quelle délicatesse!... je le reconnais bien là!...

BEAUDÉDUIT, l'apercevant.

Tiens! ce cher monsieur Jurançon! Enchanté!... Avez-vous toujours le même portier? c'est un être bien déplaisant! (A Bécamel.) Monsieur, il ne me reste plus qu'à vous renouveler mes très-humbles salutations.

Il salue et remonte.

BÉCAMEL, bas, à Jurançon près duquel il revient.

Eh bien, il s'en va!

JURANÇON.

Retiens-le!

BÉCAMEL, appelant.

Monsieur Beaudéduit!

BEAUDÉDUIT, s'arrêtant.

Monsieur?

BÉCAMEL, avec bonhomie.

Allons! vous dînez avec nous?... nous avons un reste de chevreuil...

BEAUDÉDUIT, redescendant et d'un ton piqué.

Certainement, monsieur, je serais extrêmement flatté de vous aider à manger... les restes... de monsieur votre chevreuil, mais...

JURANÇON.

Vous acceptez?

BEAUDÉDUIT.

Permettez...

BÉCAMEL.

Est-ce parce que je ne vous invite pas huit jours à l'avance?

BEAUDÉDUIT.

Mais il me semble...

BÉCAMEL.

D'abord, si vous me refusez, je croirai que vous êtes susceptible!

BEAUDÉDUIT, vivement.

Moi, susceptible? J'accepte, monsieur!

SCÈNE HUITIÈME.

BÉCAMEL.

A la bonne heure! vous m'avez l'air d'un bon diable!
Il lui tape légèrement sur le ventre.

BEAUDÉDUIT, se reculant et à part.

Cet homme est d'une familiarité...

BÉCAMEL, bas, à Jurançon.

Mon cher, sa rondeur me plaît...

JURANÇON, bas.

Je te l'avais bien dit...

BEAUDÉDUIT, à part.

Ils chuchotent... je suis sûr qu'ils me traitent de pique-assiette!

BÉCAMEL, bas, à Jurançon.

Sonde-le adroitement... moi, je vais préparer ma fille...

BEAUDÉDUIT, à part.

Ils chuchotent toujours... c'est très-malhonnête... (Haut, vexé.) Je vous gêne peut-être.

BÉCAMEL.

Du tout! Je vous laisse avec Jurançon... un vieil ami... qui a toute ma confiance... et qui m'a donné sur votre moralité et votre probité les meilleurs renseignements.

BEAUDÉDUIT, à part.

Des renseignements!... est-ce qu'il a peur que je ne mette les couverts dans ma poche?

ENSEMBLE.

AIR de *la Dernière Rose.* (Polka-Mazurka de Heintz.)

BEAUDÉDUIT.

De ce vieillard l'humeur hospitalière
  Est familière,
  Même grossière!

Par un refus j'aurais dû m'y soustraire,
Du coin de l'œil je vois
Son air narquois.

BÉCAMEL et JURANÇON.

De ce futur j'aime le caractère ;
Oui, je l'espère,
Il saura plaire.

Il est charmant et $\genfrac{}{}{0pt}{}{je}{tu}$ ne pouvais faire

Pour $\genfrac{}{}{0pt}{}{ma}{ta}$ fille, je crois,

Un meilleur choix !

Bécamel sort par la droite. Jurançon le reconduit jusqu'à la porte. Pendant ce temps, Beaudéduit a posé son chapeau et sa cravache sur le petit guéridon à gauche.

SCÈNE IX.

JURANÇON, BEAUDÉDUIT.

BEAUDÉDUIT, vivement.

Jurançon ! parlez-moi franchement... j'ai eu tort d'accepter ?...

JURANÇON.

Du tout ! Bécamel est enchanté !

BEAUDÉDUIT.

Hum !... je lui trouve un air... sarcastique !..

JURANÇON.

Lui ?..

BEAUDÉDUIT.

Oh ! mais très-sarcastique !

SCÈNE NEUVIÈME.

JURANÇON.

C'est le meilleur des hommes... franc... ouvert... sans cérémonie...

BEAUDÉDUIT.

Comme moi, alors...

JURANÇON.

Tout à fait... et, même, cette conformité de caractère m'a fait venir une idée.

BEAUDÉDUIT.

Voyons !

JURANÇON.

Entre nous... est-ce que vous ne songez pas à vous marier ?

BEAUDÉDUIT, soupçonneux.

Pourquoi me demandez-vous ça ? (A part.) Serait-ce une allusion à mes dix-sept mariages manqués ?

JURANÇON.

Soit dit sans vous fâcher, mon cher, vous prenez du ventre !

BEAUDÉDUIT, piqué.

Pourvu que je ne prenne pas le vôtre ?

JURANÇON.

Vos cheveux grisonnent...

BEAUDÉDUIT, à part.

Si c'est pour me dire ça qu'ils m'ont invité à dîner !...

JURANÇON.

Croyez-moi, quand on attrape un certain âge... il n'y a que le mariage pour nous rajeunir...

BEAUDÉDUIT.

Monsieur, cette plaisanterie est sans doute très-fine et très-spirituelle...

JURANÇON.

Quelle plaisanterie?... il y a ici une jeune personne charmante.

BEAUDÉDUIT.

Je l'ai vue...

JURANÇON.

Qu'est-ce que vous en pensez?

BEAUDÉDUIT.

Mais, monsieur...

JURANÇON.

Je n'ai pas mission de vous la proposer... mais, entre nous... vous plaisez au père...

BEAUDÉDUIT, ironiquement.

Vraiment?

JURANÇON.

Et je crois pouvoir vous répondre qu'une démarche... ne serait pas mal reçue...

BEAUDÉDUIT, étonné.

Une démarche!... Ah çà, c'est donc sérieux? c'est donc sérieux?

JURANÇON.

Parbleu! sans cela...

BEAUDÉDUIT, avec joie.

Comment!... moi!... je pourrais épouser... après dix-sept choux-blancs...? nom d'un petit bonhomme!

JURANÇON.

Qu'avez-vous donc?

SCÈNE NEUVIÈME.

BEAUDÉDUIT, transporté.

C'est la joie!... Figurez-vous que j'y pensais... elle est ravissante!... En entrant, je me suis dit : « Nom d'un petit bonhomme... » (Changeant de ton.) Prêtez-moi une cravate blanche?

JURANÇON

Pour quoi faire?

BEAUDÉDUIT.

Pour faire ma demande!

JURANÇON.

Pas si vite!... Ainsi la demoiselle vous plaît?

BEAUDÉDUIT.

Énormément!... Règle générale... les demoiselles me plaisent toujours!... Ce sont les beaux-pères qui...

JURANÇON.

Vous vous entendrez à merveille avec Bécamel.

BEAUDÉDUIT.

D'abord je ferai toutes les concessions... (Lui prenant les mains.) Ah! ce bon Jurançon! voilà un ami!... Tenez, je suis fâché d'avoir quitté votre maison... Vous n'avez rien à louer?

JURANÇON.

Si! un appartement de garçon!

BEAUDÉDUIT.

Très-bien!... je ne le prends pas!

JURANÇON.

Je comprends... Alors, vous m'autorisez à aller trouver Bécamel?

BEAUDÉDUIT

Certainement!... dites-lui que je connais son caractère insupportable, taquin, malhonnête...

JURANÇON.

Comment?...

BEAUDÉDUIT.

Mais ça m'est égal!... c'est un beau-père! je passe par-dessus! (Le poussant.) Allez!... allez!...

Jurançon entre à droite.

SCÈNE X.

BEAUDÉDUIT, puis CYPRIEN.

BEAUDÉDUIT, seul.

Je vais me marier, moi!... moi!... Quelle chance que ce monsieur ne m'ait pas salué!... Et ce pauvre Savoyart!... qui est dans son lit... sur le... côté... Bah! pourquoi a-t-il cinquante ans!... Sapristi! mais j'en ai quarante, moi!... (Mystérieusement.) Chut! non!... on ne l'a pas entendu... d'ailleurs... j'en déclarerai trente-trois... voilà qui est convenu!... Oh! c'est que j'ai la prétention d'être aimé pour moi-même!... je ne suis pas de ces gens qui se marient pour faire une affaire, une spéculation.

CYPRIEN, sortant de la droite, à Beaudéduit, qu'il pousse du coude.

Dites donc... ça chauffe là-bas...

BEAUDÉDUIT, se reculant.

Quoi?

CYPRIEN.

Y paraît que vous avez une fameuse maison...près des *Bains Chinois*...

SCÈNE DIXIÈME.

BEAUDÉDUIT.

Qui te l'a dit?

CYPRIEN.

Ils ne parlent que de ça, par là!

BEAUDÉDUIT, un peu piqué.

Comment! que de ça? Eh bien? et de moi? qu'est-ce qu'on en dit?

CYPRIEN.

On dit qu'elle rapporte... vingt-deux mille cinq cents francs de revenu...

BEAUDÉDUIT, très-piqué.

Mais de moi? de moi?

CYPRIEN.

On dit que vous êtes plus riche que maître Savoyart!...

BEAUDÉDUIT, à part.

Fichtre!...

CYPRIEN, le poussant encore du coude.

Soyez calme... ça marchera, allez!... moi, ça me va!... nous boirons du *champ!*

Il sort par le fond.

BEAUDÉDUIT, seul, avec dépit, et marchant d'un pas agité

C'est-à-dire qu'on épouse ma maison! Moi, je ne suis qu'un accessoire, une pierre, une tuile, un moellon, une poignée de plâtre... près des *Bains Chinois!* et j'accepterais ça?... (Avec dignité.) Beaudéduit! tu ne peux pas accepter ça!

Il remonte

SCÈNE XI.

BEAUDÉDUIT, BÉCAMEL, CÉCILE, JURANÇON.
Ils entrent par la droite.

BÉCAMEL, bas, à Cécile.

Ma fille, je suis enchanté de te voir partager mes idées.

JURANÇON, bas.

Ainsi tout est convenu, je vais lui dire de faire sa demande.

Il passe du côté de Beaudéduit

BÉCAMEL.

Oui, sa rondeur me plaît... (A sa fille; tirant un journal de sa poche.) Asseyons-nous... Fais semblant de broder... moi, j'aurai l'air de lire le journal...

Tous deux s'asseyent de chaque côté du guéridon.

JURANÇON, bas, à Beaudéduit.

Mon cher, c'est arrangé... faites votre demande.

BEAUDÉDUIT, à Jurançon.

Bien, monsieur.

Il s'approche de Bécamel.

BÉCAMEL, bas, à Cécile.

Le voici... baisse les yeux!

BEAUDÉDUIT, à Bécamel.

Monsieur...

BÉCAMEL, se levant.

Monsieur?...

SCÈNE ONZIÈME.

BEAUDÉDUIT.

Monsieur... ce pays est vraiment très-fertile... le sous-sol m'en paraît argileux...

Les trois autres personnages échangent un regard d'étonnement.

BÉCAMEL, bas, à Cécile

C'est toi qui le gênes... va-t'en !

CÉCILE, vivement et se levant.

Avec plaisir, papa !

Elle laisse sa broderie et disparaît par la droite.

JURANÇON, bas, à Beaudéduit.

La petite est partie... allez !

Il passe près de Bécamel, un peu en arrière.

BEAUDÉDUIT, à Bécamel.

Monsieur...

BÉCAMEL.

Monsieur ?...

BEAUDÉDUIT.

Ce pays est vraiment très-fertile... le sous-sol...

BÉCAMEL, bas, à Jurançon.

Alors, c'est toi qui le gênes... va-t'en !

JURANÇON, bas, à Beaudéduit.

Mais allez donc... poltron !

Il sort par le fond.

BEAUDÉDUIT, continuant.

M'en paraît argileux...

BÉCAMEL.

Jurançon est parti... Jeune homme, je vous écoute avec bienveillance.

BEAUDÉDUIT.

La culture des colzas y prend tous les jours des développements...

BÉCAMEL.

Pardon, monsieur... mais je croyais... Jurançon m'avait dit...

BEAUDÉDUIT, froidement.

Quoi?

BÉCAMEL, interdit.

Rien...

BEAUDÉDUIT.

Je suis trop poli pour le démentir...
Il plonge les mains dans ses poches et se promène en fredonnant.

BÉCAMEL, à part.

Alors, c'est moi qui le gêne... je vais tirer ça au clair...
Il sort vivement par le fond

SCÈNE XII.

BEAUDÉDUIT, puis CÉCILE.

BEAUDÉDUIT, seul, reprenant son chapeau et sa cravache.

Je n'étais pas fâché de leur donner cette leçon. (S'approchant de la fenêtre.) Dominique! les chevaux!

CÉCILE, rentrant par la droite, à part.

Il doit avoir fait sa demande... (Apercevant Beaudéduit.) Ah!... pardon, je venais chercher ma broderie.

BEAUDÉDUIT.

Mademoiselle... je suis on ne peut plus heureux de vous rencontrer...

SCÈNE DOUZIÈME.

CÉCILE, à part.

Il va me faire sa déclaration!

BEAUDÉDUIT.

Pour vous adresser mes adieux les plus... distingués.

CÉCILE.

Comment! vous partez?...

BEAUDÉDUIT.

Oui... j'ai des ouvriers dans mon immeuble... mon immeuble!... près des *Bains Chinois!*

CÉCILE.

Et c'est pour cela...? (Piquée.) Je ne vous retiens pas, monsieur!

BEAUDÉDUIT.

Je dois sans doute vous laisser peu de regrets... ma façade seule est en pierre de taille... le reste est un modeste pan de bois...

CÉCILE.

Plaît-il?

BEAUDÉDUIT.

Tout ce qu'il y a de plus pan de bois... Vous trouverez mieux sans doute... comme superficie et comme élévation...

CÉCILE, à part.

Mais de quoi me parle-t-il?

BEAUDÉDUIT.

En partant, permettez-moi de former des vœux pour votre fortune... Mademoiselle... soyez heureuse... puissiez-vous épouser un passage! voilà tout le mal que je vous souhaite!

CÉCILE

Un passage! pour quoi faire?

BEAUDÉDUIT.

On dit que les boutiques s'y louent très-cher... tandis que ma maison...

CÉCILE.

Vous avez une maison?

BEAUDÉDUIT

Vous savez bien... près des *Bains Chinois*...

CÉCILE.

Ah!... je l'ignorais!

BEAUDÉDUIT, avec surprise.

Ah bah! comment! bien vrai?

CÉCILE.

Certainement.

BEAUDÉDUIT, vivement.

Jurez-le-moi!

CÉCILE.

Quand je vous le dis...

BEAUDÉDUIT.

Je vous crois... Oh! je vous crois!... mais... jurez-le moi!

CÉCILE.

Je vous le jure.

BEAUDÉDUIT, avec transport.

Oh! ange!... Elle ne le savait pas! tu ne le savais pas!...

Il l'embrasse.

SCÈNE DOUZIÈME.

CÉCILE, se reculant effrayée.

Mais, monsieur!...

BEAUDÉDUIT.

Oh! pardon!... c'est un premier élan... Je vais faire ma demande...

CÉCILE.

Comment, monsieur, elle n'est pas faite?...

BEAUDÉDUIT.

Non... Monsieur votre père m'a raconté des histoires de... colzas, de sous-sol argileux... Je ne sais pas trop pourquoi... Mais, avant de m'adresser à lui, permettez-moi de m'assurer de vos sentiments. (Se posant.) Mademoiselle, j'ai trente-deux ans... (A part.) Bah! je me décide pour trente-deux... (Haut.) On m'accorde quelque esprit... Du moins, on me l'a dit si souvent, que j'ai fini par le croire... Quant au physique... le voilà... je ne le cache pas!... il ne m'appartient pas de l'apprécier...

CÉCILE, très-embarrassée.

Certainement... monsieur...

BEAUDÉDUIT.

Vous dites?...

CÉCILE.

Je ne dis rien!

Elle baisse la tête.

BEAUDÉDUIT, à part.

Rien!... Je la trouve bien froide à mon égard. (Haut.) Enfin, mademoiselle, puis-je me flatter d'avoir produit sur vous quelque impression?...

CÉCILE, intimidée.

Mais non, monsieur!

BEAUDÉDUIT.

Comment!... je vois ce que c'est... Votre odieux père vous fait violence!...

CÉCILE.

Mais pas du tout!... il me laisse parfaitement libre de mon choix.

BEAUDÉDUIT.

Ah! (Se piquant.) Alors je comprends... c'est vous qui ne voulez pas... Très-bien... je n'ai plus rien à dire... (Remontant.) Dominique!

CÉCILE, impatientée.

Mais laissez donc votre domestique tranquille! c'est insupportable!

BEAUDÉDUIT.

Mademoiselle, je ne vous demande qu'un seul mot.

CÉCILE.

Puisque je vous épouse...

BEAUDÉDUIT.

Le mariage n'est pas une raison... c'est une cérémonie. Ainsi, mademoiselle, parlez franchement... Moi, je ne crains pas de vous le dire : vous me plaisez!... vous me plaisez!... vous me plaisez!!! ça doit vous mettre à votre aise... Allez!

CÉCILE.

Que voulez-vous que je réponde?... Je ne vous connais presque pas.

BEAUDÉDUIT.

Qu'à cela ne tienne! (Se posant.) Mademoiselle, j'ai quarante... non! trente-deux ans... (A part.) J'ai dit une bêtise... Je ne fais que ça... (Haut.) On m'accorde quelque esprit...

SCÈNE DOUZIÈME.

CÉCILE, étourdiment

Savez-vous chanter?

BEAUDÉDUIT.

Très-bien!... c'est-à-dire... agréablement!

CÉCILE.

Oh! tant mieux! nous chanterons!

BEAUDÉDUIT.

Tout de suite!

CÉCILE.

Je vais chercher de la musique.

Elle remonte vers la droite

BEAUDÉDUIT, passant à gauche, à part.

Elle veut m'essayer! c'est évident.

Il remet son chapeau et sa cravache sur le petit guéridon, à gauche.

CÉCILE.

AIR de *la Petite Sœur.*

Restez là... je reviens.

BEAUDÉDUIT.

Pardon!
J'attends une réponse claire... (*Bis.*)

CÉCILE.

Sur quoi, monsieur?

BEAUDÉDUIT.

Ai-je le don
De vous plaire ou de vous déplaire?
Soyez sincère!
Nettoyons ce point nébuleux;
Parlez.

CÉCILE.

Vraiment! c'est tyrannique!
Dieu! que vous êtes ennuyeux...

BEAUDÉDUIT, piqué.

(Parlé.) Ah! très-bien! je suis ennuyeux!... (Appelant.) Dominique!

SUITE DE L'AIR.

CÉCILE, vivement.

Quand vous appelez Dominique! (*Bis.*)
Dominique!...

BEAUDÉDUIT, avec transport.

Ah!

Il l'embrasse.

CÉCILE.

Mais finissez donc, monsieur!...

BEAUDÉDUIT.

Pardon... c'est un second élan... Je suis plein d'élans.

CÉCILE, se sauvant.

Je vais chercher de la musique!

Elle sort vivement par la droite.

SCÈNE XIII.

BEAUDÉDUIT, puis BÉCAMEL.

BEAUDÉDUIT, seul.

Ange! ange! Californie d'amour! tiens! tiens!
Il envoie des baisers à la porte par laquelle est partie Cécile.

BÉCAMEL, entrant par le fond, à part.

Je n'y comprends rien... Jurançon lui avait pourtant dit de faire sa demande... (Apercevant Beaudéduit qui envoie des baisers.) Hein?... Qu'est-ce qu'il fait là? (Appelant.) Monsieur!

SCÈNE TREIZIÈME.

BEAUDÉDUIT, prenant Bécamel à la gorge.

Monsieur, votre fille est un ange... J'ai l'honneur de vous demander sa main.

BÉCAMEL, se débattant.

Aïe!... lâchez-moi donc!

BEAUDÉDUIT, le secouant.

Sa main?

BÉCAMEL.

Je vous l'accorde!

BEAUDÉDUIT, le lâchant.

Merci! (A part.) Allons, voilà une formalité remplie!

BÉCAMEL, à part.

Quel drôle de garçon!... Tout à l'heure il ne voulait pas... et maintenant il m'étrangle!

BEAUDÉDUIT.

Voyons... qu'est-ce qu'il y a encore à faire?

BÉCAMEL.

Pendant que nous voilà tous les deux... si nous essayions un petit projet de contrat?

BEAUDÉDUIT.

Oh! pour ça, nous n'aurons pas de dispute; j'accorde tout!

BÉCAMEL.

Moi aussi... (A part.) Quel charmant garçon! (Haut, en lui frappant amicalement sur le ventre.) Tenez, vous m'allez, vous!

BEAUDÉDUIT.

Oui? (A part.) Flattons son tic... (Il lui donne trois petites tapes sur le ventre.) La! — Maintenant dépêchons nous... Votre demoiselle m'attend pour faire de la musique.. si toutefois vous m'autorisez...

BÉCAMEL.

Comment donc!... mais je vous en prie...

Il lui tape encore sur le ventre.

BEAUDÉDUIT, à part.

Il est très-bonhomme! (Il lui donne trois autres tapes sur le ventre.) La! — Maintenant, parlons du contrat.

BÉCAMEL.

Je pose d'abord un principe.

BEAUDÉDUIT.

Pardon... vous ne me connaissez pas... Voici mon histoire en deux mots... Mon père était Suisse.

BÉCAMEL.

Portier?

BEAUDÉDUIT.

Plait-il?

BÉCAMEL.

Portier?

BEAUDÉDUIT, un peu sèchement.

Non, monsieur... Suisse de Genève... en Suisse! (A part.) Est-ce que j'ai l'air d'être le fils d'un portier! (Haut.) Ma famille quitta la France à l'époque de la révocation de l'édit de Nantes.

BÉCAMEL.

Oui.

Il bâille.

BEAUDÉDUIT, le regarde et reprend vexé.

De l'édit de Nantes!... qui força tant de Français à s'expatrier.

BÉCAMEL.

Oui... (Il bâille de nouveau.) Oui, oui, oui!...

SCÈNE TREIZIÈME.

BEAUDÉDUIT.

Je vous ennuie, monsieur?

BÉCAMEL.

Du tout... je vous écoute avec le plus vif intérêt.

BEAUDÉDUIT.

Mon bisaïeul forma un établissement d'horlogerie qui ne tarda pas... (Bécamel bâille de nouveau, Beaudéduit s'arrête et lui dit brusquement.) J'ai fini... A vous, monsieur... (A part.) Il manque complétement de savoir-vivre!

BÉCAMEL, à part.

Qu'est-ce qu'il a? (Haut.) Nous disons que vous avez une maison...

BEAUDÉDUIT, à part.

Encore!... (Haut.) Oui monsieur, j'ai une maison, près des *Bains Chinois*... c'est convenu... je vous en prie... ne parlons plus de ça...

BÉCAMEL.

Comment, ne parlons plus de ça? je vous trouve superbe!

BEAUDÉDUIT.

Je n'ai pas la prétention d'être superbe... ce serait de la fatuité... je suis de ceux dont on ne dit rien.

BÉCAMEL, à part.

Qu'est-ce qui lui parle de ça? (Haut.) Combien d'étages

BEAUDÉDUIT, à part.

Il est agaçant! (Haut.) Trois!

Il marche avec impatience.

BÉCAMEL.

C'est bien peu!

BEAUDÉDUIT.

J'en ferai ajouter huit!...

BÉCAMEL.

Qu'est-ce que vous avez?... on dirait que ça vous fâche.

BEAUDÉDUIT.

Oh! du tout!... je ne me fâche de rien... la bête du bon Dieu!

BÉCAMEL.

Vous n'avez pas d'hypothèques?

BEAUDÉDUIT.

Pas!

BÉCAMEL, à part.

Il est sec... (Haut.) On dit que c'est solidement bâti?

BEAUDÉDUIT.

Par les Romains! (Vivement.) Neuf croisées de face, quatre boutiques et vingt-deux mansardes! — Maintenant, parlons d'autre chose.

BÉCAMEL.

Pourquoi?

BEAUDÉDUIT.

Parce que... parce que, si j'avais une fille à marier, je rougirais de me conduire comme un maître maçon! c'est vilain! c'est laid!... fi! fi!

BÉCAMEL.

Quoi?

BEAUDÉDUIT, sèchement.

Rien!

BÉCAMEL, à part.

Oh! mais il me fera sortir de mon caractère!

SCÈNE TREIZIÈME.

BEAUDÉDUIT.

Monsieur, j'aime votre fille... je ferai toutes les concessions...

BÉCAMEL, s'animant de plus en plus.

Mais lesquelles?... je ne vous en demande pas!... Vous vous emportez!...

BEAUDÉDUIT.

Moi?... Oh!... je suis enchanté... ravi... vous m'accordez votre fille parce que j'ai une maison... C'est excessivement flatteur!

BÉCAMEL.

Mais, si vous n'aviez rien, je vous prie de croire que je ne vous l'accorderais pas.

BEAUDÉDUIT.

Merci!

BÉCAMEL, à part.

Mais c'est une grue que cet homme-là! il me fait monter le sang à la tête!...

BEAUDÉDUIT.

Ainsi, si quelqu'un, se présentait avec deux maisons... dans sa poche...?

BÉCAMEL, s'emportant et criant.

Eh bien, quoi? qu'est-ce que vous me chantez avec vos maisons?

BEAUDÉDUIT.

Du calme, monsieur, du calme!

BÉCAMEL.

Eh! voilà une heure que vous me picotez! (A part.) Ma parole, je n'y vois plus... je suis en nage...

Il ôte son habit et le pose sur une chaise, à gauche.

BEAUDÉDUIT, à part.

Hein! il se déshabille. Ah çà! il me traite comme un garçon de bains... — Attends! attends!

> Il ôte son habit et le pose contre le guéridon, à droite sur sa chaise.

BÉCAMEL.

Tiens! vous aussi, vous avez chaud?

BEAUDÉDUIT.

Non, monsieur, j'ai froid; mais il paraît que c'est le genre ici pour discuter les contrats.

BÉCAMEL, à part.

Mais qu'est-ce qu'il a? qu'est-ce qu'il a?

BEAUDÉDUIT.

Voyons, monsieur... je suis tout à vous... Ce costume est très-convenable... Est-ce la communauté ou le régime dotal?... Je ferai toutes les concessions...

BÉCAMEL, à part.

Ma parole! je ne sais pas ce que cet animal-là a dans le ventre! (Appelant.) Cyprien!... une plume!... de l'encre!

BEAUDÉDUIT, à part, passant à gauche.

Encore, s'il fermait la fenêtre. (Il éternue très-fort.) Atchoum! (A Bécamel, qui ne l'a pas salué.) Merci! (Criant.) Monsieur, je vous remercie!

BÉCAMEL, criant.

Quoi encore?... parce que je n'ai pas dit : « Dieu vous bénisse?...» (Avec colère.) Eh bien, Dieu vous bénisse! (A part.) Que le diable l'emporte! (Haut.) La!... êtes-vous content?...

SCENE XIV.

BEAUDÉDUIT, BÉCAMEL, CYPRIEN, entrant par le fond.

CYPRIEN, apportant ce qu'il faut pour écrire.

Voilà, monsieur. (A part.) Tiens! ils sont en chemise!
<small>Il ôte aussi sa veste, pendant que Bécamel va poser l'encrier et le papier sur le guéridon à droite.</small>

BÉCAMEL.

Voyons, monsieur, finissons-en... prenez la plume!
<small>Il la lui présente.</small>

BEAUDÉDUIT.

Volontiers. (Allant au guéridon.) Vous le voyez, je fais toutes les concessions...

BÉCAMEL, venant de l'autre côté du guéridon.

Écrivez... (A part.) Diable de courant d'air... ça vous tombe sur les épaules.
<small>Il remet son habit.</small>

BEAUDÉDUIT, assis.

Je suis à vos ordres... (Apercevant Bécamel qui remet son habit. — A part.) Ah! il paraît que nous nous rhabillons.
<small>Il se lève et endosse son habit.</small>

CYPRIEN, à part.

Qu'est-ce qu'ils font là?

BÉCAMEL, à Beaudéduit.

Ah! vous aviez froid.

BEAUDÉDUIT.

Non, monsieur, j'ai chaud.

Il se rassied. — Cyprien remet sa veste.

BÉCAMEL, venant s'asseoir de l'autre côté du guéridon et écrivant.

Nous disons que votre apport est de vingt-deux mille cinq cents francs de revenu?

BEAUDÉDUIT.

Cinq cent vingt-trois francs... Oui, monsieur.

BÉCAMEL.

Vous n'avez pas autre chose?

BEAUDÉDUIT.

J'ai soixante-deux francs dans ma poche... et neuf sous dans mon secrétaire.

Bécamel pousse un soupir d'impatience; Beaudéduit de même.

BÉCAMEL.

Moi, je constitue en dot à ma fille une ferme d'un revenu de trente mille francs.

BEAUDÉDUIT.

Trente mille francs! monsieur, je vous arrête là.

BÉCAMEL.

Quoi?

BEAUDÉDUIT.

J'apporte vingt-deux mille cinq cent vingt-trois francs! je ne peux pas accepter un rouge liard de plus!

BÉCAMEL.

Comment!

BEAUDÉDUIT, avec force.

Je ne le peux pas! je... ne... le... peux... pas!

SCÈNE QUATORZIÈME.

BÉCAMEL, se montant.

Ah! c'est trop fort! je n'ai pas le droit de doter ma fille comme je l'entends!

BEAUDÉDUIT, se montant.

Non, monsieur!

BÉCAMEL, criant.

Si, monsieur!

BEAUDÉDUIT.

Non, monsieur!...

BÉCAMEL.

Si, monsieur!...

Il se lève

CYPRIEN, bas, à Beaudéduit, en venant derrière le guéridon.

Que vous êtes bête! prenez donc toujours.

BEAUDÉDUIT, se levant.

Domestique! (A Bécamel.) Monsieur, je ferai toutes les concessions... mais un sou de plus, je le donne aux Polonais!

BÉCAMEL, avec rage.

Non! non! ce n'est pas un gendre, cet homme-là... C'est un porc-épic!

BEAUDÉDUIT, furieux.

Qu'est-ce qu'il a dit? (A Cyprien.) Qu'est-ce qu'il a dit?

CYPRIEN, riant

Il dit que vous êtes un porc-épic!

BEAUDÉDUIT.

Insolent!

Il lui donne un soufflet.

CYPRIEN.

Aïe !

BÉCAMEL.

C'est trop fort !

CYPRIEN, se tenant la joue.

Oh ! oui, c'est trop fort !...

ENSEMBLE.

AIR : *Tu resteras, maraud.*

BÉCAMEL.	BEAUDÉDUIT.
Cet excès de fureur	Impudent serviteur !
Me frappe de stupeur !	Oui, malgré mon humeur
Quel hideux caractère !	Facile et débonnaire,
J'étouffe de colère !	J'étouffe de colère !
Je n'écoute plus rien !	Je n'écoute plus rien !
Brisons cet entretien !	Brisons cet entretien !

CYPRIEN.

Cet excès de fureur
Me frappe de stupeur !
Quel hideux caractère !
Vous n'laisserez pas, j'espère,
Souffleter comme un chien
Votre bon Cyprien !

SCÈNE XV.

Les Mêmes, CÉCILE, avec un rouleau de musique à la main

CÉCILE, entrant par la droite.

Qu'y a-t-il ?

SCÈNE SEIZIÈME.

BÉCAMEL, hors de lui, allant à Cyprien.

Battre Cyprien! mon filleul! chez moi!... Monsieur, voilà votre contrat!

Il le déchire et le jette à terre.

CÉCILE, à part.

Ah! mon Dieu!

REPRISE DE L'ENSEMBLE.

BEAUDÉDUIT.	CÉCILE.
Impudent serviteur, etc.	Qu'avez-vous fait, monsieur,
BÉCAMEL.	Pourquoi cette fureur?
Cet excès de fureur, etc.	Et pourquoi de mon père
	Exciter la colère!
CYPRIEN.	Non, je n'y conçois rien!
Cet excès de fureur, etc.	Monsieur, ça n'est pas bien!

Bécamel et Cyprien sortent par la gauche.

SCÈNE XVI.

BEAUDÉDUIT, CÉCILE.

BEAUDÉDUIT, à part, se promenant avec colère.

Allez, dix-huitième beau-père!

CÉCILE.

Monsieur... qu'est-ce que cela signifie? Je sors pour aller chercher de la musique?...

BEAUDÉDUIT.

Ah! oui, je suis bien en train de faire de la musique! (A part.) Un enragé! un brutal! (Tout à coup et brusquement.) Mademoiselle!... je vous adore! mais j'ai bien l'honneur de vous saluer! (Appelant.) Dominique!

CÉCILE.

Vous repartez?

BEAUDÉDUIT.

Au galop!... Après la manière dont monsieur votre père m'a traité... Il m'a appelé porc-épic... moi! la bête du bon Dieu! Voyons, mademoiselle, ai-je l'air d'un porc-épic?

CÉCILE.

Oh! il ne le pensait pas!

BEAUDÉDUIT.

Alors, qu'il retire le mot!

CÉCILE.

Eh bien, restez!... je vais le voir... le calmer... Attendez-moi... Vous me le promettez?

BEAUDÉDUIT.

Qu'il retire le mot!

CÉCILE.

Je reviens.

Elle sort vivement par la gauche

SCÈNE XVII.

BEAUDÉDUIT, puis JURANÇON.

BEAUDÉDUIT, seul.

Est-elle gentille!... Non! ce n'est pas possible! elle n'est pas la fille de Bécamel!

AIR : *Il me le faut, monsieur, retenez bien.*

Non! j'en appelle à Buffon, à Cuvier,
Savants auteurs d'histoire naturelle :

SCÈNE DIX-SEPTIÈME.

Vit-on jamais le brutal sanglier
Donner le jour à la douce gazelle?...
Je ne consens, trop abrupt hérisson!
A proclamer cet ange-là ta fille
Qu'en me disant... triste réflexion!
L'état civil du brillant papillon
Remonte bien à la chenille!

(Parlé.) Et je renoncerais à elle à cause de sa ganache de père!... Je serais bien bête!... (Relevant le mot, comme s'il lui était adressé par un autre.) Bête!... beau-père!... (Se calmant.) Ah! non!... c'est moi!

JURANÇON, entrant par la gauche.

Mon ami, je suis chargé d'une mission pénible; je quitte Bécamel.

BEAUDÉDUIT.

Retire-t-il le mot?

JURANÇON.

Il m'a prié de vous signifier votre... congé.

BEAUDÉDUIT.

Très-bien! ça me va! (Appelant.) Dominique! (A part, revenant.) J'y pense... la petite... m'a fait promettre de l'attendre... je ne peux pas m'en aller!

JURANÇON.

Quant à moi, je n'y suis pour rien... Croyez à tous mes regrets... Je vais vous accompagner.

BEAUDÉDUIT.

Avec plaisir... Ce cher Jurançon!... (Il s'assoit près du guéridon.) Voyons... parlez-moi de votre famille... de votre portier...

JURANÇON, à part.

Eh bien, il s'assoit. (Haut.) Mon ami... je crois que vous ne m'avez pas bien compris.

BEAUDÉDUIT.

Parfaitement.. parfaitement... Vous venez me prier de prendre la porte..

JURANÇON.

Et vous prenez une chaise.

BEAUDÉDUIT.

Oui... il y a de la lune... je préfère partir à la fraîche...

JURANÇON, à part.

Et Bécamel prétend que cet homme-là est susceptible! Allons donc!

SCÈNE XVIII.

BEAUDÉDUIT, JURANÇON, CÉCILE.

CÉCILE, entrant par la gauche.

Je viens de voir mon père...

BEAUDÉDUIT, se levant.

Il a retiré le mot?

CÉCILE.

Non.

BEAUDÉDUIT.

Très-bien!...

Il met ses gants.

CÉCILE.

Vous avez donné un soufflet à son filleul... à son benjamin...

BEAUDÉDUIT.

Je ne le regrette pas!

SCÈNE DIX-HUITIÈME.

CÉCILE.

Il ne s'apaisera qu'à une condition...

JURANÇON.

Des conditions !

BEAUDÉDUIT.

Laissez... il faut en rire ! il faut en rire !... (A Cécile.) Voyons... cette condition ?

CÉCILE.

Oh ! c'est inutile... vous ne voudrez pas.

BEAUDÉDUIT.

Dites toujours.

CÉCILE.

Il prétend que vous devez faire... des excuses à Cyprien.

BEAUDÉDUIT, bondissant.

Au domestique ? jamais !

JURANÇON.

Il est fou !

CÉCILE.

Voilà son ultimatum !

BEAUDÉDUIT, avec force.

Son ultimatum ? je trépigne dessus !...

JURANÇON.

Un domestique !

BEAUDÉDUIT, révolté.

Des excuses !... des... car vous ne savez pas... lui aussi m'a appelé porc-épic !... des coups de cravache plutôt !...

CÉCILE.

Cependant...

JURANÇON.

C'est impossible !

BEAUDÉDUIT, avec force.

Non, je ne peux pas accepter ça ! (A part.) Beaudéduit !.. tu ne peux pas accepter ça !

JURANÇON.

Je vais faire seller vos chevaux, et, dans cinq minutes... (Indigné.) Des excuses !

Il sort par le fond, Cécile le suit jusqu'à la porte.

SCÈNE XIX.

BEAUDÉDUIT, CÉCILE, puis CYPRIEN.

BEAUDÉDUIT, à part.

Pauvre petite !... ça me fait de la peine ! je crois que nous aurions eu beaucoup... de postérité. (Haut et s'approchant d'elle.) Cécile...

CÉCILE, baissant la tête.

Monsieur Beaudéduit...

BEAUDÉDUIT.

Je crains que nous ne fassions pas de musique aujourd'hui...

CÉCILE.

Ce n'est pas ma faute...

BEAUDÉDUIT.

Je le sais... je n'accuse que votre vieux... cauchemar de père...

CÉCILE.

Hein ?

SCÈNE DIX-NEUVIÈME.

BEAUDÉDUIT, avec émotion.

Cécile!... je ne vous dis pas adieu... nous nous reverrons peut-être cet hiver... dans un monde meilleur... au bal... à Paris... (Pleurant presque.) Mademoiselle, je vous invite pour la première contredanse... pour la première polka... pour la première mazurka... et pour toutes les suivantes.

CÉCILE, saluant.

Avec plaisir, monsieur!

Elle fond en larmes.

BEAUDÉDUIT, avec transport, et la prenant dans ses bras.

Vous pleurez? tu pleures?... J'ai le bonheur de vous voir pleurer... pour moi! (L'embrassant.) Oh! oh! oh!... (Tout à coup.) Mais, sapristi! que votre père me demande autre chose! qu'il me fasse traverser le foyer de l'Opéra avec un melon sous le bras.

CÉCILE.

Oh! si vous m'aimiez bien!

BEAUDÉDUIT.

Vous en doutez?... Qu'on en cueille un!... (Allant au fond, et appelant.) Dominique!...

CÉCILE.

C'est pourtant moins difficile d'aller trouver Cyprien.

BEAUDÉDUIT, redescendant.

Un maroufle! un subalterne!

CÉCILE.

Précisément, ça n'a pas d'importance.

BEAUDÉDUIT.

Ah! vous croyez que ça n'a pas d'importance?... (A part.) Elle m'entortille! elle m'entortille!

CÉCILE.

Nous serions si heureux... mariés!...

BEAUDÉDUIT.

C'est vrai que nous serions heureux... dans cet état-là..! mais c'est impossible!...

CÉCILE.

Vous me donneriez là une si grande preuve d'amour.

BEAUDÉDUIT, ébranlé.

Pristi! pristi!

CÉCILE, suppliant.

Et je vous en saurais tant de gré!... Toute ma vie ne suffirait pas pour payer un tel sacrifice!

BEAUDÉDUIT, ébranlé.

Eh bien... (Se ravisant.) Non!

CÉCILE.

Oh! je vous remercierais tant... tant!...

BEAUDÉDUIT, avec effort.

Eh bien... (Tout à coup.) Où est-il cet animal-là?

CÉCILE.

Vous consentez?

BEAUDÉDUIT.

Je ne promets pas! je ne promets rien! parce que... c'est dur!... mais je tâcherai... j'essayerai...

CYPRIEN, entrant par le fond, et d'un air de mauvaise humeur, à Beaudéduit.

Monsieur, vous êtes sellé.

CÉCILE, à Beaudéduit.

Courage!

BEAUDÉDUIT, faisant un violent effort sur lui-même, à part.

Allons! (Haut, à Cyprien.) Ici, valetaille!

CYPRIEN, effrayé, se sauve à toutes jambes par le fond, en criant.

Au secours!

BEAUDÉDUIT.

Comment... il se sauve!... quand je veux lui faire des excuses!... Ah! brigand!... je te rattraperai bien!

Il sort vivement sur les traces de Cyprien.

SCÈNE XX.

CÉCILE, seule; puis CYPRIEN, puis BEAUDÉDUIT.

CÉCILE.

Eh bien, il court après lui! (Regardant par la fenêtre.) Bon! les voilà dans le jardin... Cyprien se sauve toujours... ils marchent sur les melons... oh! les pauvres cloches!... Ah! mon Dieu!... ils vont se jeter dans le bassin!... non... ils tournent autour... il ne le rattrapera jamais... Ah! ils reviennent... les voici!...

CYPRIEN, débouchant par la droite et courant.

Au secours! au secours!

Il vient tomber sur une chaise, à gauche.

CÉCILE.

Ne crains rien... c'est pour te faire...

Beaudéduit entre en courant par la droite et arrive sur Cyprien.

CYPRIEN.

Ah! le voici...

Il se lève précipitamment et se sauve par la droite, en traversant le théâtre.

BEAUDÉDUIT, essoufflé.

Ah! je n'en puis plus!
Il tombe sur la chaise où était Cyprien.

CÉCILE, à part.

Ce pauvre garçon! (Haut.) Remettez-vous...

BEAUDÉDUIT.

L'animal!... s'il va de ce train-là, je ne pourrai jamais lui faire d'excuses... à moins de monter à cheval!

CÉCILE.

Il est là... je vais vous l'envoyer.
Elle entre à droite.

SCÈNE XXI.

BEAUDÉDUIT, puis DOMINIQUE.

BEAUDÉDUIT.

Allez! mais qu'il se dépêche!... car je ne sais pas!... (Se levant.) mes sympathies pour lui se refroidissent considérablement.

DOMINIQUE, entrant par le fond.

Est-ce que nous ne partons pas, monsieur?

BEAUDÉDUIT, comme frappé d'une idée

Ah!... Dominique! arrive ici... je vais m'essayer sur toi!

DOMINIQUE, à part.

Qu'est-ce qu'il veut essayer?

BEAUDÉDUIT.

Mon bon Dominique... non! d'abord appelle-moi porc-épic.

SCÈNE VINGT-ET-UNIÈME.

DOMINIQUE.

Par exemple !

BEAUDÉDUIT.

Je te l'ordonne !

DOMINIQUE.

Mais, monsieur...

BEAUDÉDUIT.

Je te ferai des excuses après !... va !...

DOMINIQUE.

Je veux bien... Porc-épic. (Beaudéduit lui donne un coup de pied.) Aïe !...

BEAUDÉDUIT.

Ça ne compte pas ! recommence !

DOMINIQUE, hésitant.

Cependant...

BEAUDÉDUIT.

Recommence ! je te ferai des excuses après !

DOMINIQUE.

Porc-épic... (Beaudéduit lui donne un second coup de pied, après quelque hésitation, comme d'un homme qui cherche à se contenir.) Aïe !...

BEAUDÉDUIT.

Recommence... celui-ci est moins fort... tu as dû t'en apercevoir... je m'y habitue... va !

DOMINIQUE.

Ma foi, non ! j'en ai assez !

Il se sauve par le fond.

SCÈNE XXII.

BEAUDÉDUIT, puis CYPRIEN.

BEAUDÉDUIT, seul.

Ah ! je me sens plus fort... je crois que ça ira... Sonnons ce goujat. (Il agite une sonnette qui est sur le guéridon à droite. — Personne ne paraît.) C'est égal... je ne me croyais pas si amoureux !... (Il sonne de nouveau. — Personne ne paraît.) Ah çà, ce faquin-là me fait faire antichambre !... pour des excuses !

Il sonne avec fureur, puis, à l'entrée de Cyprien, pose la sonnette sur le petit guéridon, à gauche, où il prend sa cravache.

CYPRIEN, paraissant, venant de la droite.

Monsieur a sonné ?

Il n'ose entrer.

BEAUDÉDUIT, avec calme.

Oui... tu peux venir... je me suis préparé sur Dominique.

Il agite sa cravache.

CYPRIEN, n'osant avancer et montrant la cravache.

C'est que... c'est que...

BEAUDÉDUIT.

C'est juste !... (Mettant sa cravache sous son bras.) Je désarme... (Cyprien s'approche. — D'un ton caressant.) Mon bon Cyprien !... (A part.) Un laquais !... qui m'a appelé porc-épic !... (Haut.) J'ai été un peu... vif tout à l'heure.

CYPRIEN.

C'est vrai !

SCÈNE VINGT-TROISIÈME.

BEAUDÉDUIT, avec effort.

Accepterais-tu des... (A part.) Quelle figure à gifles! (Haut.) Mon bon Cyprien... accepterais-tu des... (Avec effort.) des excuses?...

CYPRIEN, dignement.

C'est selon... si elles étaient convenablement exprimées...

BEAUDÉDUIT, le prenant au collet.

Tu les accepterais! (Lui donnant des coups de cravache.) Tiens! canaille! maroufle! faquin!

CYPRIEN, hurlant.

Au secours! à la garde!...

SCÈNE XXIII.

BEAUDÉDUIT, CYPRIEN, BÉCAMEL, CÉCILE, JURANÇON.

Bécamel et Cécile entrent par la gauche, Jurançon par le fond.

TOUS, entrant aux cris de Cyprien.

Qu'y a-t-il?

BEAUDÉDUIT, à part.

Pristi! (Bas, à Cyprien.) Cinq cents francs pour toi... Souris!

CYPRIEN, riant en se frottant les épaules.

Hi! hi! hi!

BEAUDÉDUIT.

Vous nous avez interrompus... je commençais mes excuses. (Bas, à Cyprien.) Souris!

BÉCAMEL.

Ah! je suis curieux de voir ça... allons, continuez!

CYPRIEN, se frottant.

Non! ça suffit!

BÉCAMEL.

Si! si! je loue une stalle!

Il se jette sur une chaise.

JURANÇON, bas, à Beaudéduit.

Ne cédez pas, morbleu!

BEAUDÉDUIT.

Non.

CÉCILE, bas.

Courage!

BEAUDÉDUIT.

Oui.

BÉCAMEL.

Je parie cent sous qu'il ne lui en fera pas!

BEAUDÉDUIT.

Je les tiens! (A part.) Devant tout le monde! (Passant près de Cyprien.) Monsieur Cyprien... (A part.) Dieu! que j'ai soif! (Haut.) Monsieur de Cyprien... (A part.) Anoblissons-le! rapprochons les distances! (Haut. — Continuant et agitant sa cravache.) De galant homme... à galant homme!... (Donnant sa cravache à Jurançon.) Tenez-moi ça un moment, ça me brûle. (Reprenant.) De galant homme à galant homme, il n'y a que la main.

CYPRIEN, lui donnant la main.

Volontiers! (Poussant un cri.) Aïe!

BEAUDÉDUIT, bas.

Souris... cinq cents francs!..

SCÈNE VINGT-TROISIÈME.

CYPRIEN.

Hi hi hi!

BÉCAMEL.

Mais ce ne sont pas des excuses, ça!

BEAUDÉDUIT.

Je continue!... monsieur de Cyprien... je vous prie d'agréer l'expression... (Bas, à Jurançon.) Tenez-moi les mains... ferme! (Il les met derrière le dos.) L'expression de mes regrets... les plus... les plus pénibles! Ouf!... (Il lance un coup de pied à Cyprien.) Souris...

BÉCAMEL, qui n'a pas vu le coup de pied.

Bravo!

JURANÇON, à part.

Le lâche!

Il passe à gauche.

BÉCAMEL, se levant.

Monsieur, j'ai perdu cent sous... ma fille est à vous!... voilà d'abord vos cinq francs... et voilà ma fille!...

CÉCILE, à Beaudéduit.

Comment vous remercier?

BEAUDÉDUIT, avec intention.

Cécile, je vous le dirai plus tard. (A part.) C'est égal... je ne veux pas mourir avant de donner une râclée à Cyprien!

Cécile le remercie à voix basse

BÉCAMEL, à Jurançon.

C'est drôle! je le croyais susceptible!

JURANÇON

Lui! la bête du bon Dieu! mais le susceptible... le porc-épic... c'est toi!

BEAUDÉDUIT.

Oh! ça!

CÉCILE.

Certainement!

BÉCAMEL.

Est-ce que mon caractère changerait? heureusement que les voyages adoucissent les mœurs.

JURANÇON.

Et que maintenant nous pouvons faire nos paquets.

BEAUDÉDUIT, vivement.

Comment! vous partez?

BÉCAMEL.

Pour la belle Italie! dans dix-sept jours...

BEAUDÉDUIT, joyeusement.

Ah! sapristi! emmenez-vous Cyprien?

JURANÇON.

Non.

BEAUDÉDUIT, vivement.

Je le prends à mon service!

JURANÇON.

Quelle générosité!

BÉCAMEL.

La clémence d'Auguste!

BEAUDÉDUIT.

Je suis comme ça! Ce bon Cyprien! (Il le bourre de coups de poing, sans être vu des autres.) Tiens, voilà pour toi. (Il lui donne les cinq francs de Bécamel.) C'est un à-compte.

CYPRIEN.

Le jour de vos noces nous boirons du *champ!*...

SCÈNE VINGT-TROISIÈME.

BEAUDÉDUIT.

Oui... (A part.) Mais le lendemain!... quelle frétillante pâtée! mâtin!...

CHŒUR FINAL.

AIR du premier ensemble de la

Vers la belle Venise
Nous roulerons bientôt,
Ils rouleront bientôt,
Pour respirer sa brise,
Et voguer sur son flot!...

BEAUDÉDUIT, s'avançant vers le public.

AIR de *Turenne*.

Vous le dirai-je?... un souci me tracasse!...
J'ai vu par là rire un mauvais plaisant...
Si c'est de moi, qu'il me le dise en face!...
Son nom!... sa carte!... et sortons à l'instant...
Chez le concierge, il trouvera mon gant.

BÉCAMEL, alarmé.

Quoi! votre gant?...

BEAUDÉDUIT, se ravisant.

C'est vrai!... je le retire...
De nos auteurs pour accomplir les vœux,
Messieurs, ce soir, je serais trop heureux
De ne provoquer... que le rire! (*bis*.)
Laissez-moi provoquer le rire.

REPRISE DU CHŒUR.

FIN D'UN MONSIEUR QUI PREND LA MOUCHE.

FRISETTE

VAUDEVILLE EN UN ACTE

Représenté pour la première fois, à Paris, sur le théâtre du Palais-Royal.
le 28 avril 1846.

COLLABORATEUR : M. LEFRANC

PERSONNAGES

	ACTEURS qui ont créé les rôles.
GAUDRION, garçon boulanger.	M. Luguet.
FRISETTE, ouvrière en dentelles.	Mmes Frennix.
MADAME MÉNACHET, portière.	Moutin.
LA VOIX DE BARBAROUX	M. Meunier.

À Paris, dans un hôtel garni.

FRISETTE

Le théâtre représente une chambre d hôtel garni. — Au fond, à gauche, un lit avec rideaux; à droite du lit, une fontaine, puis une porte conduisant à l'extérieur. — A gauche, au premier plan, une croisée; au deuxième plan, une cheminée; au troisième plan, une porte conduisant à un cabinet. — A droite, premier plan, une porte conduisant à un cabinet; deuxième plan, une cheminée; troisième plan, une croisée. — Une moitié de la chambre est tapissée d'un papier rouge, l'autre d'un papier jaune. — A gauche, une table, — Chaises, un vase sur chaque cheminée; pelle, pincettes, un gril, un réchaud.

SCÈNE PREMIÈRE.

FRISETTE, UNE VOIX en dehors.

Frisette achève sa toilette en face d'un miroir accroché à la cheminée de gauche.

LA VOIX.

Mamzelle Frisette, mamzelle Frisette?

FRISETTE.

Hein! quoi?

LA VOIX.

Pardon de vous déranger. C'est moi, Barbaroux, le brasseur.

FRISETTE.

Qu'est-ce que vous voulez encore?

LA VOIX.

Toujours la même chose, vous savez bien.

FRISETTE.

Ça ne se peut pas.

LA VOIX.

Pourtant, vot' tante m'a dit que si...

FRISETTE.

Et moi, je vous dis que non. Bonjour, monsieur.

LA VOIX.

Au revoir, mamzelle, je reviendrai.

FRISETTE.

Encore!

LA VOIX.

Ce n'est pas vot' dernier mot; je reviendrai.

Il descend lourdement.

FRISETTE.

Ah! par exemple, en voilà un qui est têtu!... j'ai eu beau lui dire vingt fois : « Jeune homme, vous m'ennuyez;... jeune homme, je veux rester fille;... jeune homme, je sais que vous avez des intentions pures; mais j'ai juré une haine mortelle au sexe dont vous faites l'ornement... » C'est égal, il s'obstine... Il a trouvé le moyen de s'introduire chez ma tante la lingère, où je travaille... et, là, tous les jours le même refrain : « Ce n'est pas vot' dernier mot, mamzelle... je reviendrai... » Et il revient...

voilà trois mois que ça dure.. mais c'est comme s'il chantait. Plus souvent que je renoncerai à ma chère indépendance!

AIR: *Bonjour, bonsoir.* (Couder.)

Vivre en liberté,
De sa jeunesse
Être maîtresse;
Hiver comme été
Suivre toujours sa volonté,
Conserver son cœur,
Et, d'un œil moqueur,
Voir tout séducteur;
Prendre pour tuteur
Sa joyeuse humeur,
Voilà le vrai bonheur.
Sans soucis, sans amour,
De peu je me contente;
Le travail, chaque jour,
Vient me payer ma rente.
Mon avoir est léger;
Mais faut-il obliger,
Que l' malheureux s' présente,
J'ai de quoi partager.
Vivre en liberté,
Etc.

SCÈNE II.

FRISETTE, MADAME MÉNACHET.

MADAME MÉNACHET.

Déjà levée, mamzelle Frisette?

FRISETTE.

Oui... j'ai mal dormi... j'ai rêvé mariage.

MADAME MÉNACHET.

Un joli rêve!

Elle aide Frisette à s'habiller.

FRISETTE.

Dites plutôt un cauchemar... Quelle nuit!

MADAME MÉNACHET.

J'avais pourtant changé le traversin de côté, comme vous me l'aviez recommandé!

FRISETTE.

Enfin!

MADAME MÉNACHET, *rangeant à droite et à gauche.*

Ah! c'est que je ne suis pas encore au courant de vos petites habitudes... depuis trois jours seulement que vous êtes ici... Mais vous verrez, avec le temps, je m'y mettrai... je viendrai vous faire votre feu le matin, à sept heures... vous ne sortez qu'à huit.., et, pour se lever, on est bien aise... et puis, le soir aussi... avant votre retour... parce que, quand on se couche... on n'est pas fâché...

FRISETTE.

Du tout, du tout!... faut être économe... je vous recommande même, à l'avenir, de ménager mon bois... il va trop vite... ce n'est pas une raison, parce que j'ai deux cheminées...

MADAME MÉNACHET.

Soyez tranquille...

FRISETTE

C'est comme la chandelle... le sucre...

MADAME MÉNACHET.

On y aura l'œil.

SCENE DEUXIÈME.

FRISETTE.

Je suis très-mécontente... Hier au soir, en rentrant, j'ai trouvé ma chambre empestée de fumée de tabac!

MADAME MÉNACHET.

Par exemple!

FRISETTE.

On dirait que, lorsque je n'y suis pas...

MADAME MÉNACHET, s'oubliant.

Ah! je sais ce que c'est!...

FRISETTE.

Quoi donc?

MADAME MÉNACHET, embarrassée.

C'est... voilà ce que c'est... un voisin... au-dessus... et comme la fumée monte...

FRISETTE.

Elle sera descendue tout exprès pour moi.

MADAME MÉNACHET.

Dame! les maisons sont si mal jointes!... et puis, voyez-vous, dans un hôtel garni... on n'est jamais si bien... Pourquoi donc que vous ne vous mettez pas dans vos meubles, mamzelle?

FRISETTE.

Pourquoi? pourquoi?... voilà une question!... Quand on gagne trente sous par jour et qu'on a des mois de nourrice à payer... vous croyez qu'il est facile...?

MADAME MÉNACHET.

Ah! oui, je sais... ce pauvre enfant... C'est égal, ça vous fait honneur, ça, mamzelle... c'est un beau trait!

FRISETTE, arrangeant ses boucles de cheveux.

Allons, bon! j'ai perdu mes épingles... Tenez, sur la pelote... une noire...

MADAME MÉNACHET, allant chercher l'épingle sur la cheminée de droite et la lui donnant.

Voilà!...

FRISETTE.

Merci... Ah! dites-moi... quel est donc ce monsieur que je rencontre tous les matins dans l'escalier? il monte toujours quand je descends...

MADAME MÉNACHET.

Un voisin.

FRISETTE.

Ah bien, il peut se flatter de me déplaire, celui-là...! D'abord il est malhonnête, il chante toujours sous mon nez : « Malheur aux *fâmes!*... détestons les *fâmes!*... »

MADAME MÉNACHET.

Et ça vous contrarie?

FRISETTE.

Moi? ça m'est bien égal!... il n'y aurait pas un seul homme sur terre...

MADAME MÉNACHET.

Vous leur en voulez donc bien?

Jusqu'ici, Frisette s'est occupée de sa toilette et madame Ménachet des détails du ménage. Elles descendent la scène.

FRISETTE.

Si je leur en veux!... Mère Ménachet, méfiez-vous-en, je ne vous dis que ça... méfiez-vous-en!

MADAME MÉNACHET.

Ah! mon Dieu! est-ce que mon mari..?

SCÈNE DEUXIÈME.

FRISETTE.

Votre mari... votre mari est un homme, c'est tout dire!

MADAME MÉNACHET.

Comment, si c'est un homme?... je l'espère bien!

FRISETTE.

AIR des *Sept Merveilles*. (Hormille.)

Tôt ou tard, il vous trahira!
L'imposture
Est dans sa nature;
Tôt ou tard il vous trahira,
Et de vos douleurs se rira!

MADAME MÉNACHET.

Mais d'un avenir aussi noir
Comment donc éviter l'épreuve?

FRISETTE.

Hélas! votre seul espoir
Est celui de devenir veuve!

ENSEMBLE.

Tôt ou tard, il vous trahira,
Etc.

MADAME MÉNACHET.

Quoi! vraiment il me trahira?
L'imposture
Est dans sa nature;
Quoi! vraiment il me trahira,
Et de mes douleurs se rira?

Frisette sort par le fond, emportant son cabas.

SCÈNE III.

MADAME MÉNACHET, seule, s'occupant.

A-t-on jamais vu ! prétendre que M. Ménachet... Allons donc !... c'te petite-là, avec sa rage de calomnier l'humanité, elle vous rendrait *misantrophe !* Ah ! maintenant qu'elle est partie, cachons vite ses effets... car l'autre ne peut tarder à venir... C'est drôle, tout de même.. deux locataires pour une seule chambre... c'est la faute des circonstances... (En scène.) Il y a trois jours, mademoiselle Frisette, une ancienne connaissance à moi, vient à ma loge : « Avez-vous quelque chose à louer ? — Toujours ! » que je lui réponds... Je n'avais rien, mais faut jamais renvoyer la pratique... Alors, je me dis : « Si je la mettais au n° 7 ?... il est occupé par un garçon boulanger qui est à son travail toute la nuit et n'habite que le jour... Elle, elle est occupée toute la journée et n'habite que la nuit... ça pourra s'arranger, en attendant que le n° 10 *soye vacant*... » Et, en effet, ça s'arrange à merveille !... » (Elle retourne à son travail.) Seulement, faut que j'engage Gaudrion, le boulanger, à ne pas fumer tant que ça... Voyons, ne nous embrouillons pas !... nous disons : le tablier, les bonnets, dans ce cabinet... (Elle indique le cabinet de gauche.), celui de mamzelle Frisette... de l'autre côté (Elle indique le cabinet de droite.), celui de Gaudrion. (Elle met le tablier et les bonnets dans le cabinet de gauche, sans sortir de scène.) La !... (Elle ferme la porte et met la clef sous un vase placé sur la cheminée de gauche.) Grâce à ce petit déménagement quotidien, aucun d'eux ne se doute... Dieux !... seraient-ils furieux s'ils savaient... ils jetteraient des cris de feu !... Ah çà ! refaisons le lit, et n'oublions pas de changer le traversin de côté... Gaudrion veut avoir la tête par là... et mademoiselle Frisette par

ici... S'ils étaient mariés, ça serait gênant tout de même!
Elle fait le lit.

SCÈNE IV.

MADAME MÉNACHET, GAUDRION.

Pendant cette scène, madame Ménachet s'occupe des détails du ménage. Gaudrion va et vient, s'assied à droite, à gauche, sur le coin de la table, etc.

GAUDRION, entrant par la porte du fond.

AIR d'*Alzaa*. (Paul Henrion.)

En tous temps, en tous lieux,
Faisant notre martyre,
La femme est un vampire
Avec de jolis yeux.
Cachant sous sa faiblesse
Un vrai cœur de tigresse,
Sa joie et son plaisir
Sont de faire souffrir.
Mari que l'on victime,
Amant, souffre-douleur
Réunis dans l'abîme,
Répétez tous en chœur :
    Détestons,
    Maudissons
    Les femmes
    Et leurs trames.
    Oui, malheur
    Et douleur
A ce sexe enchanteur!

MADAME MÉNACHET.

Vous voilà encore avec vos romances contre la plus belle moitié du genre humain!

GAUDRION.

Oh! les femmes!... je voudrais les cribler, les torturer, les manger!... Les manger!... voilà mon ambition, mère Ménachet!

MADAME MÉNACHET.

Oui, vous parlez comme ça... en attendant que vous *re-soyez* amoureux!

GAUDRION.

Amoureux? moi,... Gabriel Gaudrion amoureux?... pas de ça!... ça brûle l'œil!

MADAME MÉNACHET.

Bah! bah!

GAUDRION, allant à elle.

Comment, bah?... mais, si je me fais beau, mère Ménachet, si j'ai de la tenue, des manières... c'est pas pour leur agrément... Ah bien, oui!... c'est pour les faire languir, les faire souffrir, les faire jaunir!... A propos, quelle est donc cette petite pimbêche qui descend toujours quand je monte?

MADAME MÉNACHET.

Une voisine.

GAUDRION.

Ça?... il n'est pas permis d'être laid comme cette fille-là!

MADAME MÉNACHET.

Par exemple! vous ne l'avez pas regardée...

GAUDRION.

La regarder?... allons donc!

MADAME MÉNACHET.

Eh bien, alors?...

SCÈNE QUATRIÈME.

GAUDRION.

Je vous dis qu'elle est laide!

MADAME MÉNACHET.

Mais...

GAUDRION.

Silence!... ou je donne congé!

MADAME MÉNACHET.

Elle est affreuse... la!... D'abord, vous, toutes les femmes vous déplaisent... vous les détestez!...

GAUDRION.

Avec amour!

MADAME MÉNACHET.

Et ça, parce que, dans les temps, vous avez eu des désagréments avec une péronnelle.

GAUDRION.

Ne parlons pas de ça!... ou plutôt, si, parlons-en!... ça me fait plaisir... ça m'agace... ça me remonte!... je l'aimais, celle-là!... J'allais l'épouser... imbécile! quand, un jour, j'ai la preuve qu'un autre... un nommé Adrien...

MADAME MÉNACHET.

Connu... vous m'avez déjà conté!...

GAUDRION.

Oui... je l'ai plantée là... net, sans explications... et je ne l'ai pas revue... je ne sais pas ce qu'elle est devenue... on m'a dit qu'elle était défunte... c'est bon, on ne lui en veut plus... mais à celles qui vivent!... à celles-là!... je leur ai juré une haine.. d'Abd-el-Kader!... voilà!

MADAME MÉNACHET.

Mais, monsieur!...

GAUDRION.

Silence! ou je donne congé!

MADAME MÉNACHET.

Ah! par exemple!

ENSEMBLE.

AIR : *J'aime le tapage.* (Loïsa Puget.,

C'est de l'injustice, abîmer ainsi notre sexe!
Est-c' permis?
Moi, j'en suis,
Et cela me vexe!
A vingt ans, dit-on,
J' n'avais pas l' menton
Circonflexe,
Et d' la femm', croyez-moi,
J' tiens encor l'emploi!

GAUDRION.

Je me crois en droit d'abîmer ainsi votre sexe!
C'est permis,
Et tant pis
Si cela vous vexe;
Vous femme? allons donc!
Avec ce menton
Circonflexe,
Hâtez-vous, croyez-moi,
D'abdiquer l'emploi!

Madame Ménachet sort par le fond.

SCÈNE V.

GAUDRION, seul.

Vieille sorcière!... je parie qu'elle a fait ses farces autre fois... sous le Consulat... Voyons, préparons mon déjeuner... deux pieds à la Sainte-Menehould... et une flûte. (Il tire les pieds de sa poche et les montre au public.) Voici les pistolets de poche!... Article premier : faut allumer le feu. (Il prend une boîte d'allumettes sur la cheminée de gauche.) Il en reste une?... Voilà qui est particulier!... j'ai acheté la boîte, il y a trois jours... (Il allume le feu.) C'est étonnant comme tout file dans mon ménage!... les allumettes, le bois, et la chandelle donc!... Remarquez que je n'y suis que le jour... j'avais acheté une chandelle le jour de l'an... je me disais : « Ça me fera l'année... » (Il montre le chandelier avec un petit bout de chandelle.) Voilà!... Paris, 5 janvier... Je m'en expliquerai avec la mère Ménachet... Ah! maintenant, mon gril... mettons les objets sur le feu... là!... (Il bâille et étend les bras.) Tiens! si je faisais un petit somme?... quand on a passé la nuit... Ça va... Ah! oui, mais, et les autres qui sont sur le feu... Bah! la Providence les retournera! (Il s'assoit sur le lit et se relève brusquement en poussant un cri.) Aïe!... qu'est-ce que c'est que ça?... une épingle noire!... une épingle de femme!... ah! pour le coup! je m'en expliquerai avec la mère Ménachet!... (Il se couche et ferme les rideaux de l'alcôve. Il bâille, marmotte quelques mots et fredonne.) Sur l'air du tra la la la...

Il s'endort.

SCÈNE VI.

FRISETTE, GAUDRION.

FRISETTE, entrant par le fond, avec une lettre à la main, un cabas et un métier à dentelles qu'elle dépose sur la chaise à droite.

Par exemple! si je m'attendais... Le père nourricier de mon petit Gabriel, qui m'annonce que, sa femme étant malade, il a fallu sevrer l'enfant... et il me le ramène aujourd'hui... Pauvre chérubin! je vais donc t'avoir là, près de moi! J'allais bien le voir toutes les semaines!... le dimanche... mais ce n'était pas assez... j'ai été vite avertir ma tante qu'elle ne compte pas sur moi aujourd'hui... que je travaillerais chez moi... j'ai pris mon métier, et, maintenant, le pauvre chéri peut arriver quand il voudra... Ah! en attendant, je vais toujours faire mon déjeuner... j'ai acheté ce qu'il faut... (Elle tire de son cabas une flûte et un boudin.) D'abord du feu!... (Prenant la boîte d'allumettes.) Ça ne sera pas long. (Elle l'ouvre.) Tiens!... il y en avait encore une!... (Regardant la cheminée.) Il est allumé!... (Voyant les pieds.) Qu'est-ce que c'est que ça?... des pieds?... Cette mère Ménachet est d'un sans-gêne!... Elle vient maintenant faire sa cuisine chez moi... et avec mon bois encore!... Attends, attends, je vais le faire chauffer ton déjeuner!... (Elle jette les pieds sur une assiette qui est sur la fontaine.) Tiens, le v'là ton vieux déjeuner! (Elle met son boudin sur le gril.) A présent, mon couvert!... mes assiettes?... ah! dans le cabinet!

Elle entre dans le cabinet à gauche, après avoir pris la clef sous le vase et fermé la porte avec bruit.

GAUDRION, se réveillant.

Entrez! (Criant.) Entrez! (Ouvrant ses rideaux.) Est-ce qu'on n'a pas frappé? Ah! mon Dieu! et mes pieds! ils doivent être grillés, rissolés!... (Il s'approche vivement de la cheminée.) Un boudin!... (Montrant le gril.) Est-ce que j'ai mis un boudin? Sapristi! c'est encore un tour de la Ménachet... Allons, allons, voilà un boudin qui demande à prendre l'air!... (Il le jette par la fenêtre de gauche.) V'lan!... Ah çà! où a-t-elle fourré mes pieds?... Ah bien!... sur la fontaine! au frais!... Vieille Ménachet! elle a mis mes pieds à l'eau! (Il les remet sur le feu.) Vite! mon couvert! (Il place la table dans un autre sens que celui où elle était, et un peu plus près du milieu du théâtre.) Je vais lâcher la nappe; ce n'est pas tous les jours Sainte-Menehould. (Il étend une serviette dessus.) Et

SCÈNE SIXIÈME.

ma fourchette, mon gobelet... ah! dans le cabinet!...

Il entre dans le cabinet de droite, après avoir pris la clef qui est sous le vase, du même côté.

FRISETTE, entrant avec des assiettes.

Tiens! est-ce que la table était là?... c'est drôle! je ne croyais pas avoir mis la nappe... (Elle arrange son couvert, et se dirige vers la cheminée.) Mon boudin doit être cuit... Encore les pieds?... ah! pour le coup!...

Elle prend le gril et jette les pieds par la fenêtre à gauche.

GAUDRION, entrant et voyant le mouvement de Frisette.

Arrêtez!

FRISETTE, se retournant.

Un homme!

GAUDRION.

Une femme!

FRISETTE, à part.

Mon antipathie!

GAUDRION, à part.

Ma bête noire! (Haut.) Qu'est-ce que vous demandez?... c'est pas ici!...

FRISETTE.

Et vous?

GAUDRION.

Tiens! je suis chez moi!

FRISETTE.

Moi aussi!

GAUDRION, allant chercher sa quittance sur la cheminée de droite.

Mon terme est payé!

FRISETTE.

Comme le mien !

GAUDRION.

Voilà ma quittance !

FRISETTE.

Voici la mienne !

GAUDRION.

C'est un peu fort !

FRISETTE.

Nous allons bien voir !

TOUS DEUX, appelant.

Mère Ménachet ! mère Ménachet ! (L'un à l'autre.) — Sortez, monsieur ! — Sortez, mamzelle !

ENSEMBLE.

AIR : *Oh! moment d'espérance.* (Loi Salique.)

Moi ! vous céder la place !...
C'est à vous de sortir !
Vraiment de tant d'audace
Je ne puis revenir !
Quelle rare insolence !
Me faire ici la loi !
M'imposer sa présence
Et s'installer chez moi !

SCÈNE VII.

FRISETTE, MADAME MÉNACHET, GAUDRION.

MADAME MÉNACHET.

Mais d'où vient ce bruit? (Les apercevant ensemble.) Ah! mon Dieu!

> Frisette et Gaudrion la prennent chacun par un bras, et la ramènent vivement sur le devant de la scène.

GAUDRION, montrant Frisette.

Qu'est-ce que c'est que ça?

FRISETTE, montrant Gaudrion.

Comment nommez-vous ceci?

GAUDRION.

A qui cette chambre?

FRISETTE.

Oui! à qui?... répondez!

MADAME MÉNACHET.

Ne vous fâchez pas!... elle est...

GAUDRION.

A moi!

FRISETTE.

A moi!

MADAME MÉNACHET.

A tous deux?

ENSEMBLE.

FRISETTE et GAUDRION.

Même air que le précédent.

« A tous deux! » quelle audace
Expliquez-vous, de grâce!
J'entends, quoi que l'on fasse,
Habiter seul' / seul chez moi!
Cette chambre, je l'aime!
Ma surprise est extrême
Qu'on prétende, quand même,
Me faire ici la loi!

MADAME MÉNACHET.

Pardonnez mon audace;
Ici, de bonne grâce,
Chacun peut trouver place
Et se croire chez soi.
En suivant ce système,
D'un embarras extrême
Vous me sortez moi-même,
Et nul ne fait la loi!

Pendant cet ensemble, Frisette a replacé la table au fond devant le lit.

MADAME MÉNACHET.

Voilà ce que c'est : autrefois il y avait une cloison...

FRISETTE.

Mais elle n'y est plus!

GAUDRION.

Remettez-la, votre vieille cloison!

MADAME MÉNACHET.

On peut la supposer.

FRISETTE.

Je vais me plaindre au propriétaire!

SCÈNE HUITIÈME.

GAUDRION.

Je donne congé!

MADAME MÉNACHET.

Mais vous allez me faire renvoyer!... Si vous vouliez seulement attendre jusqu'à midi... il y a au-dessus le n° 10 qui sera vacant...

FRISETTE.

Je le prends!

GAUDRION.

Moi aussi!

MADAME MÉNACHET.

Tous les deux?... alors, autant garder...

FRISETTE.

Du tout! je prends le n° 10!

GAUDRION.

Accordé!

MADAME MÉNACHET.

Allons, mamzelle Frisette, un peu de patience... allons monsieur Gaudrion... je viendrai vous avertir quand l'autre chambre sera prête.

Gaudrion et Frisette poussent madame Ménachet dehors.

SCÈNE VIII.

FRISETTE, GAUDRION.

GAUDRION, arpentant la scène avec humeur.

Une femme!... chez moi!... comme c'est agréable!

FRISETTE.

Un homme dans ma chambre!... comme c'est gracieux?

GAUDRION.

J'en ferai une jaunisse, c'est sûr!

FRISETTE, à part.

Ah çà! est-ce qu'il va se promener longtemps comme ça?... (Haut.) Au moins, monsieur, j'espère que vous n'avez pas l'intention de m'imposer votre société... vous paraissez plein de dispositions pour la promenade, et...

GAUDRION.

Il pleut.

FRISETTE.

Voulez-vous un parapluie?

GAUDRION.

Merci, je ne sors pas... mais, si vous avez affaire... pas de façon!...

FRISETTE, à part.

S'il croit que je vais le laisser... (Haut et s'asseyant à gauche.) Je reste.

GAUDRION, s'asseyant à droite.

Moi aussi!... (Il s'assoit sur le métier à dentelles et se relève vivement.) Les aiguilles à présent! (Il jette le métier de côté.) Allons, ça devient gai! (Haut.) Je vais déjeuner, je vais manger ma flûte et... et ma flûte!... (Il croque sa flûte avec rage.) Puisque vous avez jugé à propos de me priver de mon déjeuner...

FRISETTE, croquant aussi sa flûte.

Je ne vous demande pas ce que vous avez fait du mien!

GAUDRION.

Je l'ai secoué... par la fenêtre... Vous aimez le boudin? Madame aime le boudin?

SCÈNE HUITIÈME.

FRISETTE, à part.

Ah çà! mais, je crois qu'il me parle!... (Haut.) Monsieur, je désire ne pas lier conversation avec vous.

GAUDRION.

Rassurez-vous, jeune bergerette... on s'empressera d'y correspondre... Tiens!... je vais fumer une pipe!

FRISETTE.

Comment!

GAUDRION, allumant un morceau d'amadou chimique.

Ça charme l'ennui... je vais fumer jusqu'à midi... Vous permettez?...

FRISETTE.

Mais non, monsieur!

GAUDRION, allumant sa pipe.

Merci!

Il fume.

FRISETTE, toussant.

Hum! hum!... pouah!

Elle ouvre la fenêtre de gauche avec colère.

GAUDRION.

Ah! mais non!... permettez... on gèle ici!... Fenêtre, s'il vous plaît!

FRISETTE.

Éteignez votre pipe!

GAUDRION.

Non!

FRISETTE.

Je laisse la fenêtre ouverte!

GAUDRION.

Allons, c'est bon!... on s'éteint!... (Il pose sa pipe. A part.) Chipie!... et dire qu'il y a des gens qui confectionnent des romances en faveur de ce sexe! (Il fredonne son couplet.)

> Détestons,
> Maudissons
> Les femmes
> Et leurs trames!

(Frisette retourne sa chaise de façon à lui tourner le dos. — A part.) Elle est vexée...

Il continue à fredonner.

FRISETTE, fredonne de son côté.

Malbrouk s'en va-t-en guerre...

A un certain moment Gaudrion se laisse entraîner à fredonner aussi *Malbrouk*, et se reprend vivement.

GAUDRION.

C'est égal! elle chante... jaune... (Haut.) Brrr! il ne fait pas chaud ici!... une idée!... si je me recouchais!... Bah!... je me recouche!...

Il se lève.

FRISETTE, se levant.

Sur mon lit!

GAUDRION.

Vous pourriez dire le nôtre, charmante Elvire!...

Il fait mine d'ôter sa veste.

FRISETTE.

Mais, monsieur!...

GAUDRION.

Ah! c'est juste... j'oubliais... Vous attendez peut-être quelqu'un... un amoureux...

FRISETTE.

Un amoureux?... Apprenez, monsieur, que je suis une fille sage...

GAUDRION.

Une rosière... en dentelles... c'est convenu.

FRISETTE.

Oui, monsieur, une fille honnête, rangée, vertueuse...

SCÈNE IX.

FRISETTE, MADAME MÉNACHET, GAUDRION.

MADAME MÉNACHET.

Mademoiselle, c'est un enfant et un berceau qu'on apporte pour vous.

FRISETTE, se dirigeant vers le fond.

Ah! je sais ce que c'est...

Elle disparaît un moment avec madame Ménachet.

GAUDRION.

Un enfant!... Ah! très-bien, soignée la rosière!

FRISETTE, apportant le berceau.

Viens, mon petit ange, mon enfant chéri!...

Elle dépose le berceau au milieu du théâtre. L'enfant crie.

GAUDRION.

Ah! bon, voilà le bouquet!... (Avec colère à Frisette.) Mademoiselle! je n'ai pas loué une chambre au quatrième, au-dessus de l'entre-sol, pour qu'on vienne l'encombrer de meubles aussi désagréables!... un enfant, maintenant!...

Mais, c'est laid! mais, c'est malpropre!... ça m'incommode!... (Au berceau, voulant le bousculer, mais arrêté par Frisette.) Veux-tu bien te taire!... Enlevez le marmot! enlevez le marmot!

ENSEMBLE.

GAUDRION.

AIR de *Wallace*.

D'ici je veux qu'il sorte!
J' n'en veux pas pour voisin;
S'il ne prend pas la porte,
J' lui fraye un autr' chemin!

FRISETTE et MADAME MÉNACHET.

Se fâcher de la sorte!
Ah! quel méchant voisin!
C'est lui qui, de la porte,
Devrait prendre l' chemin.

FRISETTE.

Dans ce cabinet, pour vous plaire,
J' vais, monsieur, déposer l'enfant.

GAUDRION.

Tâchez d'y mettre aussi la mère,
Ça m' procur'ra double agrément.

ENSEMBLE.

D'ici je veux qu'il sorte,
Etc.

FRISETTE et MADAME MÉNACHET.

Se fâcher de la sorte,
Etc.

Frisette, aidée de madame Ménachet, emporte le berceau dans le cabinet de gauche.

SCÈNE X.

GAUDRION, MADAME MÉNACHET.

GAUDRION.

Oh! les femmes!... tenez, les voilà, les femmes! toutes menteuses!... toutes perfides, jusqu'à celle-là, qui voulait se faire passer pour une vertu... et qui est à la tête d'un mioche!...

MADAME MÉNACHET, qui a entendu les derniers mots.

Eh bien, qu'est-ce que ça fait?

GAUDRION.

Comment, ce que ça fait?

MADAME MÉNACHET.

Si ce mioche n'est pas à elle...

GAUDRION.

Vous dites?

MADAME MÉNACHET.

Je dis... je dis la vérité...

GAUDRION, incrédule.

Prrrout!

MADAME MÉNACHET.

Elle m'a conté la chose... cet enfant, c'est un orphelin qu'elle a adopté...

GAUDRION, de même

Prrrout!

MADAME MÉNACHET.

A la mort d'une cousine à elle, d'une nommée Louise Aubry.

GAUDRION.

Louise Aubry?

MADAME MÉNACHET.

Vous voyez donc bien qu'il ne faut pas la mépriser, c'te fille.. et que, pour passer quelques heures avec elle sous le même toit, n'y a pas d'affront.

Elle sort par le fond.

SCÈNE XI.

GAUDRION, FRISETTE, dans le cabinet.

GAUDRION.

Comment, cet enfant?... l'enfant de Louise... mais alors... Que je suis bête!... puisqu'elle m'a trompé... puisqu'elle en a aimé un autre... c'est l'enfant de l'autre, quoi!... de 't Adrien!

FRISETTE, dans le cabinet.

Dors, Gabriel, dors, mon enfant!

GAUDRION.

Gabriel! on lui a donné mon nom!... ah! par exemple!... (Il remonte.) Tiens, mais... tiens, mais... au fait!... (Descendant.) pourquoi pas?... qui sait?... voyons donc!... en rapprochant les dates... ça se pourrait... Oh! il faut absolument que je sache!...

SCÈNE XII.

FRISETTE, GAUDRION.

Frisette rentre avec un poêlon qu'elle met sur un réchaud.

GAUDRION, à part.

La voici... oui... mais comment lui demander ça?... (Il tousse.) Hum! hum!

FRISETTE, accroupie près de la cheminée, à part.

Tousse, va!... si tu crois que je vais te répondre...

GAUDRION, d'un air aimable.

Voisine... (Frisette ne répond pas.) Voisine, c'est que... Tiens... c'est de la bouillie que vous faites là?... pour le petit?... ou pour... la petite? hein?... (Frisette ne répond pas. A part.) Ne pas même savoir le sexe!... (Haut.) Il paraît qu'il commence à manger?... Quel âge a-t-elle?

FRISETTE.

Il a son âge!

GAUDRION, à part.

Il!... c'est un garçon!... bravo!... (Haut.) Dites donc, mamzelle?... et le papa?... qu'est-ce que vous en avez donc fait du papa?

FRISETTE.

Ah ça! mais, de quoi vous mêlez-vous?... a-t-on jamais vu!...

GAUDRION.

Ah! c'est que je vais vous dire... en le regardant, tout à l'heure... Gabriel... il m'a semblé reconnaître... oui... il a quelque chose d'ouvert entre le nez et le menton... Je l'ai peut-être connu, moi, son papa...

FRISETTE, remuant sa bouillie.

Eh bien, vous avez connu quelque chose de gentil!... un mauvais sujet, un vaurien, un homme affreux!...

GAUDRION, à part.

Parbleu!... l'Adrien en question!...

FRISETTE, se relevant.

Ah! si je le tenais, voyez-vous, ce Gaudrion!

GAUDRION.

Hein?... vous dites?...

FRISETTE.

Rien.

GAUDRION.

Pardon... vous avez dit... précisément, c'est bien ça... oui, un de mes camarades... un boulanger...

FRISETTE.

Un monstre, monsieur, qui a abandonné son enfant... qui...

GAUDRION.

Permettez... il avait peut-être à se plaindre de la mère... ça c'est vu, ça... il avait peut-être été trahi, trompé par elle...

FRISETTE.

Trompé par Louise?... pas vrai!

GAUDRION.

Hein?

FRISETTE.

Louise était une brave fille, incapable... (Se reprenant.)

SCÈNE DOUZIÈME.

Ah çà! mais je ne sais pas pourquoi j'irais vous dire...

GAUDRION.

Continuez...

FRISETTE.

Et si je ne veux pas, moi!... Est-ce que je vous connais?... (Lui tournant le dos.) Je ne vous connais pas.

GAUDRION.

Puisque Gaudrion m'a tout conté.

FRISETTE.

A sa manière, sans doute... (Revenant à Gaudrion.) Mais voilà la vérité... au moment de l'épouser, cet affreux garnement prétexte un voyage... des affaires, disait-il... Elle, de son côté, pleine d'amour, de confiance, écrit à sa famille... l'engage à venir à Paris pour la noce... son frère arrive...

GAUDRION.

Son frère?...

FRISETTE.

Oui, son frère, Adrien...

GAUDRION, à part.

Adrien!

FRISETTE.

Elle lui cède une de ses deux chambres... dame! les pauvres gens, ça se gêne...

GAUDRION, à part.

Ah! gredin que je suis!

FRISETTE.

Eh bien, monsieur, l'autre n'a plus reparu jamais! c'est donc joli, ça?... Oh! les hommes!...

Elle retourne à la cheminée.

GAUDRION, à part.

Allons, il n'y a plus à en douter... puisque l'autre est le frère, moi, je suis.. (Avec un attendrissement comique.) J'ai un petit... Ah! ça me fait un drôle d'effet, la! J'ai envie de rire et je pleure!... j'ai envie de pleurer et... je ris...

FRISETTE, se dirigeant vers la porte du cabinet avec sa bouillie.

Voilà qui est fait!

GAUDRION.

Vous allez lui porter... ah! mamzelle, laissez-moi le voir, hein?

FRISETTE.

Qui ça?

GAUDRION.

Eh bien, le petit.

FRISETTE.

C'est ça... pour lui faire peur, avec vos gros yeux...

GAUDRION.

Oh! laissez-moi le voir, hein?

FRISETTE.

Mais qu'est-ce qui vous prend donc?.. Je croyais que vous n'aimiez pas les enfants?

GAUDRION.

Moi? je les adore!

FRISETTE.

Vraiment?.. En ce cas... (Ouvrant la porte du cabinet de gauche.) Chut!

GAUDRION.

Quoi?

FRISETTE.

Il dort.

SCÈNE DOUZIÈME.

GAUDRION.

Qu'est-ce que ça fait? pour l'embrasser!

FRISETTE.

Par exemple!... ça le réveillerait!

Elle ferme la porte.

GAUDRION, frappant sur la table alors placée devant le lit au fond.

Cristi!

FRISETTE.

Chut donc!

GAUDRION.

On se tait, mon Dieu! on se tait!... (Redescendant.) On dirait que vous en êtes jalouse, de cet enfant...

FRISETTE.

Eh bien, oui, j'en suis jalouse... je veux qu'il n'aime que moi... que moi seule.

GAUDRION.

Ah!... pourtant... il y a bien une autre personne...

FRISETTE.

Qui ça?

GAUDRION.

Son père, par exemple!

FRISETTE.

Son père?

GAUDRION.

Dame! si un jour il venait le réclamer?

FRISETTE.

Lui?... Ah! il serait bien reçu!

GAUDRION.

Pourtant, il a des droits... mon ami Gaudrion a des droits...

FRISETTE.

Aucun!

GAUDRION.

Je vous dis que si!

FRISETTE.

Je vous dis que non!

GAUDRION.

Ah! mais...

FRISETTE.

Y a pas d'*ah! mais*... c'est comme ça!... Et, puisqu'il faut tout vous dire... car vous êtes d'une curiosité!... eh bien, lorsque je me suis trouvée seule à côté de cette pauvre créature abandonnée qui tendait vers moi ses petites mains suppliantes, comme pour invoquer mon cœur... je me suis dit:

AIR du vaudeville de *l'Anonyme.*

Allons, Frisette, allons, ma pauvre fille,
Du ciel il faut accomplir les arrêts;
De cet enfant, sans appui, sans famille,
Tu ne peux plus t'éloigner désormais!
La Providenc' qui veut que tout' misère,
Rencontre un jour la pitié sur son ch'min
T'a confié les devoirs d'une mère
En te plaçant auprès d'un orphelin.

GAUDRION, attendri.

Ah! mais c'est bien ça!

FRISETTE.

Et je l'ai adopté, c't enfant, et je l'ai reconnu, et, pour

qu'on ne puisse jamais me le reprendre, je l'ai fait inscrire sous mon nom.

GAUDRION.

Comment?

FRISETTE.

Et, aujourd'hui, sa seule famille devant les hommes et devant la loi... c'est moi...

GAUDRION.

Il serait possible!

FRISETTE, faisant quelques pas et se retournant.

Vous pourrez dire ça de ma part à votre ami Gaudrion, quand vous le verrez! ah!

Elle entre vivement dans le cabinet de gauche.

SCÈNE XIII.

GAUDRION, seul.

Sapristi!... sapristi!... sapristi!... Eh bien; me voilà bien!... j'ai un fils et je n'en ai pas! je le retrouve et le reperds presque en même temps!... C'est que je n'ai aucun moyen d'établir ma paternité... c'est elle qui est la mère, la vraie mère!... la loi est pour elle, et elle la connaît, la loi!... Elle est à cheval dessus, comme un vieux procureur! Je ne peux pourtant pas laisser mon enfant, mon petit Gabriel, entre les mains d'une étrangère!... quand je suis là... si disposé à... Encore, si elle ne fermait pas la porte... Mégère, va!... Cerbère!... Mais, j'y pense!... il y aurait bien un moyen de me rapprocher de lui... ce serait de me rapprocher d'elle... de lui plaire, à elle... de lui faire la cour, à elle... La cour!... comme c'est agréable, quand on n'en a pas l'habitude!... Oh! c'est égal! pour mon fils... Allons, Gaudrion, mon ami, sois aimable, sois joli cœur... et marche, à travers les bosquets de Cythère, à la conquête de ta progéniture!

AIR final de *Renaudin*.

A c'te p'tit', qui me tient rigueur,
Comment donc parvenir à plaire?
Voyons, que pourrais-je bien faire,
Pour arriver jusqu'à son cœur?
Des vers... Oui, ça fait des victimes..,
Mais je suis né ru' Greneta,
Et ce n' sont qu' les boulangers d' Nîmes,
Qui pétriss'nt de ces choses-là!
Si je m'improvisais ténor,
Si je lui chantais un' romance?
Près de la beauté ça vous lance...
Mais je chante comme un castor!
A ses yeux, pour avoir des titres,
J' voudrais quéqu' chos' de vif, de frais,
De très-frais... Tiens! un' douzain' d'huîtres?
Eh bien, non!... c'est encor mauvais!
Mais, parbleu! voilà mon affaire!
Des fleurs... c'est très-fade et ça plaît;
Il s'agit d' trouver un' bouqu'tière
Qui m' cède à bas prix un bouquet.
J' dois en trouver un', j'imagine,
Dans c' quartier-ci...

Il remonte.

Mais, que j' suis sot!
J'aperçois là, chez la voisine,
Un bouquet qui flân' dans un pot;
Si je l'empruntais?... Pourquoi pas?

Il prend les pincettes, se penche par la fenêtre de droite, ramène un bouquet et passe à gauche.

V'là comme on cueill' la marjolaine!
J' le lui rendrai la s'main' prochaine...
Il faut s'entr'aider ici-bas!

Pendant la ritournelle de l'air, Frisette entre et traverse le théâtre en se dirigeant vers la cheminée de droite.

SCÈNE XIV.

GAUDRION, FRISETTE

FRISETTE, à elle-même.

Il s'est rendormi!...

GAUDRION, à part.

C'est elle... attention!... (Il s'avance vers elle son bouquet à la main, le lui présentant gauchement.) Mademoiselle... si vous voulez permettre... Il est l'emblème de vos vertus.

FRISETTE.

Qu'est-ce que c'est que ça?

GAUDRION.

Ça?... c'est un bouquet. (De même.) Mademoiselle, si vous voulez permettre... il est l'emblème...

FRISETTE, riant.

Ah! ah! ah!...

GAUDRION, riant par imitation.

Eh! eh! eh!...

FRISETTE.

Que vous êtes drôle comme ça!

GAUDRION.

Hein?... je suis...? (A part.) Elle se moque de moi... c'est égal, du courage!... (Haut.) Dites donc, je vais le mettre sur votre cheminée... hein?... voulez-vous?

FRISETTE.

Des fleurs! pour moi?

GAUDRION.

Oui... j'ai pensé que ça vous serait agréable de vous trouver en famille.

FRISETTE, étonnée.

Hein?

GAUDRION, à part.

Que c'est embêtant à dire, ces machines-là!... enfin!...

FRISETTE, à part.

Il devient galant, à présent!

GAUDRION, donnant de l'eau aux fleurs qu'il place brusquement dans le vase qui est sur la cheminée de gauche.

La... avec un peu d'eau...

Il repose la carafe avec bruit.

FRISETTE.

Prenez donc garde!... vous allez réveiller...

GAUDRION, très-bas.

Ah! il redort!... il dort trop!... Ah! voilà un enfant qui dort trop! C'est égal, il doit être bien gentil comme ça, hein?

FRISETTE, s'asseyant à droite après avoir pris son métier et travaillant.

Je crois bien!... il est rose comme un petit chérubin!...

GAUDRION, à part.

Ah! mon Dieu! dire que j'ai là, sous clef, un fils... rose... et que... (Prenant une chaise qu'il traîne négligemment jusqu'à une légère distance de Frisette.) Vous travaillez?...

FRISETTE.

Faut bien faire son état... si je laissais chômer la dentelle... avec quoi le nourrirais-je, c't amour?

SCÈNE QUATORZIÈME.

GAUDRION.

C'est juste... v'là un nouveau pensionnaire... faut un couvert de plus!

FRISETTE.

Ah! ce n'est pas ça qui m'inquiète... parce que, si mes jours ne suffisent pas, je prendrai sur mes nuits donc!

GAUDRION.

Sur vos nuits?... ah! pauvre petite femme! (Il la regarde.) Tiens! tiens! tiens!... (Haut.) Eh bien, voulez-vous que je vous dise... c'est très-bien, ce que vous avez fait... adopter comme ça une pauvre petite créature... se dévouer pour elle... je n'y avais pas pensé d'abord... mais c'est très-bien... c'est... (La regardant encore.) Tiens! tiens! tiens!

FRISETTE.

C'est tout naturel.

GAUDRION.

Eh bien, non!... ce n'est pas naturel... (S'asseyant.) Il y en a d'autres, à votre place et dans votre profession, qui auraient préféré courir les bals, les spectacles, les amoureux... tandis que vous! vous travaillez jour et nuit, sans penser que ça peut vous rendre malade, vous rougir les yeux... avec ça qu'ils sont très-jolis, vos yeux!

FRISETTE.

Vous trouvez?

GAUDRION.

Oh! oui!... (Rapprochant sa chaise.) Dites donc!... c'est drôle, tout de même... ce matin, je ne pouvais pas vous regarder en face. .

FRISETTE.

C'est comme moi.

GAUDRION.

Et, maintenant, je le peux... mais je le peux joliment

FRISETTE.

Eh bien, c'est encore comme moi

GAUDRION.

Vrai? (A part.) C'est qu'elle est gentille à croquer!... Ah! çà, j'étais donc un myope, moi, ce matin?

FRISETTE, à part.

Comme il me regarde!

GAUDRION, tout à coup.

Mamzelle... je fais une réflexion... Avez-vous quelquefois songé au mariage?

FRISETTE.

Moi? jamais!

GAUDRION.

Eh bien, c'est une bêtise!... (Frisette le regarde.) Pardon une faute... parce que, quand on a de la jeunesse, de la sagesse et de la gentillesse, faut pas garder tout ça pour le roi de... Danemark!... Pour lors, faut vous marier!

FRISETTE.

Y pensez-vous?... d'abord, il y a un obstacle...

GAUDRION.

Où ça?

FRISETTE.

Mais... là... dans ce cabinet...

GAUDRION, se levant.

Le bambin?... et vous appelez ça...? mais, au contraire, au contraire...

FRISETTE, se levant aussi.

Comment?

SCÈNE QUATORZIÈME.

GAUDRION.

Certainement!... parce que les cancans, les ragots... Il 'y a des gens qui marchent là-dessus, et qui s'en flattent...

FRISETTE.

Oui... pour plus tard vous reprocher...

GAUDRION.

Ah! fi donc!... Et puis, vrai, la... si vous aimez le petit!...

FRISETTE.

Si je l'aime!

GAUDRION.

Eh bien, dans son intérêt même... Primo, ça lui donne un père... au premier abord, ça ne semble rien... mais c'est très-utile dans la société... quand il sera grand, pour faire son chemin, faut un nom... sans ça, on végète, on vous regarde comme ça!...

FRISETTE, réfléchissant.

C'est pourtant vrai!

GAUDRION.

Et puis vous ne pouvez l'élever toute seule... ce n'est pas pour vous humilier, mais... une ouvrière... ça ne gagne pas... épais...

FRISETTE, fièrement.

J'ai des journées de deux francs, monsieur!

GAUDRION.

Là! vous voyez bien!... deux francs!... une heure de fiacre!... v'là-t-y pas le Pérou!... Je vous défie bien avec ça de produire, dans le monde, autre chose qu'un raccommodeur de faïence!...

FRISETTE.

Ah! pauvre enfant!

GAUDRION.

Tandis qu'en unissant son petit magot à celui d'un autre, d'un bon ouvrier... p't-être ben qu'un jour on pourrait donner au mioche un métier choisi... conseiller d'État ou dentiste.

FRISETTE.

Vous avez peut-être raison.

GAUDRION.

Je crois ben!... du reste, je vous dis ça, moi... c'est pas un motif pour vous jeter à la tête du premier venu... Mais, si vous trouviez par hasard, sur vot' chemin, un de ces bons garçons, tout francs, tout ronds, avec un bon état... eh ben, faudrait le prendre... Mamzelle... c'est une occasion... faudrait le prendre.

FRISETTE.

Dame! je verrai... je réfléchirai...

GAUDRION.

C'est ça!... voyez, réfléchissez... Moi, je cours chez le bourgeois chercher ma semaine... je suis à sec!... Et puis, en même temps, j'ai une idée... une bonne idée... Adieu, mamzelle Frisette... nous recauserons de ça.

FRISETTE.

Adieu, monsieur... monsieur?...

GAUDRION.

Ah! mon nom?... plus tard, je vous le dirai plus tard... oui, j'ai des raisons... des raisons... politiques... A bientôt, mamzelle, à bientôt! (A part.) Ah! je suis pincé!

Il sort par le fond.

SCÈNE XV.

FRISETTE, seule.

Ce pauvre garçon!... ce qu'il m'a dit... je n'y avais pas pensé... mais il a raison. . l'avenir de mon Gabriel en dépend!... que de bonté, que de bienveillance dans toutes ses paroles!...

AIR : *Ce que j'éprouve en vous voyant.*

C'est bien drôle, cet effet-là!
A l'hymen je fus convertie;
Il eut toute ma sympathie
Dès que mon voisin m'en parla.
Je n'aurais jamais cru cela!
Car toutes les fois, au contraire,
Que Barbaroux me l' conseilla
Mon cœur s'émut, se révolta;
Je me mettais presque en colère.
C'est bien drôle, cet effet-là! (*Bis.*)

SCÈNE XVI.

FRISETTE, MADAME MÉNACHET.

MADAME MÉNACHET.

Mamzelle, votre chambre est prête... le n° 10... et quand vous voudrez...

FRISETTE.

C'est bien... merci... Dites-moi... vous connaissez ce jeune homme qui habite ici?

MADAME MÉNACHET.

Parbleu!...

PRISETTE.

Ah!... et il est bien?

MADAME MÉNACHET.

Comment, s'il est bien!... c'est une perle! une fleur-des-pois... sage, rangé... je ne lui connais qu'un défaut...

FRISETTE.

Hein?... il a un... lequel?

MADAME MÉNACHET, mystérieusement.

Il ne peut pas souffrir les femmes!

FRISETTE.

Ah! ce n'est que ça!... (A part.) Elle m'a fait une peur!... (Haut.) Je l'ai pourtant trouvé avec moi d'une complaisance, d'une amabilité...

MADAME MÉNACHET.

Ah! oui, une frime...

FRISETTE.

Hein?

MADAME MÉNACHET.

Faut pas s'y fier, allez, mamzelle; pour les femmes, c'est un vrai serpent!

FRISETTE.

Comment?

MADAME MÉNACHET.

Oui, quelquefois il fait le gentil avec elles... le coquet... mais c'est pour mieux les abuser, le basilic!

FRISETTE.

Comment savez vous...?

MADAME MÉNACHET.

Par lui-même... ce matin encore, il me disait : « Les femmes, oh! les femmes! je voudrais les cribler... les torturer... les manger!... »

FRISETTE

Il a dit ça? Ah! mon Dieu!

MADAME MÉNACHET.

Voilà son caractère, à ce pauvre Gaudrion.

FRISETTE, allant vivement à madame Ménachet.

Gaudrion?... il s'appelle?...

MADAME MÉNACHET.

Eh bien, oui, Gabriel Gaudrion...

FRISETTE, à part.

Oh! je comprends tout!... (Haut.) Madame Ménachet, réunissez à l'instant tout ce qui peut m'appartenir ici... mes robes, mes cartons... je ne veux pas rester une minute de plus!... (La poussant.) Tenez... là... dans ce cabinet... Allez, dépêchez-vous!

MADAME MÉNACHET.

On y va... on y va... (Sur le pas de la porte de gauche.) Qu'est-ce qu'elle a donc?

SCÈNE XVII.

FRISETTE, seule.

Oui, je m'explique maintenant ce changement subit... ces soins, ces prévenances : c'était pour se rapprocher de son fils... Et moi, moi... je n'étais qu'un prétexte, un moyen... de rapprochement entre le père et l'enfant..

Allons, il n'y faut plus penser... c'est dommage pourtant... Ce qu'il m'a dit m'avait presque décidée... oui, mais, si je reste fille, mon Gabriel... malheureux par ma faute! Eh bien, mais... qui m'empêche de me marier à un autre? il me semble que, si je voulais..., je n'aurais qu'un mot à dire... à Barbaroux, par exemple... Oui, c'est cela... c'est un honnête garçon, qui m'aime... je vais lui écrire... et, s'il consent à considérer mon fils comme le sien... à lui donner son nom... (Elle écrit.) Ce monsieur qui croit qu'il n'y a que lui!

On frappe à la porte du fond.

SCÉNE XVIII.

FRISETTE, la voix de BARBAROUX, au dehors.

FRISETTE.

Tiens, je parie que c'est Barbaroux!

LA VOIX.

Mademoiselle Frisette!... mademoiselle Frisette!...

FRISETTE.

Juste!

LA VOIX.

Y êtes-vous?

FRISETTE.

Oui, mais je n'ouvre pas... je m'habille

LA VOIX.

Très-bien! avez-vous réfléchi?

FRISETTE.

Je suis en train.

SCÈNE DIX-HUITIÈME.

LA VOIX.

Et vous consentez?

FRISETTE.

Peut-être.

LA VOIX.

Vrai?

FRISETTE.

A une condition.

LA VOIX.

Je l'accepte.

FRISETTE.

Mais vous ne savez pas encore...

LA VOIX.

Ça ne fait rien!

FRISETTE, lui passant la lettre par-dessous la porte.

Tenez... lisez ça... ce sont les articles du contrat.

LA VOIX, avec joie.

Ah! mamzelle Frisette, mamzelle Frisette!... je me jette à vos genoux... en dehors!

FRISETTE.

Ça vous va?

LA VOIX.

Je crois bien!... je cours à la mairie... je vais reconnaître le marmot, sur papier timbré... Ah! mamzelle Frisette! mamzelle Frisette!

Il s'éloigne.

SCÈNE XIX.

FRISETTE, seule, puis GAUDRION.

FRISETTE, seule.

Il m'aime, celui-là!... Allons, je serai madame Barbaroux et mon fils s'appellera M. Barbaroux... Tiens! l'herboriste d'en face a un chien qui se nomme comme ça!... une bien bonne bête...

GAUDRION, entrant très-gaiement et chargé de jouets d'enfant.

Ne vous dérangez pas... c'est moi... chargé comme un bazar... Tout ça, c'est pour le marmot!... Un biberon pour aujourd'hui, un hochet pour demain... un polichinelle, un tambour... et un *Télémaque*... pour plus tard... (Posant une chaise d'enfant, percée.) Ceci pour tout de suite!... jeune homme, vous êtes servi!

FRISETTE, à part.

Tout pour lui!... (Haut.) Mais, monsieur...

GAUDRION.

Puisque c'est pour le petit... Et puis, là, voyons... à la rigueur, je comprends que du premier venu on peut refuser... mais d'un futur...

FRISETTE.

Un futur?

GAUDRION.

Tiens!... Bah! oui, le mot est lâché!... Mamzelle Frisette, je vous demande votre main...

FRISETTE.

Inutile, monsieur... un tel sacrifice... maintenant que je sais qui vous êtes...

SCÈNE DIX-NEUVIÈME.

GAUDRION, ébahi.

Comment! vous savez?...

FRISETTE.

Tout, monsieur Gaudrion!...

GAUDRION.

Ah! j'y suis! vous me détestez! Vous me flanquez à la porte... Eh bien, c'est mal, mamzelle Frisette, parce que, voyez-vous, moi, je vous aimais de cœur, ce n'était pas venu tout de suite, mais enfin c'était venu... et j'aurais fait vot' bonheur, allez... j'en ai l'étoffe!

AIR : *Soldat français.*

J'avais déjà fait mon petit château...
Je me disais : « La nuit, l' pétrin m' réclame,
Je n' pourrai pas veiller près du berceau,
Mais, en partant, j'y laiss'rai ma p'tit' femme;
Puis, accourant avec le jour,
J' viendrai r'lever ses factions maternelles;
Nous échang'rons l' mêm' mot d'ordr' tour à tour;
Si bien qu' l'enfant, dans son amour,
Confondra les deux sentinelles. »

FRISETTE, à part.

Serait-il possible!

GAUDRION.

Mais n'en parlons plus!... Et, tenez, cet enfant, je l'aime!... c'est mon fils... mais je sens qu'il sera mieux avec vous qu'avec moi... Eh bien, gardez-le... gardez-le... Adieu!...

Fausse sortie.

FRISETTE, à part.

Comment! il me laisse?...

GAUDRION, revenant.

Seulement, je vous demanderai quelquefois la permission d'aller le voir, de vous porter mes économies... ça fait que je vous verrai en même temps, et... ça me consolera.

FRISETTE, à part, avec joie.

Mais alors, il m'aime! (Haut.) Monsieur?...

GAUDRION, revenant.

Plaît-il?

FRISETTE, attendrie.

Tenez, monsieur Gaudrion, vous êtes un bon garçon, et maintenant...

GAUDRION.

Achevez!...

FRISETTE, le quittant brusquement, à elle-même.

Ah! mon Dieu! c'est impossible! M. Barbaroux qui est à la mairie... et qui, dans ce moment, donne son nom... je ne puis pas le laisser là... avec un enfant sans femme. (Haut, à Gaudrion.) Monsieur Gaudrion... certainement je le regrette bien, mais... je ne puis vous épouser.

GAUDRION.

Pourquoi ça?...

On frappe au fond.

FRISETTE.

Chut!

SCÈNE XX.

FRISETTE, GAUDRION, LA VOIX.

LA VOIX.

Mamzelle Frisette! mamzelle Frisette !

SCENE VINGTIÈME.

FRISETTE.

C'est lui!

GAUDRION, bas.

Qui ça?

LA VOIX.

Je viens de la mairie...

FRISETTE.

Ah! mon Dieu!

LA VOIX.

Ils m'ont répondu que ça ne se pouvait pas.

FRISETTE.

Hein?

LA VOIX.

Parce qu'il y en a déjà un autre... qui est inscrit avant... il en sortait.

FRISETTE.

Un autre! mais qui donc a osé...?

GAUDRION.

Vous ne devinez pas?

FRISETTE, avec joie.

Vous?

GAUDRION.

Et il paraît que j'ai bien fait de me presser... Les enfants sont très-demandés dans cet arrondissement.

LA VOIX.

Mamzelle... est-ce que vous avez du monde?

FRISETTE, embarrassée.

Oui... je...

GAUDRION, grosse voix.

Mademoiselle est avec sa couturière!

LA VOIX.

Très-bien!... je reviendrai, mamzelle, je reviendrai...

GAUDRION, de même.

Bien des choses chez vous.

FRISETTE.

Pauvre garçon!

GAUDRION.

Est-ce que vous m'en voulez d'être arrivé avant lui... là-bas?

FRISETTE, vivement.

Bien au contraire car... (Baissant les yeux.) maintenant je suis libre.

GAUDRION.

Et moi donc!... et certainement, la liberté, c'est très-gentil... mais l'esclavage!... l'esclavage à deux... dans une petite chambre... à deux lits... en comptant le berceau... c'est infiniment plus (Bas.) récréatif!

Ils sont très-près l'un de l'autre. Madame Ménachet entre, ils se séparent vivement.

SCÈNE XXI.

FRISETTE, MADAME MÉNACHET, GAUDRION.

MADAME MÉNACHET, qui a supris le mouvement.

Ah! (Avec malice.) Mademoiselle prend-elle toujours la chambre?

FRISETTE.

Certainement!

MADAME MÉNACHET.

C'est que... d'après ce que... c'est-y pour le mois ou pour la quinzaine?

FRISETTE, à madame Ménachet.

Attendez... (Elle passe devant madame Ménachet et s'approche de Gaudrion.) Monsieur Gaudrion... en quinze jours, peut-on se marier?

GAUDRION, gaiement.

Je crois bien!

FRISETTE, à madame Ménachet, en tendant la main à Gaudrion.

Je la prends pour quinze jours.

Madame Ménachet passe à droite lentement, en les examinant tous deux; elle se trouve d'un plan plus élevé qu'eux.

GAUDRION, avec joie.

Vraiment?... ah! mamzelle! (La prenant à part, — trémolo à l'orchestre jusqu'à la fin.) Mais, dites donc... quinze jours... c'est bien long!... d'ici là, s'il n'y a pas d'indiscrétion... je monterai quelquefois allumer ma veilleuse, hein?

FRISETTE.

Monsieur...

GAUDRION.

Dame!... vous ne m'avez pas laissé d'allumettes?

FRISETTE.

Allons!... vous viendrez de temps en temps... tous les jours... voir votre fils... (Lui remettant la clef du cabinet de droite.) Tenez, allez l'embrasser!...

GAUDRION, se dirigeant vivement vers le cabinet.

Pauvre chéri!... (S'arrêtant près de la porte, et se retournant.) Ah! pardon... avant, je vous demanderai une permission.

Frisette a pris des mains de madame Ménachet un bougeoir allumé que celle-ci avait apporté et posé sur la cheminée de droite et s'est dirigée vers la porte du fond, qu'elle entr'ouvre pendant que madame Ménachet descend un peu la scène.

FRISETTE.

Laquelle?

GAUDRION.

Ce serait de commencer par ma femme!...

MADAME MÉNACHET.

Sa femme!

GAUDRION, s'avançant.

Hein?

FRISETTE, faisant un geste qui l'arrête et avec coquetterie.

Bonsoir, voisin!

GAUDRION, piteusement.

Bonsoir, voisine!

Le rideau tombe.

FIN DE FRISETTE.

MON ISMÉNIE!

COMÉDIE

EN UN ACTE, MÊLÉE DE COUPLETS

Représentée pour la première fois, à Paris, sur le théâtre du PALAIS-ROYAL,
le 17 décembre 1852.

COLLABORATEUR : M. MARC-MICHEL

PERSONNAGES

	ACTEURS qui ont créé les rôles.
DE VANCOUVER.	MM. SAINVILLE.
DARDENPOEUF, prétendu d'Isménie.	GRASSOT.
GALATHÉE, sœur de Vancouver.	Mmes THIERRET.
ISMÉNIE, fille de Vancouver (24 ans).	ARMANDE.
CHIQUETTE, bonne.	AZIMONT.

La scène est à Châteauroux, chez Vancouver.

MON ISMÉNIE !

Un salon.. — Porte principale au fond. — Portes latérales. — Dans les deux pans coupés, deux autres portes, vitrées et garnies de rideaux blancs : celle de gauche conduit à la salle à manger celle de droite sur une terrasse. — Chaises. — Fauteuils. — Une petite table à chaque premier plan contre la cloison. — Sur celle de gauche, un vase sans fleurs.

SCÈNE PREMIÈRE.

CHIQUETTE, puis VANCOUVER

CHIQUETTE, seule, brossant un habit.

On peut dire que voilà un drap moelleux... on voit bien que c'est un habit de prétendu... ah ! c'est que je m'y connais !... depuis quelque temps, le prétendu se brosse beaucoup dans cette maison !... Ces pauvres jeunes gens... ils arrivent tout pimpants, ils se croient sûrs de leur affaire... et au bout de quelques jours... v'lan ! M. de Vancouver les fiche à la porte comme si c'étaient des orgues de Barbarie !... et mademoiselle Isménie reste fille ! (Posant l'habit sur une chaise, près de la porte à droite.)

Voilà toujours l'habit du jeune homme... Il dort encore.. c'est pas étonnant, il est arrivé hier soir de Paris... Aujourd'hui, monsieur lui fera voir la cathédrale... demain l'embarcadère du chemin de fer... et après demain, bon voyage, monsieur Dumollet!

VANCOUVER, ouvrant mystérieusement la porte vitrée de gauche

Chiquette! Chiquette!

CHIQUETTE.

Tiens! monsieur qui est déjà levé!

VANCOUVER.

Oui, je ne tiens pas en place. — Est-il réveillé?

CHIQUETTE.

Qui ça?

VANCOUVER.

M. Dardenbœuf.

CHIQUETTE.

Le Parisien? pas encore.

VANCOUVER.

Tu es entrée dans sa chambre?

CHIQUETTE.

Oui, monsieur, pour prendre ses habits.

VANCOUVER.

Eh bien... comment le trouves-tu?... affreux, n'est-ce pas?

CHIQUETTE.

J'ai pas regardé... il était dans son lit.

VANCOUVER.

Bécasse! on regarde toujours.

SCÈNE DEUXIÈME.

CHIQUETTE.

Impossible, monsieur, je m'ai mis sur les rangs pour être rosière.

VANCOUVER.

Ronfle-t-il?... Horriblement! tant mieux!

CHIQUETTE.

Je ne sais pas.

VANCOUVER.

Porte-t-il un bonnet de coton?... Jusqu'au menton... tant mieux!

CHIQUETTE.

Mais je ne le sais pas.

VANCOUVER.

Ah! quelle brute!... elle ne sait jamais rien!

CHIQUETTE.

Puisque je m'ai mis sur les rangs...

VANCOUVER.

Va-t'en!... tu m'inspires de l'aversion!

Elle sort à gauche.

SCÈNE II.

VANCOUVER, seul.

Il pousse un soupir.

Heu!.. je suis triste!... c'est au point que je ne connais pas dans les murs de Châteauroux un Berrichon plus triste que moi... Ma position n'est pas tenable... je me promène avec un ver dans le cœur... (Au public.) Pardon... avez-vous vu jouer *Geneviève ou la Jalousie paternelle?*... Non?... Eh bien, voilà mon ver!... la jalousie!... Je suis père... j'ai une fille âgée de vingt-quatre printemps à peine... et ils prétendent que c'est l'âge de la marier!... à vingt-quatre ans! Mais je ne me suis conjoint qu'à trente-huit, moi!... et j'étais précoce!... Alors, ma maison est assaillie par un tas de petits gredins en bottes vernies... qu'on intitule des prétendus, et que j'appelle, moi, la bande des habits noirs!... car enfin, ce sont des escrocs... je ne leur demande rien, je ne vais pas les chercher... qu'ils me laissent tranquille... avec mon Isménie!... C'est incroyable!... on se donne la peine d'élever une fleur... pour soi tout seul... on la cultive, on la protége, on l'arrose de petits soins... de gants à vingt-neuf sous, de robes à huit francs le mètre... on lui apprend l'anglais, à cette fleur!... la musique, la géographie, la cosmographie... et, un beau matin, il vous arrive par le chemin de fer une espèce de savoyard, que vous n'avez jamais vu... il prend votre fleur sous son bras et l'emporte en vous disant : « Monsieur, voulez-vous permettre? nous tâcherons de venir vous voir le dimanche! » Et voilà!... vous étiez père, vous n'êtes plus qu'une maison de campagne... pour le dimanche! Infamie! brigandage!... Aussi, le premier qui a osé me demander la main d'Isménie... j'ai peut-être été un peu vif... je lui ai donné mon pied!... Malheureusement, ma fille veut se marier... elle pleure... elle grogne même... Je ne sais plus comment la distraire... tantôt, je lui fais venir de la musique nouvelle... tantôt des prétendus difformes.. auxquels je donne des poignées de main... les cosaques! Je les examine, je les scrute, je les pénètre, je leur trouve une infinité de petits défauts... dont je fais d'horribles vices! et, au bout de quelques jours, je leur donne du balai... poliment. (Regardant la porte à droite.) Dans ce moment, j'attends l'animal qui est arrivé hier au soir... c'est ma sœur qui l'a présenté, celui-là; il faudra prendre des mitaines, et dorer le manche à balai.. Elle est riche, ma sœur... demoiselle et pas d'enfants! c'est à considérer. (Regardant la porte de droite.) Ah çà! est-ce que cette grande patraque ne va pas se lever? sept heures et demie!... grand lâche! gros patapouf!... j'éprouve un besoin féroce de l'éplucher!... je veux le gratter comme un salsifis!... (Apercevant l'habit sur la chaise.) Tiens! son habit!... si je l'interrogeais?... Montesquieu l'a dit : « C'est souvent dans la poche des hommes qu'on trouve l'histoire de leurs passions! » Fouillons, furetons, mouchardons! (Il s'approche de la chaise pour prendre l'habit, mais un bras sort de la porte de droite et s'en empare.) C'est lui!... le voleur!... mais je le repincerai!

SCÈNE III.

VANCOUVER, ISMÉNIE.

ISMÉNIE entrant par la gauche.

Bonjour, papa!

VANCOUVER, l'embrassant.

Bonjour, ma fille... ma fleur, mon héliotrope! (Au public. Je vous présente mon héliotrope.

ISMÉNIE.

Est-ce vrai ce que ma tante m'a dit?

VANCOUVER.

Quoi donc?

ISMÉNIE.

Qu'un nouveau prétendu était arrivé, hier au soir, de Paris?

VANCOUVER, tristement.

Hélas! oui... j'avais demandé *le Carillonneur de Bruges*... pour piano... et l'on m'a envoyé un autre objet... plus lourd.

ISMÉNIE.

Comment! un autre objet?

VANCOUVER.

Voyons, mon enfant, nous sommes seuls, parle-moi franchement... C'est donc bien vrai que tu veux te marier?

ISMÉNIE.

Dame! papa...

VANCOUVER.

C'est donc bien vrai que tu veux quitter ton petit pé-père?

ISMÉNIE.

Écoutez donc, j'ai vingt-quatre ans!

VANCOUVER.

Argutie!... ta tante en a bien quarante-neuf!

ISMÉNIE.

Mais je ne veux pas rester fille comme ma tante... Avez-vous vu le prétendu? Quel âge a-t-il?

VANCOUVER.

Je ne sais pas... je n'ai pas encore regardé ses dents...

ISMÉNIE.

Ses dents?... vous le comparez à un cheval!

VANCOUVER.

Oh non! car le cheval est le roi des animaux!

ISMÉNIE.

Je le vois bien... voilà déjà que vous le prenez en grippe!

VANCOUVER.

Moi? du tout! je l'attends... ce cher ami... En grippe? je

SCÈNE TROISIÈME.

sens que je l'aime déjà comme un fils!... le scélérat!... Qu'est-ce que je veux, moi?... te voir heureuse!

ISMÉNIE.

Et mariée!

VANCOUVER.

Parbleu! (A part.) Elle y tient!

ISMÉNIE, câlinant son père.

Que vous êtes gentil! que vous êtes bon!

VANCOUVER, la caressant.

Vous a-t-elle des petits bras!... montre tes petits bras? (A part.) A peine s'ils sont formés... et ils parlent de la marier!

ISMÉNIE.

C'est égal... ma tante dit que ça ne vous fait pas plaisir, les prétendus.

VANCOUVER.

Moi? s'il est possible!... mais j'en cherche partout! je les fais tambouriner... car enfin je t'en ai déjà présenté huit depuis le commencement de l'année... et nous ne sommes qu'en août... un par mois! il y a bien des demoiselles qui s'en contenteraient!

ISMÉNIE.

Oui, mais vous les renvoyez...

VANCOUVER.

Si celui-là ne te convient pas, j'en ai un autre tout prêt... M. Oscar de Buzenval. (A part.) Un petit être cagneux... et très-velu... imitant parfaitement l'araignée.

ISMÉNIE.

Est-il bien?

VANCOUVER.

Charmant! charmant!... il parle anglais comme un Turc!... il est bien mieux que ce Dardenbœuf, qui a l'air d'un charcutier appauvri par les veilles.

ISMÉNIE.

Mais vous ne le connaissez pas...

VANCOUVER.

Je l'ai entrevu hier, aux lumières... il m'a paru fané.

ISMÉNIE.

C'est le voyage.

VANCOUVER.

Non. (Mystérieusement.) Je lui crois des vices.

ISMÉNIE.

Ah! vous allez recommencer! (Pleurant.) Je vois bien que vous ne voulez pas me marier!...

VANCOUVER.

Mais si!... mais si!... Embrasse-moi... encore!... la!... Est-ce que tu n'es pas heureuse comme ça?

ISMÉNIE.

Certainement!

VANCOUVER

Eh bien, qu'est-ce que tu peux désirer de plus?

ISMÉNIE.

Tiens!

VANCOUVER.

Je te ferai venir autant de *Carillonneurs de Bruges* que tu en désireras.

ISMÉNIE, avec sentiment.

Ah! papa... il n'y a pas que la musique dans le monde!

VANCOUVER.

Ah! tu crois? (A part.) Parole profonde qui ne serait pas déplacée dans la bouche d'une grande personne!

SCÈNE IV.

VANCOUVER, ISMÉNIE, GALATHÉE.

GALATHÉE, entrant par la salle à manger, à la cantonade.

Le couvert dans le grand salon... Vous servirez tous les plats d'argent et le sucrier en vermeil!

VANCOUVER.

Ah! mon Dieu! que de cérémonies!... est-ce que vous attendez le roi de Prusse?

GALATHÉE.

Ce cher Dardenbœuf!... c'est pour lui!... Savez-vous s'il aime la fraise de veau?

VANCOUVER.

Ma foi, non.

GALATHÉE.

Ah! vous ne vous inquiétez de rien!... vous êtes là comme un gros inutile.

VANCOUVER.

Que diable! je ne peux pas aller réveiller ce monsieur pour lui dire : « Pardon, aimeriez-vous la fraise de veau? » Il grincerait dans son bonnet de coton!

ISMÉNIE.

Comment! il porte un bonnet de coton?

VANCOUVER.

Avec une mèche longue comme ça!... C'est Chiquette qui l'a vu; il paraît qu'il est effroyable! (A part.) Je le pose!

GALATHÉE.

Taisez-vous donc!... au lieu de chercher à dépoétiser votre gendre...

VANCOUVER.

Mon gendre? d'abord, il ne l'est pas encore...

GALATHÉE, avec solennité.

Octave, écoutez-moi.

VANCOUVER.

Oui, Galathée.

GALATHÉE.

Je jouis d'une belle fortune... vous le savez...

VANCOUVER, à part.

Nous y voilà!

GALATHÉE.

Quoique jeune encore et d'un physique...

VANCOUVER.

Agaçant.

GALATHÉE.

Imposant!... je me suis vouée au célibat, pour assurer l'avenir d'Isménie. (Poétiquement.) J'ai consenti à rester sur la rive... semblable au pauvre nautonier...

VANCOUVER, à part.

Cristi! qu'elle est embêtante!

GALATHÉE.

Mais à une condition!... j'entends et je prétends marier cette chère enfant.

SCÈNE QUATRIÈME.

VANCOUVER.

C'est mon vœu le plus formel... mais encore faut-il trouver un parti.

GALATHÉE.

Je l'ai trouvé!... Le jeune Dardenbœuf est modeste, sobre, patient...

VANCOUVER, à part.

Toutes les vertus de l'âne!

GALATHÉE.

Enfin j'ai su le distinguer et je réponds de lui comme de moi-même.

VANCOUVER.

Certainement... présenté par vous...

GALATHÉE.

J'ose espérer que vous ne l'accueillerez pas comme les autres...

ISMÉNIE.

Que vous avez tous congédiés sans que nous sachions pourquoi.

VANCOUVER.

Des pleutres! des Auvergnats! des hommes d'argent!... Le dernier, M. de Glissenville, ne trouvait pas la dot assez forte.

GALATHÉE.

C'est faux!

VANCOUVER.

Je vous jure...

GALATHÉE, vivement.

Je vous ai écouté par la fenêtre du salon.

VANCOUVER, étonné.

Ah!... (A part.) Une autre fois, je la fermerai.

GALATHÉE.

M. de Glissenville vous offrait d'épouser Isménie sans dot.

ISMÉNIE.

Comment!

GALATHÉE

Et vous lui avez répondu qu'il déplaisait à votre fille!

ISMÉNIE, vivement.

Ah! par exemple!

VANCOUVER, à part.

Pincé! *pinçatus est!*

GALATHÉE.

Eh bien, monsieur?

VANCOUVER.

Eh bien,... c'est vrai!... mais j'avais appris sur cet homme des choses... des choses!

GALATHÉE.

Lesquelles?

VANCOUVER.

Ça ne peut pas se dire devant des dames!... sortez toutes les deux... et je suis prêt à vous les confier...

GALATHÉE.

Oh! je ne suis pas votre dupe!... et cette fois... je ne vous perdrai pas de vue.

ISMÉNIE.

Moi non plus!

GALATHÉE.

Il s'agit du jeune Dardenbœuf... un ange, monsieur, un ange!

VANCOUVER.

Ah! vous allez! vous fabriquez des anges!... Tout ce que je vous demande, c'est de l'examiner sans enthousiasme.. froidement.

GALATHÉE, regardant vers la porte de droite.

Le voici!

ISMÉNIE, étourdiment.

Ah! qu'il est bien!

VANCOUVER.

Ma fille... de la tenue!

SCÈNE V.

LES MÊMES, DARDENBŒUF.

GALATHÉE, présentant Dardenbœuf.

Mon frère... permettez-moi de vous présenter M. Eusèbe Dardenbœuf.

DARDENBŒUF, saluant.

Bachelier ès-lettres... et principal clerc de maître Carotin, avoué.

VANCOUVER, saluant froidement.

Monsieur... (A part.) J'avais raison... il a l'air d'un charcutier appauvri par les veilles.

GALATHÉE, présentant Isménie.

C'est ma nièce, monsieur.

DARDENBOEUF, saluant

Tant de grâce, de fraîcheur!

A Isménie avec galanterie.

AIR du *Curé de Pomponne*.

Quel est donc ce pays charmant?
Mon cœur est dans le doute!
Le conducteur assurément
M'a fourvoyé de route!
En voyant des attraits si **doux**,
Je devine la chose:
J'étais parti pour Châteauroux...
Je suis à Château-Rose:

ISMÉNIE.

Ah! monsieur!

GALATHÉE, s'extasiant.

Charmant! ravissant! (A part.) Il a le sourire d'une jeune fille!...

VANCOUVER, à part.

Attends! je vais t'apprendre à faire des mots! (Haut.) Château-Rose!... très-joli!... mais il est vieux... je l'ai lu dans l'almanach de 1828.

DARDENBOEUF, à part.

Tiens! je croyais l'avoir fait dans le chemin de fer!

GALATHÉE.

J'espère, monsieur, que vous nous ferez le plaisir de passer quelques jours avec nous?

DARDENBOEUF, regardant Isménie avec passion.

Pour que je m'en aille, je sens déjà... qu'il faudra employer la force armée!

VANCOUVER à part

Ma botte me démange!

SCÈNE CINQUIÈME.

ISMÉNIE.

Êtes-vous musicien?

DARDENBOEUF.

Je clarinette un peu... le dimanche.

GALATHÉE.

Ah! tant mieux!

AIR du *Parnasse des Dames.*

Avec notre chère Isménie
Vous pourrez faire un concerto,
Elle est folle de mélodie
Et joue à ravir du piano...
C'est touché... par les doigts de l'âme!...

DARDENBOEUF, galamment

Mon cœur par avance alléché
Me dit que le piano, madame,
Ne sera pas le seul... touché!

GALATHÉE.

Ah! délicieux!... c'est d'un à-propos!

VANCOUVER.

Très-joli!... très-joli!... mais je l'ai lu dans l'almanach... de 1829.

DARDENBOEUF.

Ah! (A part.) C'est drôle! je l'ai encore fait dans le chemin de fer.

GALATHÉE, bas, à Vancouver.

Comment le trouvez-vous?

VANCOUVER, bas.

Des mains de blanchisseuse et les pieds en dedans.

GALATHÉE.

Mais son esprit?

VANCOUVER, bas.

Un esprit de clerc d'avoué... extrait du code civil... titre: *De l'absence!*

GALATHÉE, avec humeur.

Ah! vous êtes toujours le même... (A Dardenbœuf.) A propos, vous n'avez pas eu froid, cette nuit?... vous a-t-on fait du feu?

DARDENBŒUF.

Oh! je ne suis pas frileux... pourvu que j'aie la tête couverte...

GALATHÉE, riant

Ah! oui... nous savons...

ISMÉNIE.

C'est égal... pour un jeune homme, c'est une bien vilaine coiffure...

DARDENBOEUF.

Quoi?

GALATHÉE.

Un bonnet de coton!... fi!

DARDENBOEUF.

Moi?... je ne porte que des madras!...

ISMÉNIE.

Ah bah!

GALATHÉE, regardant Vancouver.

Mais, on nous avait dit...

VANCOUVER.

C'est Chiquette! c'est Chiquette! (A part.) *Pincé! pinçatus sum!* gredin!

SCÈNE SIXIÈME.

GALATHÉE, à Dardenbœuf.

Vous devez avoir faim? nous allons presser le déjeuner.

DARDENBOEUF.

Ne vous gênez pas pour moi... je resterai avec cet excellent M. Vancouver...

VANCOUVER, très-froidement.

Non, monsieur : nous sommes obligés, ma fille et moi, de descendre à la cave... nous nous reverrons tout à l'heure... tout à l'heure !

CHOEUR.

AIR de *Mon Tricoti*. (Valse d'Emile Viallet.)

VANCOUVER, GALATHÉE, ISMÉNIE.

Pour vous point de cérémonie,
Nous vous traitons comme un ami.
Ainsi que chez vous, je vous prie,
Veuillez, monsieur, agir ici.

DARDENBOEUF.

Pour moi point de cérémonie,
Veuillez me traiter en ami ;
Ne vous gênez pas, je vous prie,
Sur l'honneur, j'en serais marri.

Vancouver et Isménie sortent par le fond ; Galathée, par la salle à manger

SCÈNE VI.

DARDENBOEUF, seul.

Allons ! me voilà installé... Je ne sais pas si je me trompe... mais ce père ne paraît pas me porter très-avant dans son cœur... Dès que je lâche un mot, crac ! il la lu dans l'almanach... et j'ai l'air d'un imbécile... ce qui est complétement faux... Quant à la fille, elle est charmante!... quelle santé! quel coloris! (Mettant avec fatuité les deux mains dans les poches de son gilet.) Ah! je ne crois pas que nos enfants soient réformés pour vice de constitution. (Tirant un médaillon de sa poche.) Tiens!... qu'est-ce que c'est que ça?... ah! j'y suis!... un médaillon... que je compte offrir à ma prétendue... je l'ai acheté neuf francs chez un bric-à-brac... c'est le portrait de la belle Gabrielle... une farceuse du temps d'Henri IV... je leur donnerai ça comme une allégorie représentant l'Amour contenu par l'Éducation!... ça fera bien... ça me posera!... C'est qu'il s'agit de jouer serré: un prétendu doit boutonner ses petits défauts... à vrai dire, je ne m'en connais que deux... Je suis... (Hésitant.) je ne sais comment dire cela... je suis d'une faiblesse extrême avec le beau sexe... Oui, dès qu'une femme me regarde d'une certaine façon, en m'appelant : Eusèbe!... je cesse d'être un homme... je deviens un feu d'artifice!... j'ai du Rugierri dans les veines!... Quant à mon second défaut, j'en demande pardon aux dames... mais je prise... j'aime à me fourrer du tabac dans le nez. (Tirant mystérieusement une tabatière.) Voilà l'objet!... pendant que je suis seul... j'ai bien envie...

Il ouvre la tabatière et y plonge les doigts.

SCÈNE VII.

DARDENBŒUF, VANCOUVER.

Vancouver paraît au fond avec un panier à bouteilles et une chandelle allumée.

DARDENBŒUF, l'apercevant.

Oh!

Il cache sa tabatière et laisse tomber sa prise.

SCÈNE SEPTIÈME.

VANCOUVER, s'approchant et montrant le tabac qui est à terre.

Qu'est-ce que c'est que ça?

DARDENBOEUF, jouant l'étonnement.

Ça?... quoi donc? (Vancouver se baisse avec sa chandelle pour examiner. — Se baissant aussi.) Vous avez perdu quelque chose?

VANCOUVER, se relevant.

Du tabac!

DARDENBOEUF.

Oui... c'est du tabac... c'est mademoiselle votre sœur qui aura renversé sa tabatière.

VANCOUVER.

Ah! c'est possible!... (A part, reportant son panier et sa chandelle.) Il est malin, mais je le repincerai.

DARDENBOEUF, à part.

J'ai paré quarte... zing!

VANCOUVER, à part, revenant.

Approfondissons l'animal... grattons le salsifis!

DARDENBOEUF, à part.

Je crois que nous allons faire assaut... c'est le moment de mettre les masques.

VANCOUVER, d'un air bonhomme.

Mon cher monsieur Dardenbœuf... je suis heureux... mais bien heureux de vous voir dans mes pénates.

DARDENBOEUF.

Mon cher monsieur Vancouver... je suis heureux... mais bien heureux... de me voir dans vos pénates. (A part.) Comme ça, je ne me compromets pas.

VANCOUVER.

Ma sœur m'a fait part du but de votre visite.. je l'approuve... (Lui serrant la main.) Touchez là!... vous êtes mon gendre!

DARDENBOEUF, à part.

Il m'a dit ça d'un drôle d'air! (Haut.) Votre sœur vous a fait part du but de ma visite... vous l'approuvez... (Lui serrant la main.) Je touche là!... je suis votre gendre!

VANCOUVER, à part.

Ah çà! mais c'est un perroquet. (Haut.) Je ne vous cacherai pas que, dans le principe, je vous ai été hostile... très-hostile!

DARDENBOEUF.

Vraiment?

VANCOUVER.

Oui! les renseignements n'étaient pas tout à fait... Ah! vous avez eu une jeunesse orageuse, mon gaillard!

DARDENBOEUF.

Oh! oh! (A part.) Gros malin! tu veux me faire jaser.

VANCOUVER.

Votre dernière intrigue surtout avec la petite... la petite... vous l'appelez?

DARDENBOEUF.

Qu'importe le nom?

VANCOUVER.

En avez-vous fait des folies pour cette créature-là!

DARDENBOEUF.

Oh! oh!

SCÈNE SEPTIÈME.

VANCOUVER.

Et des dettes donc! combien?

DARDENBOEUF.

Oh! oh!

VANCOUVER.

Ah çà! j'espère que vous avez rompu?... (Le prenant sous le bras.) Voyons, contez-moi ça, mauvais sujet.

DARDENBOEUF, d'un ton pénétré.

Monsieur Vancouver... au moment d'entrer dans votre famille, je serais un grand gueux si je vous cachais quelque chose... Je vais donc vous faire ma confession tout entière.

VANCOUVER, avec bonhomie.

Allez donc! je suis un ancien bandit!

DARDENBOEUF.

Dans ma vie... j'ai aimé deux femmes...

Il remonte comme pour s'assurer que personne n'écoute.

VANCOUVER, à part.

Je le tiens!

DARDENBOEUF, confidentiellement,

J'ai aimé maman... et ma nourrice!

VANCOUVER, désappointé.

Comment! voilà tout?

DARDENBOEUF.

Exactement!

VANCOUVER, à part.

Je ne le tiens pas!... il est très-fort, cet animal-là! (Haut, tirant une tabatière de sa poche.) Moi, c'est différent... j'en ai adoré trente-neuf, non compris ma nourrice; la première était une Alsacienne..

DARDENBŒUF.

Qui vendait des petits balais...

VANCOUVER.

Oui, qui vendait des petits balais... (Lui offrant une prise négligemment.) Vous en prenez, je crois?

DARDENBŒUF, s'oubliant et avançant la main.

Pardon... (Se ravisant.) Merci!... j'ai horreur du tabac!

VANCOUVER, à part.

Très-fort! très-fort! mais je le repincerai! (Haut avec effusion.) Tenez, Dardenbœuf... excusez cet épanchement prématuré... mais vous me plaisez!... vous avez un air de franchise! Ah! vous êtes bien le mari que j'ai rêvé pour ma fille... (Avec intention.) parce qu'avec son caractère...

DARDENBŒUF.

Quel caractère?

VANCOUVER.

Oh! charmant! charmant! c'est un ange; mais elle est parfois un peu lunatique... Oui, quand on dit *blanc* elle dit *noir*, cette chère enfant!

DARDENBŒUF, inquiet.

Ah!

VANCOUVER.

Et d'un entêtement! elle tient de la mule, cette chère enfant!

DARDENBŒUF, à part.

Un père qui dit du mal de sa fille... je ne gobe pas ça.

VANCOUVER.

Il vaut mieux tout de suite se dire ses petits défauts, n'est-ce pas?

SCENE SEPTIEME.

DARDENŒUF.

Certainement!... la franchise avant tout! Si j'en avais, je vous en ferais part.

VANCOUVER.

Je ne sais si je dois vous dire... elle est boudeuse... maussade... bavarde... dépensière... acariâtre....

DARDENBOEUF, avec le plus grand sérieux.

C'est extraordinaire! voilà précisément les qualités essentielles que je recherche dans une demoiselle!

VANCOUVER, stupéfait.

Ah?

DARDENBOEUF.

Oui, monsieur.

VANCOUVER.

Enchanté! enchanté! (Ils se serrent les mains avec effusion. A part.) Ce chinois-là arrive en droite ligne du congrès de Vienne!

DARDENBOEUF, à part.

Ça t'apprendra à faire joujou avec un avoué!

VANCOUVER, avec effusion.

Adieu, mon cher Dardenbœuf.

DARDENBOEUF, de même.

Adieu, mon cher Vancouver...

VANCOUVER, à part, se dirigeant vers le fond.

Je vais le pincer, méfiez-vous! (Tout à coup, tâtant ses poches.) Ah! sapristi!... ah! sapristi!

DARDENBOEUF.

Quoi donc?

VANCOUVER.

J'ai oublié mon étui... donnez-moi donc un gare? (Dardenbœuf fouille vivement à sa poche. — A part.) Je le tiens! (Dardenbœuf tire lentement son mouchoir et se mouche. — A part.) Je ne le tiens pas! (Tristement.) Pincé!... *Pinçatus sum!*... Décidément, il est trop fort!... Je vais écrire au jeune Buzenval, un petit être cagneux et sans malice. (Haut.) Je vais m'occuper du contrat... Adieu, bon!

DARDENBOEUF.

Adieu, cher!

VANCOUVER.

AIR : Polka d'Hervé.

Comptez sur mon consentement,
Gendre charmant;

A part.

Comme je le raille
Et le gouaille!

Haut.

Car la nature, en vérité,
Vous a doté
D'esprit, de grâce et de beauté.

DARDENBOEUF.

Comptez sur mon attachement,
Papa charmant;

A part.

Il me raille,
Mais je le gouaille.

Haut.

Vous me comblez, en vérité,
D'aménité,
De bienveillance et de bonté.

Vancouver sort.

SCÈNE VIII.

DARDENBŒUF, puis ISMÉNIE.

DARDENBOEUF, seul.

Roulé, le beau-père!... En voilà un assaut!... je n'ai fait qu'une faute... c'est quand il a ouvert sa tabatière... là, j'ai été médiocre... je me suis trop fendu!... mais c'est si bon une prise... surtout quand le nez vous picote... dans ce moment, par exemple... cristi! (Regardant autour de lui.) Personne! savourons mon second défaut... le numéro deux!...

Il ouvre sa tabatière et y puise.

ISMÉNIE, par le fond apportant un bouquet, entrant et s'adressant à la cantonade.

Tout de suite, ma tante.

DARDENBOEUF, à part, laissant tomber sa prise à terre.

Mâtin!... il n'a pas de chance le numéro deux!

ISMÉNIE.

Ah! vous voilà, monsieur...

Elle place les fleurs dans un vase à gauche.

DARDENBOEUF, à part, l'admirant.

Quel coloris!... la palette de Rubens!... allons!... conversation Ruggieri! (Haut, avec passion.) Ah! mademoiselle!... non, ce n'est pas du feu... c'est de la lave!

ISMÉNIE.

Pardon.... vous avez causé avec mon père?

DARDENBOEUF.

Oui... nous sommes d'accord... il est plein de rondeur...

(Reprenant avec feu.) Mademoiselle... (A part.) C'est peut-être le moment de lui offrir le médaillon... la belle Gabrielle.

ISMÉNIE.

Il ne vous a rien dit relativement à votre départ?

DARDENBOEUF, étonné.

Mon départ?... rien.

ISMÉNIE, à part.

Ce sera pour demain...

DARDENBOEUF.

Dans ce moment, il s'occupe du contrat.

ISMÉNIE.

Déjà?

DARDENBOEUF.

Ah! voilà un mot qui n'est pas... gentil!... mais, quand vous me connaitrez mieux... j'ai des défauts sans doute, je suis...

ISMÉNIE, vivement.

Chut! on ne vous les demande pas, vos défauts.

DARDENBOEUF.

Comment?

ISMÉNIE.

Cachez-les!... un prétendu... c'est son état !

DARDENBOEUF, étonné.

Ah bah!... mais à vous...

ISMÉNIE.

A moi ni à personne!... je ne vous dis pas les miens, ainsi...

SCÈNE HUITIÈME.

DARDENBŒUF.

Oh! c'est inutile... monsieur votre père a eu l'obligeance de m'en donner la note détaillée...

ISMÉNIE.

Comment?

DARDENBŒUF, souriant.

Laide, maussade, bavarde, dépensière, acariâtre...

ISMÉNIE.

Par exemple!... mais ce n'est pas vrai, monsieur!... ce n'est pas vrai!

DARDENBŒUF.

Soyez donc tranquille... je connais assez la botanique pour distinguer une rose... d'un chardon.

ISMÉNIE, le remerciant.

Ah! monsieur!

DARDENBŒUF, triomphant, à part.

Je ne crois pas qu'on l'ait lu dans l'almanach, celui-là

ISMÉNIE.

Ainsi vous n'avez pas cru...?

DARDENBŒUF.

Moi, mademoiselle?... j'ai cru que vous étiez belle, douce, charmante.

ISMÉNIE, avec reconnaissance.

Merci? monsieur Eusèbe, merci!

DARDENBŒUF, à part.

Elle m'appelle Eusèbe!... cristi... j'ai des pétards dans les veines! (Haut, avec passion.) Mademoiselle... non!... ce n'est pas du feu... non! ce n'est pas de la lave!... non, ce n'est pas... permettez!... voilà ce que c'est...

Il lui embrasse la main à plusieurs reprises.

SCÈNE IX.

Les Mêmes, VANCOUVER.

VANCOUVER, entrant par le fond et voyant Dardenbœuf embrasser la main de sa fille.

Ciel!... ma fille. (S'avançant sur Dardenbœuf, furieux.) Monsieur!... c'est une lâcheté!... c'est un vol... c'est... Vos armes? vos armes?...

DARDENBŒUF.

Plaît-il?

ISMÉNIE.

Mon père!

VANCOUVER, étreignant sa fille.

Mon Isménie!... ma fleur! (Prenant la main d'Isménie et essuyant la place des baisers avec sa manche.) Un cloporte s'est promené sur ma fleur!

DARDENBOEUF, à part, le regardant.

Qu'est-ce qu'il fait là?

VANCOUVER, à Isménie.

Ta pauvre âme a dû bien souffrir?

ISMÉNIE.

Mais non, papa!

DARDENBOEUF.

Puisque je dois l'épouser!

VANCOUVER, éclatant.

Toi! gros limousin! gros paquet de procédure!

SCÈNE NEUVIÈME.

DARDENBOEUF, offensé.

Ah! mais monsieur Vancouver...

VANCOUVER.

Sors de mes yeux!... je te chasse... ma fille te déteste!

ISMÉNIE, voulant protester.

Mais, papa...

VANCOUVER, à Dardenbœuf.

Tu l'entends... elle te déteste!... va faire ta valise...

DARDENBOEUF.

Mais...

VANCOUVER.

Va prendre tes haillons, mendiant!

DARDENBOEUF, perdant patience.

Ah!... fichtre! monsieur... fichtrrre!

CHOEUR.

AIR : *C'est assez de retard.* (*Coulisses, acte deuxième.*)

VANCOUVER.

Va-t'en! sors de ces lieux,
Monstre d'incandescence!
Porte ailleurs ta présence
Et tes écarts fougueux!

DARDENBOEUF.

C'en est trop! je ne peux
Digérer cette offense!
Assez de violence!
— Recevez mes adieux!

ISMÉNIE.

C'en est trop! et je veux
Prendre ici sa défense!

Il n'a rien fait, je pense,
De coupable à mes yeux.

Dardenbœuf entre dans sa chambre.

SCÈNE X.

VANCOUVER, ISMÉNIE, GALATHÉE.

GALATHÉE, paraissant par la salle à manger.

Bon Dieu! quel tapage!

ISMÉNIE, pleurant.

C'est papa qui vient de congédier M Dardenbœuf...

GALATHÉE, à Vancouver.

Comment! monsieur... mon protégé?

VANCOUVER.

C'est un polisson! un être sans moralité! Ne pleure pas... j'en ai un autre... plus cagneux. (Se reprenant.) C'est-à-dire... non!...

GALATHÉE.

Qu'a-t-il fait?

VANCOUVER.

Ce qu'il a fait?... non! ça ne peut pas se dire devant des dames... il s'est permis...

GALATHÉE.

Eh bien?

VANCOUVER.

Il s'est permis d'embrasser la main d'Isménie... sans gants!... sans gants!...

SCÈNE DIXIÈME.

ISMÉNIE, vivement.

Il en avait, papa...

VANCOUVER.

Oui, mais tu n'en avais pas, toi!... et son souffle impur...

GALATHÉE.

Ah ça! où est le mal?

VANCOUVER.

Comment! (A part.) Je ne connais rien d'indécent comme les vieilles filles! (Haut.) Une main que je préserve depuis vingt-quatre ans!... et le butor a osé!... Non! je lui ai dit de partir, il partira...

GALATHÉE, se montant.

Ah! c'est comme ça?... on n'a pas plus de procédés pour moi?... eh bien, moi aussi, je partirai... il fait sa valise! je vais faire mes malles!... nous sortirons ensemble

Elle remonte.

VANCOUVER.

Ma sœur!

ISMÉNIE.

Ma tante!

GALATHÉE.

Je n'écoute rien!... Et quant à ma fortune... je suis capable... de me marier!...

VANCOUVER, saisi.

Oh!

GALATHÉE, marchant sur Vancouver.

Et d'avoir des héritiers!

VANCOUVER, vivement, et d'un ton caressant.

Tu ne feras pas cela... Galathée!...

GALATHÉE.

Laissez-moi!

VANCOUVER, câlinant.

Méchante seu-sœur!.., qui veut quitter son petit n'Octave...

ISMÉNIE.

Ah! ma petite tante!

GALATHÉE, faiblissant.

Êtes-vous câlins!

ISMÉNIE.

Vous restez? ah!

GALATHÉE.

Oui, mais à deux conditions!... la première, M. Dardenbœuf ne s'en ira pas.

VANCOUVER, à part.

Cristi!

ISMÉNIE.

C'est trop juste...

GALATHÉE.

La seconde... vous lui devez des excuses, vous les lui ferez.

VANCOUVER.

Moi?... que le tonnerre m'écrase!...

GALATHÉE.

Très-bien!... je vais faire mes paquets!

VANCOUVER, l'arrêtant.

Un instant, que diable!

ISMÉNIE.

Le voici! il sort de sa chambre..

SCÈNE ONZIÈME.

GALATHÉE, à Vancouver.

Des excuses... ou je pars...

SCÈNE XI.

VANCOUVER, GALATHÉE, ISMÉNIE, DARDENBŒUF, puis CHIQUETTE.

DARDENBOEUF, sort de sa chambre avec sa valise sous le bras

Mesdames... (A Vancouver avec dignité.) Monsieur... je vous prie d'agréer l'assurance de ma considération la plus. réservée!

VANCOUVER, sèchement.

Monsieur, je suis le vôtre!...

GALATHÉE.

Voilà tout? (A la cantonade.) Chiquette!

ISMÉNIE.

Papa!

VANCOUVER, vivement.

Monsieur Dardenbœuf!... j'aurais quelques mots à vous dire!

DARDENBOEUF, froidement.

Je vous écoute, monsieur!

VANCOUVER, à part.

Galopin! (Haut.) Eh quoi! vous nous quittez si tôt? asseyez-vous donc! le chemin de fer ne part que dans trente-cinq minutes...

DARDENBOEUF, froidement.

Merci, monsieur!... il y a des circonstances où la dignité

de l'homme... lui fait un devoir d'attendre à l'embarcadère !

VANCOUVER.

Vous le voulez !... je n'insisterai pas davantage...

Dardenbœuf remonte.

GALATHÉE.

Ah ! vous n'insistez pas... (Elle remonte.) Partons !

VANCOUVER, à part.

Crédié ! (Haut.) Monsieur Dardenbœuf !... j'aurais encore quelques mots à vous dire !

DARDENBOEUF, froidement.

Je vous écoute, monsieur !

VANCOUVER, lui donnant une petite tape sur la joue.

Eh ! eh ! petit méchant... nous ne voulons donc pas prendre le café avec papa Vancouver ?

DARDENBOEUF.

Non, monsieur... vous m'avez appelé Limousin...

VANCOUVER.

Je vous croyais de Limoges, vrai !

DARDENBOEUF, avec fierté.

De Courbevoie, monsieur !

VANCOUVER.

Oh ! c'est bien différent... Vous êtes Courbevoisien... (A sa sœur.) Monsieur est Courbevoisien !... (A Dardenbœuf.) Alors, veuillez agréer mes... mes regrets, pour cette erreur... purement géographique ! (Prenant la valise de Dardenbœuf.) Permettez que je vous dévalise...

Il va la poser au fond.

GALATHÉE.

A la bonne heure !

SCÈNE ONZIÈME.

ISMÉNIE.

Bravo !

GALATHÉE, à Dardenbœuf.

Pour sceller la réconciliation... je veux qu'il embrasse ma nièce !

DARDENBŒUF.

Avec fougue !

VANCOUVER.

Non !... monsieur !... ma fille ! (Dardenbœuf embrasse Isménie.) Ça y est ! oh !...

Il prend une chaise et la jette par terre.

GALATHÉE.

Eh bien, qu'est-ce que vous faites donc ?

VANCOUVER.

Moi ? rien !... c'est cette bête de chaise... Je savoure ce tableau de famille !... (A part.) Je voudrais être enragé pour mordre cet animal-là !

CHIQUETTE, entrant.

Monsieur, le déjeuner est servi !

Elle sort.

GALATHÉE, à Dardenbœuf.

Allons, monsieur, le bras à ma nièce. (A Vancouver.)

CHŒUR.

AIR : *Valse allemande.*

VANCOUVER et DARDENBŒUF.

Il n'est rien qui réconcilie
Comme la table et le bon vin,
Que la plus douce sympathie
Nous rende à tous un front serein.

GALATHÉE et ISMÉNIE.

Allons ! à table ! et qu'on oublie
Un léger instant de chagrin.
Que la plus douce sympathie
Prenne sa place à ce festin.

Dardenbœuf, Isménie et Galathée passent dans la salle à manger.

SCÈNE XII.

VANCOUVER, puis CHIQUETTE.

VANCOUVER, à lui-même.

Ça va mal ! si je le laisse faire... cet ostrogoth est capable d'épouser ma fille... il marche, il s'avance sur Isménie... comme autrefois les barbares sur l'Empire romain !

CHIQUETTE, rentrant.

Monsieur ne déjeune pas ?

VANCOUVER.

Non !... tu m'ennuies !... je n'ai pas faim !... je fais de l'histoire !... Comment arrêter cet Alaric ?... (Tout à coup.) Chiquette !

CHIQUETTE.

Monsieur ?

VANCOUVER, lui indiquant la salle à manger.

Tu vois bien ce Burgonde qui déjeune là-bas ?

CHIQUETTE.

Le prétendu de mademoiselle ?

VANCOUVER.

Tais-toi !... je te défends de prononcer ce nom-là !... Il faut que tu te fasses embrasser par lui...

SCÈNE TREIZIÈME.

CHIQUETTE.

Moi... monsieur? Oh! pas aujourd'hui!... je m'ai mis sur les rangs pour être rosière.

VANCOUVER.

Qu'est-ce que ça fait? qu'elle est bête!... voilà quarante francs...

CHIQUETTE.

Mais, monsieur...

VANCOUVER.

S'il ne t'embrasse pas, je te chasse!...

CHIQUETTE, prenant la pièce.

Ah! alors!...

VANCOUVER.

Va, accroche-toi à lui, ne le lâche pas!...

CHIQUETTE, regardant la pièce d'or que lui a donnée Vancouver.

Monsieur... elle est bonne au moins?

VANCOUVER.

Oui... fille des champs! va!

CHIQUETTE, à part, sortant.

En voilà une commission!

SCÈNE XIII.

VANCOUVER, GALATHÉE.

GALATHÉE.

Ah çà! mon frère avez-vous perdu la tête?

VANCOUVER.

Quoi donc?

GALATHÉE.

Et le déjeuner? nous laisser seules avec homme!

VANCOUVER, la prenant par la main et l'amenant.

Je viens de faire une découverte horrible!... ça m'a coupé l'appétit.

GALATHÉE, effrayée.

Ah! mon Dieu!

VANCOUVER.

M. Dardenbœuf est un être complétement... dévergondé!...

GALATHÉE.

Ah! encore...

VANCOUVER.

Primo : il a l'œil d'un satyre... secondo : il en conte à Chiquette!... une fille de la plus basse extraction.

GALATHÉE.

Ce n'est pas possible!

VANCOUVER.

Elle-même vient de m'en faire l'aveu... ce matin, il lui a donné quarante francs pour se faire mettre sa cravate

GALATHÉE.

Ça prouve qu'il est généreux!

VANCOUVER.

Et il l'embrasse dans tous les coins de la maison!... Est-ce de la générosité, ça?

SCÈNE TREIZIÈME.

GALATHÉE.

Monsieur Vancouver, si vous me faites voir cela!...

VANCOUVER.

Eh bien.

GALATHÉE.

J'abandonne M. Dardenbœuf!

DARDENBOEUF, en dehors.

Ah! ah!... gaillarde!...

VANCOUVER, remontant.

Chut!... il vient de ce côté... Chiquette rôde autour de lui... entrons là...

Il indique la terrasse

GALATHÉE.

Comment! un espionnage?

VANCOUVER.

Montesquieu la dit!... « C'est souvent derrière les portes des hommes qu'on apprend l'histoire de leurs passions. »

AIR du *Neveu du mercier*.

ENSEMBLE.

Là, de cette embuscade,
Guettons, surveillons ce luron;
Après cette incartade,
Point de rémission!

GALATHÉE.

Si l'on me persuade,
Il sortira de la maison :
Après cette incartade,
Point de rémission;

Ils entrent sur la terrasse et referment la porte vitrée

SCÈNE XIV.

DARDENBŒUF, puis **CHIQUETTE**, puis **VANCOUVER** et **GALATHÉE**.

CHIQUETTE, en dehors.

Monsieur n'achève pas la bouteille?

DARDENBOEUF, de même.

Comment donc!...

Il entre, un verre à champagne à la main; Chiquette le suit.

SUITE DE L'AIR.

ENSEMBLE.

Verse, verse rasade,
Gente soubrette à l'œil fripon!
Le beau-père est maussade,
Mais son champagne est bon!

CHIQUETTE, versant, à part.

Encore une rasade!
Et si j'en crois son œil fripon,
Bientôt le camarade
M'embrass'ra sans façon.

DARDENBOEUF, un peu animé.

(A part.) Elle a un drôle de petit nez, la soubrette! (Haut.) Est-ce qu'il a été fabriqué dans ce pays-ci?

CHIQUETTE.

Le champagne?

DARDENBOEUF.

Non... ton nez?... Tu es de Châteauroux?...

SCÈNE QUATORZIÈME.

CHIQUETTE.

De la Châtre...

DARDENBOEUF.

Ah! tu es de la Châtre?... gaillarde!... (Tendant son verre chantant) Verse, verse, rasade! (A part.) Drôle de petit museau!

CHIQUETTE, à part.

On dirait qu'il me reluque!

DARDENBOEUF.

Quel âge as-tu?

CHIQUETTE.

J'aurai dix-neuf ans aux noisettes.

DARDENBOEUF.

Eh! eh!... j'aimerais à t'y accompagner... aux noicttes!

Il lui rend le verre.

CHIQUETTE.

Vous les aimez?

Elle se verse à boire dans le verre que lui a rendu Dardenbœuf

DARDENBOEUF.

Énormément!... Et à quoi te destines-tu?

CHIQUETTE.

Dans ce moment, je me destine à être rosière.

Elle boit.

DARDENBOEUF.

Ah! tu te destines... à être...? (La voyant boire.) Gaillarde!

CHIQUETTE.

Tiens, on a une timbale et un couvert d'argent!

Elle pose à gauche la bouteille et le verre.

DARDENBŒUF.

Comme au mât de cocagne!... mais c'est plus difficile...

CHIQUETTE, revenant à lui.

Ensuite on est embrassée par M. le maire...

DARDENBŒUF, avec indifférence.

Oh! çà!... j'aimerais mieux la timbale... Est-il un peu joli, ton maire?...

CHIQUETTE.

Ah! je vous en réponds!... il vous ressemble!

DARDENBŒUF, à part.

Fichtre!... mais c'est une déclaration! (Haut.) Ah çà! tu me trouves donc passable?

CHIQUETTE, baissant les yeux.

Je ne m'y connais pas... mais, dès que je vous ai vu... ça m'a donné un coup de poing dans l'estomac!

DARDENBŒUF, à part.

Nom d'un petit Ruggieri!... si j'étais sûr de ne pas être vu?

Il remonte et regarde vers le salle à manger.

CHIQUETTE, à part.

Eh bien, il s'en va!

DARDENBŒUF, revenant à Chiquette.

Ah! ça t'a donné un coup de poing dans l'estomac! (Au moment où il va l'embrasser, il aperçoit la tête de Vancouver qui paraît à la porte de la terrasse et disparaît aussitôt. — A part.) Oh!... Vancouver!... un piège! (Prenant gravement la main de Chiquette et descendant la scène avec elle.) Ma fille, écoutez-moi!...

Vancouver et Galathée sortent de la terrasse et écoutent au fond.

CHIQUETTE, à part.

Il va m'embrasser!

SCÈNE QUINZIÈME. 311

DARDENBŒUF, sentencieusement.

De tout temps, la vertu fut honorée chez les anciens.. Les Romains avaient élevé un temple à la chasteté.

CHIQUETTE, étonnée.

Oui, monsieur...

DARDENBŒUF.

Les Égyptiens la consacraient dans leurs mystères...

CHIQUETTE, abasourdie.

Oui, monsieur...

DARDENBŒUF, avec force.

Et les Hébreux avaient coutume de dire qu'une femme sans retenue... était une noisette sans amande!

SCÈNE XV.

DARDENBŒUF, CHIQUETTE, GALATHÉE, VANCOUVER, puis ISMÉNIE.

GALATHÉE, avec éclat.

Ah! que c'est bien!... ah que c'est joli!... une noisette sans amande!...

VANCOUVER, ahuri.

Oui... je l'ai encore lu dans l'alma... (A part.) Gredin! gredin! gredin!

GALATHÉE.

Et vous avez pu l'accuser?

VANCOUVER.

Moi?... c'est Chiquette!... (Bas, à Chiquette.) Petite idiote!.. rends-moi mes quarante francs!

CHIQUETTE.

Tiens!... c'est pas ma faute!...

Elle sort par la gauche.

GALATHÉE, à Dardenbœuf.

Ah! vous êtes un ange!... (A Vancouver.) N'est-ce pas, mon frère?

VANCOUVER.

Sans doute!... sans doute!... (Bas.) Mais j'ai une inquiétude...

GALATHÉE.

Laquelle?

VANCOUVER.

Je crains qu'il ne soit froid.

GALATHÉE.

Ah! voilà autre chose! (A Isménie qui entre par la gauche.) Arrive donc, mon enfant!... Si tu avais entendu parler ton prétendu...

ISMÉNIE.

Sur quoi?

VANCOUVER, raillant.

Sur les Hébreux!... et les noisettes!... c'est charmant... Voici ma fille... reparlez-nous des Hébreux!... encore les noisettes!... encore les Hébreux!

DARDENBOEUF.

Avec plaisir... Chez ce peuple, vraiment sage, il existait une coutume...

VANCOUVER, ironiquement à sa fille.

Tu vas voir... il est plein d'érudition!

SCÈNE QUINZIÈME.

DARDENBOEUF, continuant.

Quand un jeune homme demandait une d
mariage...

VANCOUVER.

Hein?...

DARDENBOEUF.

L'usage était de fixer incontinent le jour des noces...

GALATHÉE.

Mais il a raison !

VANCOUVER.

Permettez!... permettez!...

GALATHÉE.

Voyons, fixons le jour des noces!...

VANCOUVER.

Cependant...

GALATHÉE.

Trois mois?

VANCOUVER.

Jamais!

DARDENBOEUF.

Deux?

VANCOUVER.

Encore moins!

DARDENBOEUF.

Encore moins?... un?...

VANCOUVER.

Pourquoi pas ce soir?

GALATHÉE.

Alors, fixez-vous-même...

VANCOUVER.

Eh bien... dans dix-huit mois!

DARDENBŒUF, se récriant.

Dix-huit mois!...

GALATHÉE.

Pourquoi ça?

VANCOUVER.

Je n'ai pas d'habit noir.

GALATHÉE, avec solennité.

Octave... écoutez-moi...

VANCOUVER.

Oui, Galathée...

GALATHÉE.

Je jouis d'une belle fortune, vous le savez...

VANCOUVER, à part.

Cristi! qu'elle est embêtante! Allons!... dix mois!... n'en parlons plus!... (A part.) D'ici là...

TOUS.

Dix mois!...

GALATHÉE, outrée.

Dix mois!... c'est une mauvaise plaisanterie!... Venez, ma nièce. (Les deux femmes remontent; à Vancouver.) Réfléchissez-y bien!... Songez à ce que vous allez faire!...

Elles sortent.

SCÈNE XVI.

DARDENBŒUF, VANCOUVER.

DARDENBŒUF, à Vancouver, lui tapant sur le ventre

Voyons, beau-père... dix mois, c'est l'éternité!... c'est presque jamais!

VANCOUVER, froidement.

Monsieur... je vous offre une partie de billard, c'est tout ce que je peux faire pour vous.

DARDENBOEUF, avec impatience.

Ah! le billard!... (Frappé d'une idée.) Tiens!... j'accepte... à une condition.

VANCOUVER.

Laquelle?

DARDENBOEUF.

Je vous joue huit mois en dix points!...

VANCOUVER, à part.

Cristi!... si je pouvais le gagner!

DARDENBOEUF, à part.

Il a l'air assez galette, le beau-père! (Haut.) Vous acceptez?

VANCOUVER.

Non... (A part.) Il me l'offre, donc il est fort! (Haut.) Un autre jeu moins aléatoire.

DARDENBOEUF.

Lequel?

VANCOUVER.

Pair ou impair!...

DARDENBOEUF.

Ça va!

VANCOUVER.

Je tais! (Il plonge la main dans sa poche et la retire. — A part.) Si je pouvais gagner... Huit et dix... dix-huit mois! (Tendant sa main fermée.) Qu'est-il?

DARDENBOEUF, à part.

Je joue de trac!... (Haut.) Pair! (Vancouver ouvre la main. — Prenant les pièces et les montrant.) Deux pièces!... J'ai gagné!

VANCOUVER, les reprenant et les montrant.

Vingt et un sous... vous avez perdu!

DARDENBOEUF.

Deux pièces, c'est pair!

VANCOUVER.

Non! vingt et un sous, c'est impair!

DARDENBOEUF.

Non, monsieur!...

VANCOUVER.

Si, monsieur!...

DARDENBOEUF.

Non, monsieur!

VANCOUVER.

Alors, coup nul!

DARDENBOEUF, plongeant ses deux mains dans ses poches, à part

Coup nul, coup nul!... attends, attends! (Haut.) A moi de faire. (Il présente sa main droite.) Qu'est-il?

SCÈNE SEIZIÈME.

VANCOUVER, après avoir hésité.

Impair!

DARDENBŒUF, mettant sa main droite dans sa poche et ouvrant la gauche.

Il est pair!

VANCOUVER.

Monsieur!... c'est l'autre main!

DARDENBŒUF.

Non, monsieur.

VANCOUVER.

Si, monsieur.

DARDENBŒUF.

Non, monsieur.

VANCOUVER.

Si, monsieur!

DARDENBŒUF.

Alors, coup nul!

VANCOUVER, à part.

Nous n'en sortirons pas! (Haut.) Monsieur, un autre jeu encore beaucoup moins aléatoire.

DARDENBŒUF.

Je fais!

VANCOUVER.

Non, monsieur! Je vous joue au premier fiacre qui passera... ils ont des numéros... pair ou impair?

DARDENBŒUF.

Ça va!... pair!

VANCOUVER.

Impair!

<small>Ils remontent près de la fenêtre, l'ouvrent et regardent dans rue avec des lorgnons.</small>

DARDENBŒUF.

En voici un!... 44! j'ai gagné!

VANCOUVER, criant.

Alors, coup nul! (Tombant sur une chaise au fond.) Ruiné! anéanti! démoli!

SCÈNE XVII.

Les Mêmes, ISMÉNIE, GALATHÉE.

DARDENBŒUF, allant au-devant des dames.

Venez, mesdames... je viens d'obtenir de ce bon M. Vancouver que le mariage se ferait dans deux mois.

GALATHÉE, avec joie.

Deux mois! c'est à peine si nous avons le temps d'acheter le trousseau, de préparer nos toilettes.

VANCOUVER, à part, se levant.

Je roule dans un torrent!

GALATHÉE.

Vite! nos chapeaux!... Nous allons commencer quisitions.

ISMÉNIE.

Tout de suite!

DARDENBŒUF.

Moi, je cours à la mairie, pour les publications.

SCÈNE DIX-HUITIÈME.

VANCOUVER, à part.

Il va publier ma fille! (A Galathée.) Ma sœur, il faut que je vous parle seul à seul.

GALATHÉE.

Ah! mon Dieu! quelle figure!

CHOEUR.

AIR *de la Fille bien gardée.*

VANCOUVER, à part.

J'ai, pour saper dans le vif
Cette chaîne
Qui me peine,
Un moyen superlatif!
Mais positif.

DARDENBOEUF, GALATHÉE, ISMÉNIE.

A plus d'un préparatif
Cette chaîne
Nous entraîne,
Soyons tous, pour ce motif,
Expéditifs!

Isménie entre à gauche. Dardenbœuf sort par le fond.

SCÈNE XVIII.

VANCOUVER, GALATHÉE.

GALATHÉE

Mon frère, je vous écoute.

VANCOUVER, très-mystérieusement.

Chut!... assurons-nous d'abord que personne ne peut nous entendre.

Il remonte et regarde aux portes.

GALATHÉE, à part.

Quel est ce mystère?

VANCOUVER, à part.

Voudra-t-elle avaler un aussi gros morceau?

GALATHÉE.

Eh bien?

VANCOUVER.

Chut! (Il la prend par la main et l'amène sur l'avant-scène.) Seu-sœur, ce mariage est devenu... imperpétrable!

GALATHÉE.

Pourquoi?

VANCOUVER.

L'homme a des faiblesses!... Nous étions en Espagne...

GALATHÉE.

Vous?... vous n'avez jamais fait qu'un voyage... à Melun.

VANCOUVER.

Chut!... je t'ai dit que j'allais à Melun... mais nous étions en Espagne... c'est un raffinement!

GALATHÉE, sans comprendre.

Eh bien?...

VANCOUVER, à part.

Elle avale! (Haut.) Nous habitions la petite ferme de las Badayos don Caramente y Fuentes... (A part.) C'est plein de couleur locale... (Haut.) Sur les bords fleuris de la Bidassoa... où elle était venue pour prendre les eaux...

SCENE DIX-HUITIEME.

GALATHÉE, étonnée.

Elle!... qui?

VANCOUVER.

Tout à coup, un incendie se déclare!...

GALATHÉE.

Où ça?

VANCOUVER.

Dans la Bidassoa... non! dans la petite ferme de las Badayos don Caramente... et cætera!... et cætera!... Quelle nuit!... les éclairs déchiraient la nue aux franges d'argent... le tonnerre grondait...

GALATHÉE, frémissante

Ah!...

VANCOUVER.

Un tonnerre d'Espagne!... Sais-tu ce que c'est qu'un tonnerre d'Espagne?...

GALATHEE, avec terreur

Oh!... ça doit être horrible!

VANCOUVER, poétiquement.

J'étais jeune... elle était belle... belle!... comme une grenade en fleur!... Que te dirai-je?

GALATHÉE.

Assez!...

VANCOUVER.

C'est juste!... tu es demoiselle!... Et voilà... voilà comment ce jeune homme... est mon fils.

GALATHÉE.

M. Dardenbœuf?

VANCOUVER.

Totalement!

GALATHÉE.

Ah! mon Dieu!

VANCOUVER, à part.

Elle avale parfaitement!

GALATHÉE.

Mais comment as-tu pu découvrir cet étrange mystère?

VANCOUVER.

Tout à l'heure... à pair ou non... en voyant passer un fiacre. Et maintenant, je te le demande... pouvons-nous marier le frère avec la sœur?... le pouvons-nous?

GALATHÉE.

Oh! non!... jamais!

VANCOUVER, s'oubliant.

Alors, campons-le à la porte... et gaiement!

GALATHÉE.

C'est votre fils!...

VANCOUVER.

C'est juste! (Avec sentiment.) Ah! Galathée! le voir, et ne pouvoir l'embrasser!

GALATHÉE.

Pauvre frère!... Mais nous aurons soin de lui... car, après tout, il est mon neveu.

VANCOUVER.

C'est mon fils!

GALATHÉE.

Il a droit à la moitié de ma fortune.

VANCOUVER, vivement.

Ah! diable! Non! non!

SCÈNE DIX-NEUVIÈME.

GALATHÉE.

Pourquoi?...

VANCOUVER.

Parce que... (A part.) Elle avale trop! (Haut.) Nos bienfaits pourraient lui donner des soupçons... Il ne faut pas qu'il pénètre le secret de sa naissance.

GALATHÉE.

Oh! non!... pour lui!... pour sa mère!

VANCOUVER.

La malheureuse!... Galathée! tu me jures de ne révéler a personne cette mystérieuse épopée?

GALATHÉE.

Je te le jure!

VANCOUVER.

Très-bien! (A part, gaiement.) Maintenant, je suis tranquille!

SCÈNE XIX.

GALATHÉE, VANCOUVER, ISMÉNIE,
puis DARDENBŒUF.

ISMÉNIE, entrant.

Ma tante, voilà votre chapeau.

GALATHÉE, à part.

Ah! mon Dieu! pauvre enfant! (Haut.) C'est inutile... je ne sors plus.

Elle s'assied.

ISMÉNIE.

Comment?

VANCOUVER.

Une crampe dans le pied gauche!... c'est signe de pluie.

DARDENBŒUF, rentrant vivement et joyeux.

C'est fait!... je viens de la mairie!

VANCOUVER, à part.

Attends! je vais t'en donner de la mairie! (Haut.) Dardenbœuf, mon ami... ta main! (Se reprenant.) Votre main!

GALATHÉE, à part, se levant.

Il va se trahir!

DARDENBŒUF, donnant sa main à Vancouver.

La voici!

VANCOUVER, la serrant avec transport.

Oh! merci! oh! merci!

DARDENBŒUF, à part.

Qu'est-ce qu'il a?

VANCOUVER, lui rendant sa main.

Ça suffit!... Ma sœur aurait une petite communication à vous faire.

DARDENBŒUF.

A moi?

GALATHÉE.

Oui, monsieur. (A part.) C'est étonnant comme il lui ressemble. (Haut, avec émotion.) M. Dardenbœuf... mon ami... le ciel m'est témoin que je ne vous veux pas de mal... au contraire... parce que... si vous pouviez savoir...

VANCOUVER, toussant.

Hum! hum!

DARDENBŒUF, à part.

Le vieux tousse... il y a encore quelque chose!

SCÈNE VINGTIÈME

GALATHÉE.

Enfin, ce mariage... qui devait faire notre bonheur... est devenu tout à fait impossible!

DARDENBOEUF, à part.

V'lan! j'allais le dire!

ISMÉNIE.

Impossible!... comment... ma tante!... et c'est vous!...

VANCOUVER, à Isménie.

Laisse-nous... laisse-nous... Va ôter ton chapeau.

ISMÉNIE.

Non! c'est trop fort, à la fin!... Si vous ne voulez pas me marier, dites-le!

VANCOUVER.

Ma fille! ma fille!... je t'ordonne d'aller ôter ton chapeau.

ISMÉNIE.

Oh! j'en mourrai!... et ça sera bien fait.

Elle sort vivement par la gauche.

SCÈNE XX.

GALATHÉE, DARDENBŒUF, VANCOUVER, puis ISMÉNIE.

DARDENBOEUF, à part.

A nous trois, maintenant!

GALATHÉE, le saluant.

Monsieur!...

VANCOUVER.

Serviteur!...

DARDENBŒUF, les ramenant tous deux par la main.

Oh! pardon! pardon! ça ne peut pas finir comme ça.

VANCOUVER.

Que demandez-vous?

DARDENBŒUF.

Je demande le mot!... Ordinairement quand on met les gens à la porte, l'usage est de leur dire pourquoi.

GALATHÉE.

Adressez-vous à mon frère.

VANCOUVER.

Non... à ma sœur!

DARDENBŒUF, à Galathée.

Madame?

GALATHÉE.

Ne m'interrogez pas!

DARDENBŒUF, à Vancouver.

Monsieur...

VANCOUVER.

Moi non plus!

DARDENBŒUF, à part.

C'est une partie de volant. (Haut, à Galathée.) les renseignements ne sont pas bons?

GALATHÉE.

Oh! si!

DARDENBŒUF, à Vancouver.

Aurais-je eu le malheur de vous déplaire!

SCÈNE VINGTIÈME.

VANCOUVER.

Oh non!

DARDENBŒUF.

Eh bien?

GALATHÉE.

Ne m'interrogez pas!

VANCOUVER.

Moi non plus!

DARDENBŒUF, s'emportant.

Ah!... je perds patience à la fin!... On ne berne pas un prétendu comme ça! sacrebleu!

VANCOUVER.

Monsieur!...

GALATHÉE.

Jeune homme!...

DARDENBŒUF, s'exaspérant.

Non! non! non!... il me faut un éclaircissement!... et je l'aurai!

VANCOUVER.

Jamais!

DARDENBŒUF, le menaçant.

Quand je devrais vous en demander raison!... (Le prenant au collet.) Quand je devrais...

GALATHÉE, éperdue.

Malheureux!... c'est ton père!

DARDENBŒUF.

Qui ça?... lui!!!

VANCOUVER, à part.

Catatras!... je vais prendre un bain!

Il remonte.

DARDENBŒUF.

Un instant!... ah! c'est vous qui êtes mon papa?

VANCOUVER, très-troublé.

Oui... oui... oui... en grande partie...

GALATHÉE.

Souvenez-vous de la ferme de Badayos!...

DARDENBŒUF.

La ferme de Blaguayos?...

VANCOUVER, barbotant.

Don Caramente... y Fuentes...

GALATHÉE.

Donc, le mariage est impossible!

DARDENBŒUF.

Minute! (Il tire le médaillon de sa poche, le baise avec émotion, puis, le présentant à Vancouver.) La reconnaissez-vous?

VANCOUVER, s'attendrissant sur la miniature.

Oh oui!... oh oui!... pauvre amie!... voilà bien ses traits chéris!... C'est bien ma grenade en fleur... je sens un pleur.

DARDENBŒUF.

Vieux farceur!... c'est la belle Gabrielle!

VANCOUVER.

Crédié!...

SCÈNE VINGTIÈME.

GALATHÉE.

Vertuchoux!...

DARDENBOEUF, gouaillant.

Pourvu que ça n'arrive pas aux oreilles d'Henri IV!...

GALATHÉE, indignée.

Ah!... mon frère!... un pareil subterfuge!...

Elle le pince avec colère.

VANCOUVER, à part, se frottant le bras.

Pincé... *pinçatus sum!*...

GALATHÉE, à Isménie qui entre.

Ma nièce, voici ton mari... la noce se fera dans deux mois.

ISMÉNIE, joyeuse.

Est-il possible!...

VANCOUVER, à part, tristement.

C'en est fait de l'Empire romain!... je n'ai pas assez gratté le salsifis!...

CHŒUR FINAL

AIR d'Hervé.

VANCOUVER.

Chantons cet hymen déplorable
Qui, par un troc malencontreux,
M'enlève une fille adorable
Et me donne un gendre odieux.

GALATHÉE et DARDENBOEUF.

Chantons en ce jour mémorable
Ce doux hymen qui rend heureux
La future la plus aimable,
Le futur le plus amoureux.

ISMÉNIE.

Notre bonheur sera durable
Oui, cet hymen doit être heureux,
Car j'ai, par un choix favorable,
Le futur le plus amoureux.

FIN DE MON ISMÉNIE.

J'INVITE LE COLONEL!

COMÉDIE

EN UN ACTE, MÊLÉE DE COUPLETS

Représentée pour la première fois, à Paris, sur le théâtre du PALAIS-ROYAL, le 16 janvier 1860.

COLLABORATEUR : M. MARC-MICHEL

PERSONNAGES

	ACTEURS qui ont créé les rôles.
CARBONNEL.	M. RAVEL.
LE COLONEL BERNARD.	PELLERIN.
JULES.	GASTON.
ISIDORE, domestique de Carbonnel.	LASSOUCHE.
ÉLISA, femme de Carbonnel.	Mlle ÉLISA DESCHAMPS.

La scène se passe chez Carbonnel.

J'INVITE LE COLONEL!

Un salon. Portes au fond; portes latérales. — Un guéridon au milieu. — Une petite table à ouvrage à droite, premier plan. — Un secrétaire entre les deux portes de droite. — Cheminée entre les deux portes de gauche.

SCÈNE PREMIÈRE.

ISIDORE, puis CARBONNEL.

ISIDORE, comptant de l'or sur le guéridon.

Madame vient de me donner un billet de mille francs à changer... voyons si j'ai bien reçu mon compte... Trois et deux, cinq... cinq pièces d'or, ça fait cent francs... trois et deux, cinq... ça fait deux cents francs...

CARBONNEL, entrant par la gauche, première porte.

Ah! c'est toi, Isidore... as-tu été chez le fumiste?

ISIDORE, comptant.

Trois et deux... cinq...

CARBONNEL.

C'est intolérable! Quand je fais du feu (Indiquant la porte à gauche.) là... dans mon cabinet... ça fume au-dessus... Tous mes locataires me donnent congé... impossible de louer mon second. (Au domestique.) Isidore!

ISIDORE.

Taisez-vous donc?

CARBONNEL.

Comment! taisez-vous donc!

ISIDORE, comptant.

Trois et deux...

CARBONNEL.

Tiens! tu as de l'argent?

ISIDORE.

Oui, monsieur.

CARBONNEL.

Justement le tapissier est là avec sa note... quatre cent soixante-quinze francs. Donne.

Il s'approche de la table.

ISIDORE, défendant vivement la table.

Ne touchez pas, monsieur! ne touchez pas!

CARBONNEL.

Mais puisque le tapissier attend.

ISIDORE.

Je n'ai pas d'ordres de madame

CARBONNEL.

Voilà qui est trop fort! Est-ce que l'argent de ma femme n'est pas le mien?

ISIDORE.

Ça ne me regarde pas.

CARBONNEL.

Animal! imbécile!

ISIDORE.

Ne touchez pas!

SCÈNE II.

CARBONNEL, ISIDORE, ÉLISA.

ÉLISA, entrant par la droite.

Une dispute! qu'y a-t-il?

ISIDORE.

C'est monsieur qui veut prendre l'argent.

CARBONNEL.

Pour payer le tapissier... et ce drôle me refuse...

ÉLISA.

Isidore a raison... je lui ai donné mille francs à changer, il doit me rendre mille francs.

ISIDORE, à Carbonnel.

La!

CARBONNEL.

Mais le tapissier attend...

ÉLISA, prenant l'or sur la table.

C'est bien, je vais le payer moi-même.

CARBONNEL.

En vérité, Élisa, on dirait que tu n'as pas confiance en moi.

ÉLISA.

Non, monsieur, je n'ai pas confiance en vous.

Elle sort, deuxième porte à gauche.

ISIDORE, à Carbonnel.

Non, monsieur, on n'a pas confiance en vous !
Il sort à la suite d'Élisa

SCÈNE III.

CARBONNEL, seul.

C'est clair ! Voilà ce que c'est que d'aller au bal de l'Opéra ! Ah ! si jamais on m'y reprend ! Il y a quinze jours, je me promenais sur le boulevard... je m'amusais à compter les cafés... Je rencontre Jules, un de mes amis... il me dit : « Vas-tu au bal de l'Opéra, ce soir ? — Non, je rentre... — C'est dommage, j'ai un billet qui sera perdu... je vais en soirée. — Un billet perdu ! donne ! j'irai un moment pour voir le coup d'œil... » J'achète des gants, je me fais donner un coup de brosse et j'entre... Je me promenais dans le foyer depuis cinq minutes, lorsqu'un domino me prend le bras. « Bonjour, Carbonnel ! — Tiens, tu me connais ? — Parbleu ! tu demeures rue de Trévise. — C'est vrai. — Ton salon est tendu en soie bleue, ta chambre à coucher en damas jaune... et ta cuisinière louche ! » Ce qui est parfaitement exact. Je me dis : « Plus de doute, c'est une dame de nos connaissances qui s'amuse à m'intriguer. » Alors, pour la mettre au pied du mur, je lui décoche cette phrase : « Beau masque, veux-tu souper avec moi ? » Elle me répond : « Impossible, mon chat ! Je suis avec quelqu'un... » Il était évident qu'elle reculait... Je riposte : « Un petit déjeuner au champagne ? — Quand ? — Demain à midi, chez Brébant. — J'y serai !... » Et elle me quitte. Je rentrai chez moi avec l'intention de tout raconter à ma femme... parole d'honneur... mais elle dormait !...

Le lendemain, vers, midi, je ne sais par quelle suite de circonstances je me trouvai à la porte de Brébant... je montai sans y penser... je pris un cabinet par mégarde... et je me fis servir une douzaine d'huitres machinalement! En les mangeant, je me disais : « Elle ne viendra pas, c'est une farce!... » Tout à coup la porte s'ouvre, une dame paraît... mon inconnue... elle lève son voile... patatras! c'était la couturière de ma femme!... une petite brune... pas bien distinguée... mais piquante! J'avais invité la couturière de ma femme!... Que faire? Pour cacher mon embarras, je fais venir deux biftecks, avec pommes, deux fricassées de poulet, deux civets de lièvre, deux gibelottes de lapin, et cætera! et cætera!... enfin, un bon petit déjeuner. Nous allions attaquer la seconde bouteille de champagne... lorsque par la porte, restée entr'ouverte, j'aperçois une tête... la tête de Méduse! celle d'Isidore, mon domestique!... Nous avions du monde à dîner, et ma femme l'avait envoyé chez Brébant pour commander un plat... L'animal entrait dans tous les cabinets pour chercher le chef de l'établissement. En m'apercevant, il s'écrie : — « Tiens! monsieur, qui est avec une dame!... » Et il disparaît... Je demande l'addition, je cours sur ses traces et j'arrive... trop tard! Il venait de tout raconter à ma femme!... Je m'attendais à une scène, à des cris, à des larmes!... Pas du tout! je trouvai Élisa très-calme, très-digne, mais très-sévère. Elle se contenta de me demander froidement la clef de la caisse... et depuis ce jour... elle l'a gardée! Elle me donne vingt francs par semaine pour mes menus plaisirs... Vingt francs! vraiment, ce n'est pas assez, je suis dans la misère! c'est au point que je regarde à prendre un omnibus, même en haut!... Ah! si jamais je retourne au bal de l'Opéra!

SCÈNE IV.

CARBONNEL, JULES.

JULES, entrant par le fond.

Bonjour, Carbonnel.

CARBONNEL.

Tiens, c'est Jules!

JULES.

Que deviens-tu? Je ne t'ai pas vu depuis le jour où je t'ai rencontré sur le boulevard...

CARBONNEL.

Ah oui! ça m'a porté bonheur!

JULES.

Quoi donc?

CARBONNEL.

Rien! seulement, quand tu auras des billets, je te prie de les garder pour toi!

JULES, à part.

Qu'est-ce qu'il y a? (Haut.) Je viens, de la part de nos amis, te rappeler que tu as parié, il y a deux mois, un déjeuner de huit couverts et que tu l'as perdu..

CARBONNEL.

Je le sais bien! (A part.) C'est du temps que j'avais les clefs!

JULES.

Ce n'est pas un reproche... mais voilà trois fois que tu le remets, ton déjeuner.

SCÈNE QUATRIÈME.

CARBONNEL, embarrassé.

J'ai été si occupé... j'ai fait construire...

JULES.

Eh bien, nous t'avons ménagé une surprise.

CARBONNEL.

Une surprise?

JULES.

C'est pour aujourd'hui... chez Véfour...

CARBONNEL.

Hein?

JULES.

Tout est commandé... tu n'auras qu'à payer!

CARBONNEL, à part.

Sapristi! il me reste sept francs!... il n'y a qu'un moyen. (Haut.) Mon ami, j'ai un service à te demander?

JULES.

Tiens! moi aussi.

CARBONNEL et JULES, ensemble.

Pourrais-tu me prêter pour quelques jours seulement...

CARBONNEL, s'arrêtant.

Quoi? te prêter quoi?

JULES.

Un billet de cinq cents!

CARBONNEL.

Allons, bon! j'allais te le demander

JULES.

Comment! toi?

CARBONNEL.

J'ai fait construire.

JULES.

Alors, je n'insiste pas!

CARBONNEL.

Moi non plus! (A part.) Il n'a jamais le sou, celui-là!

JULES, à part.

Il fait toujours construire, celui-ci!... (Haut.) Allons, adieu! le rendez-vous est pour midi... chez Véfour...

CARBONNEL.

Oui, oui, c'est entendu. Fais toujours ouvrir les huîtres.

ENSEMBLE.

AIR de Mangeant.

CARBONNEL.	JULES.
Va bien vite,	Je te quitte,
Car j'invite	Mais viens vite
Tous mes amis, chez Véfour.	Nous retrouver chez Véfour.
Sans mystère,	Sans mystère,
Tu peux faire	Je vais faire
Ouvrir les huîtres du jour!	Ouvrir les huîtres du jour!

Jules sort

SCÈNE V.

CARBONNEL, puis ÉLISA.

CARBONNEL, seul.

Panier percé, va!... Que faire? un déjeuner que j'ai déjà remis trois fois... Il me vient des envies de me révolter!... de reprendre les clefs... J'ai déjà essayé, mais, chaque fois que je veux me rebiffer, montrer les griffes de l'insurrection, Élisa m'arrête par un mot, un seul : « J'invite le co-

SCÈNE CINQUIÈME.

lonel!... » Ça n'a l'air de rien, mais c'est énorme!... « J'invite le colonel... » le colonel Bernard... un ami de la maison... des moustaches... belle tenue militaire... nous le recevions autrefois, tous les jeudis, pour faire le whist... et il paraît qu'il faisait la cour à ma femme... Je ne m'en serais jamais douté... c'est elle qui me l'a dit... aussi, quand elle parle d'inviter le colonel...

AIR : *Du haut des cieux, ta demeure dernière.*

A ce nom seul, échappé de sa lèvre,
Je sens, soudain, un frisson me saisir!
Mon cœur frémit, et j'éprouve la fièvre
Que Balthazar à son lunch dut sentir,
Et, comme lui, je vois mon front jaunir!
Ah! si bientôt, terminant ta carrière,
Tu délivrais ce monde, en le quittant,
Du haut des cieux ta demeure dernière,
Mon colonel, tu me verrais content!
Ah! que je serais content!

Dame, une femme qui se croit offensée, trahie, c'est très-dangereux!... Mais ce déjeuner!... Il faut que j'attendrisse Élisa... Je vais lui avouer ma position... La voici!... de la douceur!... du moelleux!

ÉLISA.

Je viens de payer la note du tapissier.

CARBONNEL.

Tu as bien fait, parce que, quand on doit... Mon Dieu, que tu es donc fraîche et jolie ce matin!... une rose pompon!...

ÉLISA.

Qu'est-ce qui vous prend?

CARBONNEL.

Moi? rien... je te dis ça comme...

ÉLISA.

Comme vous diriez autre chose.

<small>Elle va serrer le reste de l'argent dans le secrétaire, puis prend les clefs.</small>

CARBONNEL.

Oh non, comme je le pense! (A part.) Elle n'est pas bien disposée. (Élisa s'assied à droite et met les clefs dans sa corbeille à ouvrage. — Haut, tirant un carnet de sa poche.) Ma bonne amie, tu as désiré que j'écrivisse ma dépense... et, pour te plaire...

ÉLISA.

C'est aujourd'hui jeudi... vous savez bien que nous ne réglons que le samedi.

CARBONNEL.

Ah!... c'est jeudi aujourd'hui?

ÉLISA.

Est-ce que par hasard vous n'auriez plus d'argent?

CARBONNEL.

Oh si!... mais pas beaucoup!

ÉLISA.

Comment?

CARBONNEL.

La semaine a été orageuse... mardi nous avons fait beaucoup de visites... Tiens! (Lisant sur son carnet.) « Du 11.. trois heures de coupé : — six francs soixante-quinze... sans le pourboire... » (A part.) Il est vrai que je n'en ai pas donné. (Haut.) Mais ça fait une brèche!... Les voitures, ça devrait te regarder... c'est pour toi.

ÉLISA, avec explosion, se levant.

Ainsi, monsieur, vous ne pouvez pas offrir une voiture à votre femme?...

SCENE CINQUIÈME.

CARBONNEL.

Oh ! Dieu !... si j'avais les clefs !...

ÉLISA.

Jamais !

CARBONNEL.

Oui... je ne te les demande pas !...

ÉLISA, *lui passant un écheveau de laine sur les bras.*

Tenez-moi ça.

Elle dévide

CARBONNEL.

Seulement, je trouve que vingt francs... c'est bien peu... ça ne paye pas mes cigares.

ÉLISA.

Vous ne fumez pas...

CARBONNEL.

C'est vrai, je ne fume pas... mais je pourrais fumer.

ÉLISA.

De quoi avez-vous besoin? Vous êtes logé, nourri, habillé, chauffé, éclairé.

CARBONNEL.

Oui... (S'attendrissant.) Mais ce qui me fend le cœur, Élisa... c'est quand je rencontre un malheureux... un père de famille... cinq enfants... et ne pouvoir !... Ah ! c'est horrible !... Hier, j'ai été suivi par un petit ramoneur.

ÉLISA, ironiquement.

Il fallait me l'envoyer ! j'aime beaucoup les petits ramoneurs.

Elle remonte à droite du guéridon.

CARBONNEL.

Ah ! tu aimes...? (A part.) Ça ne prend pas. (Haut.) Mon

Dieu, que tu es donc fraîche et jolie ce matin!... une rose pompon!

ÉLISA.

Oh!... vous avez besoin d'argent!

CARBONNEL.

Moi?... peux-tu penser...? (Se ravisant.) Eh bien, oui, la!... tu sauras tout! J'ai eu le malheur de perdre un déjeuner.

ÉLISA, avec intention.

Chez Brébant?

CARBONNEL.

Non!... Allons donc! Brébant... chez Véfour... Un déjeuner d'hommes... pas de dames! Voilà deux mois que je le dois... parce qu'il faut te dire que c'était avant...

ÉLISA.

Avant quoi?

CARBONNEL, hésitant.

Avant... que tu m'eusses prié de te confier les clefs... et mes amis... tous hommes... ont pensé que, si ça se pouvait... sans te contrarier... car, si ça te contrariait... enfin c'est pour aujourd'hui.

ÉLISA.

Ah!

CARBONNEL.

Et j'aurais besoin de quinze ou vingt louis...

ÉLISA.

Non, monsieur.

CARBONNEL.

Comment?

SCÈNE CINQUIÈME.

ÉLISA.

Je ne crois pas aux déjeuners d'amis.

CARBONNEL.

Élisa, je te jure...

ÉLISA.

Ne jurez pas! ce serait parfaitement inutile.

CARBONNEL, se montant.

Ah! mais prends garde! tu me traites comme un petit garçon!... Tu me donnes ma semaine! Je puis me révolter à la fin! je puis dire : Je veux!

ÉLISA.

Ah!... Eh bien, dites... C'est aujourd'hui jeudi, notre jour de réception, et... si vous me poussez à bout...

CARBONNEL.

Eh bien?

ÉLISA.

J'invite le colonel!

CARBONNEL, à part.

La! qu'est-ce que je disais!... On ne l'enverra donc pas en Chine, celui-là?

ÉLISA.

Je l'avais prié de cesser ses visites...

CARBONNEL.

Oui, mais il t'envoie des bouquets... des lettres...

ÉLISA.

Que je ne lis pas! que je brûle!

CARBONNEL.

C'est vrai.

ÉLISA.

Mais, si vous continuez à m'opprimer, à me tyranniser... je les lirai, ses lettres ! je les apprendrai par cœur !..

CARBONNEL.

Non, je t'en prie !

ÉLISA.

Eh bien, soit !... mais surtout ne me parlez jamais de ces déjeuners...

CARBONNEL, vivement.

Jamais ! jamais !... Comme ça, tu me conseilles d'écrire à ces messieurs, pour les prier de remettre... (A part.) Ce sera la quatrième fois. (Haut.) Allons, je vais écrire à ces messieurs. (A part.) Si je sais ce que je vais leur dire, par exemple !... Oh ! le bal de l'Opéra !

Il entre à gauche.

SCÈNE VI.

ÉLISA, seule, après s'être assurée que son mari ne peut l'entendre, et s'avançant vers le public.

Chut !... il n'y a pas de colonel ! Il est en garnison à Marseille depuis quinze mois ! Il ne m'a jamais fait la cour... La pauvre homme a des rhumatismes ! Mais il me fallait un épouvantail pour maintenir mon mari dans le devoir... et j'ai choisi le 102e de ligne... c'est-à-dire... son colonel !... Je ne le reverrai jamais... ainsi ! De temps à autre, quand mon mari devient méchant... je m'achète un bouquet et je me l'envoie avec la carte du colonel... d'anciennes cartes que j'ai retrouvées... alors, tout cède, tout plie !

AIR de Mangeant.

Au régiment comme en ménage,
La discipline est de rigueur;
Et l'on peut faire bon usage
D'un officier supérieur !
Si, mon mari, dans certains cas,
A mes ordres dit pour réponse :
« Je ne veux pas ! »
Dès que le colonel s'annonce...
Tout marche au pas !

Ah! monsieur Carbonnel, vous faites de petits déjeuners chez Brébant!... Je vous ai accordé votre grâce, c'est vrai... Mais je ne vous pardonnerai jamais!

SCÈNE VII.

ÉLISA, CARBONNEL.

CARBONNEL, entrant, une lettre à la main.

Je viens d'écrire ma lettre... J'ai trouvé un prétexte...

ÉLISA.

Voyons.

CARBONNEL.

Il n'est pas bien fort... mais enfin! (Lisant.) « Mes chers amis... au moment de partir, je viens d'être pris d'une fluxion... foudroyante, qui m'empêche d'ouvrir la bouche... C'est vous dire qu'il me sera impossible de déjeuner avec vous aujourd'hui. Mon excellente femme... » (Parlé.) Tu vois!... « Mon excellente femme! (Lisant.) vient d'envoyer chercher le médecin. » (Parlé.) Je parle du médecin pour que ça ait l'air vrai! (Pliant sa lettre.) Eh bien, es-tu contente?

ÉLISA.

C'est parfait.

SCÈNE VIII.

Les Mêmes, ISIDORE.

ISIDORE, entrant avec un bouquet.

Madame, on apporte un bouquet et cette carte.

CARBONNEL.

Une carte? Donne...

ISIDORE.

C'est pour madame...

CARBONNEL, lui arrachant la carte.

Donne donc! (Regardant.) Le colonel Bernard!... Encore lui!

ÉLISA, qui a fouillé le bouquet.

Tiens! encore une lettre!

Elle pose le bouquet sur le guéridon.

CARBONNEL.

Une lettre? je veux la lire!

Il s'approche pour la prendre.

ÉLISA, la jetant dans la cheminée. — Avec dignité.

Et moi, je ne veux pas même la décacheter.

CARBONNEL.

Très-bien!

ÉLISA, à part.

C'est du papier blanc!

SCÈNE HUITIÈME.

CARBONNEL, prenant le bouquet.

Et le bouquet aussi ! au feu !

ÉLISA, vivement, lui enlevant le bouquet

Ah ! non, ces pauvres fleurs ne sont pas coupables. (A part.) Je n'ai pas envie de perdre mon bouquet !

CARBONNEL.

Je t'en aurais donné d'autres... (A part.) Après ça, mes moyens ne me le permettent pas ! (Haut.) Isidore !

ISIDORE.

Monsieur ?

CARBONNEL.

Tu vas porter cette lettre chez Véfour... tout de suite...

ISIDORE, hésitant.

Mais... c'est que...

CARBONNEL.

Quoi ?

ISIDORE.

Je n'ai pas d'ordres de madame.

CARBONNEL.

Hein !

ÉLISA.

Faites ce que monsieur vous commande.

CARBONNEL, à part.

Suis-je assez petit garçon !

ISIDORE, à Carbonnel.

Véfour ! Où est-ce ça ?

CARBONNEL.

Au Palais-Royal... imbécile !... Je t'en ai déjà fait porter une.

ISIDORE.

Ah! oui, je me souviens... c'est le lendemain du jour où je vous ai pincé!

CARBONNEL, toussant très-fort.

Hum! hum!

ÉLISA.

Quoi donc?

CARBONNEL.

Rien! (A Isidore.) Mais va donc, animal! va donc!

Isidore sort.

SCÈNE IX.

CARBONNEL, ÉLISA

CARBONNEL, à part.

En voilà un que je mettrais à la porte avec plaisir!... Allons!... je sors... je vais passer un habit.

ÉLISA, assise à gauche du guéridon et prenant sa tapisserie

Où allez-vous donc?

CARBONNEL.

Je vais faire un tour sur le boulevard...

ÉLISA.

Y pensez-vous? Vous ne le pouvez pas.

CARBONNEL.

Pourquoi?

ÉLISA.

Vous venez d'écrire à vos amis que vous aviez une fluxion.

SCÈNE NEUVIÈME.

CARBONNEL.

Eh bien ?

ÉLISA.

Si l'on vous rencontrait... sans mentonnière...

CARBONNEL.

Ah! sapristi! je n'ai pas pensé à ça!

ÉLISA.

Les fluxions... ça dure neuf jours, mon ami.

CARBONNEL.

Comment! me voilà cloîtré pour neuf jours?

ÉLISA.

Eh bien, asseyez-vous ici, près de moi.

Carbonnel s'assied avec humeur de l'autre côté du guéridon.

CARBONNEL, à lui-même.

Pour neuf jours!...

ÉLISA.

C'est donc un bien grand supplice pour un homme de rester une journée chez lui... près de sa femme...

CARBONNEL.

Je ne dis pas ça!... Cette chère Élisa!

ÉLISA, travaillant.

Allons, voyons... pendant que je travaille... causons... occupez-vous... faites quelque chose

CARBONNEL.

Ah! oui... Mais quoi?

ÉLISA.

C'est votre faute aussi... vous ne savez pas vous créer des distractions... chez vous... Mon ami, vous devriez acheter un tour et apprendre à tourner...

CARBONNEL, à part.

Il ne manquerait plus que ça!

ÉLISA.

Il y a beaucoup de maris qui tournent aujourd'hui.

CARBONNEL, à part.

Il me semble que sous ce rapport je ne laisse rien à désirer.

Il prend du papier sur la table et fait machinalement des cocottes.

ÉLISA, se levant.

Où est donc ma laine bleue? — Ce serait charmant... vous me feriez des ronds de serviette... des petits encriers... des petites boîtes... j'irais travailler dans votre atelier.

CARBONNEL, se levant.

Ce serait délicieux! Des petits ronds de serviette!... (Bâillant.) Délicieux!

SCÈNE X.

ÉLISA, CARBONNEL, JULES.

JULES, entrant par le fond.

Mon pauvre ami, nous venons de recevoir ta lettre... (Saluant.) Madame... (Apercevant trois cocottes rangées sur la table.) Qu'est-ce que tu fais là?

CARBONNEL.

Moi? rien... (Apercevant les cocottes et étonné.) Tiens! j'ai fait des cocottes? (A part, se levant.) Ce que c'est que le tête-à-tête!

SCÈNE DIXIÈME.

JULES.

Voyons, qu'a dit ton médecin?

CARBONNEL.

Quel médecin?

JULES.

Eh bien, ta fluxion... foudroyante!

CARBONNEL, à part.

Ah! diable! c'est vrai!

JULES, qui l'a examiné

Mais je ne la vois pas, ta fluxion?

ÉLISA, à part.

Comment va-t-il se tirer de là?

Elle sort par la droite.

JULES, tournant derrière lui.

Où est-elle donc, ta fluxion?

CARBONNEL.

Elle est interne... Ce sont les plus douloureuses!

JULES.

Mon cher Carbonnel... je commence à croire que tu te moques de nous...

CARBONNEL.

Comment ça?

JULES.

C'est d'autant plus mal qu'Ernest, un de tes convives, part ce soir pour Marseille, où il doit rejoindre son régiment... le 102ᵉ de ligne, qui s'embarque mercredi pour la Chine.

CARBONNEL.

Hein?... le 102ᵉ?... Tu as dit le 102ᵉ?...

JULES.

Qu'as-tu?

CARBONNEL.

Colonel Bernard?

JULES.

Oui... c'est un nom comme ça...

CARBONNEL, joyeux et serrant avec transport les mains de Jules

Il s'embarque pour Pékin?... Ah! enfin!... le gouvernement me devait bien cela!

JULES, étonné.

Quoi?

CARBONNEL.

Il s'embarque pour Pékin!... Mais, alors, je ne le crains plus! je puis reprendre les clefs. Je n'ai plus de fluxion! je suis guéri.

JULES.

Ah bah!

CARBONNEL, avec force.

Jules, va faire ouvrir les huîtres!

JULES.

Encore!... Mais c'est la quatrième fois que tu me dis de les faire ouvrir!

CARBONNEL.

Aujourd'hui, je serai exact!

JULES.

Arrange-toi!... D'abord, si tu ne viens pas, je t'apporte la note à payer!

SCÈNE ONZIÈME.

CARBONNEL.

C'est convenu!... Va! je te suis!

Jules sort.

SCÈNE XI.

CARBONNEL, seul et avec une joie folle.

Ah! il part pour Pékin!... Où sont les clefs?... Dans le panier à ouvrage de ma femme... (Il fouille vivement dans le panier d'Élisa et en retire un trousseau de clefs.) La voilà! la clef de la caisse!

AIR de Mangeant.

Ah! voilà la clef!
Oui, je tiens la clef!
Je l'ai!
Je tiens enfin la clef!
Libre, désormais,
Sans crainte, je fais
La loi!
Chez moi,
Je suis enfin le roi!
Magique talisman,
Ce petit instrument
M'ouvre des horizons
De plaisirs, à foisons!
Je secoue, en riant,
Un joug humiliant;
Nargue du colonel!
J'entre au douzième ciel!
Oui, je tiens la clef, etc
En palanquin
File à Pékin,
File même à Nankin

Colonel trop taquin !
  File, mon vieux,
  Car tes adieux
Vont laisser en ces lieux
Un Chinois très-joyeux !
Ah! je tiens la clef, etc.

Il danse de joie en agitant le trousseau de clefs.

SCÈNE XII.

CARBONNEL, ÉLISA.

ÉLISA, rentrant, avec sa tapisserie.

Hein?... mes clefs?

CARBONNEL.

Oui, madame, je secoue ma chaîne! J'arbore le drapeau de l'insurrection!

ÉLISA.

Vous? C'est impossible!

CARBONNEL, ouvrant le secrétaire.

Et je mets de l'or dans ma bourse!... huit cents francs d'or! douze cents francs d'or! tant qu'elle pourra en tenir!

ÉLISA.

Monsieur, je vous défends!...

CARBONNEL.

Et dorénavant, c'est moi qui vous donnerai de l'argent pour la dépense... et vous m'en rendrez compte... tous les samedis!... à midi!

ÉLISA, avec colère.

Prenez garde, monsieur!... prenez garde!

CARBONNEL.

Quoi?

ÉLISA.

J'invite le colonel!

CARBONNEL, éclatant de rire.

Ah! le colonel!... je m'en moque pas mal! Invitez-le! Invitez-en des régiments de colonels!... ça me fera plaisir!

SCÈNE XIII.

Les Mêmes, ISIDORE, puis le colonel BERNARD.

ISIDORE, annonçant.

Le colonel Bernard!

Isidore entre à gauche. — Le colonel paraît au fond.

CARBONNEL.

Hein?

ÉLISA, à part.

Lui! à Paris!

BERNARD.

Bonjour, mes bons amis... Vous ne m'attendiez pas...

CARBONNEL.

Non... j'avoue... (A part.) Il est donc venu par une trappe?

BERNARD, lui serrant la main.

Mon cher Carbonnel!

CARBONNEL, contraint.

Cher colonel!..

BERNARD, offrant un bouquet à Élisa.

Belle dame... permettez-moi... des fleurs de Marseille!

ÉLISA, embarrassée et n'osant prendre le bouquet.

Certainement... colonel... elles sont charmantes... d'une fraîcheur... et puis j'étais si loin de m'attendre... (Prenant le bouquet et à part.) Je ne sais plus ce que je dis!

CARBONNEL, à part.

Je suis sûr qu'il a encore fourré un billet là dedans. (Haut, prenant le bouquet des mains d'Élisa.) Oui, oui, charmantes!... d'une fraîcheur...

Il fouille le bouquet.

BERNARD, le regardant.

Eh bien? qu'est-ce, que faites-vous donc? vous les plumez?

CORBONNEL.

Moi?... du tout! j'admire! (A part.) Il n'y a rien.

BERNARD, à Élisa.

Recevez mes compliments... je vous ai quittée jolie et je vous retrouve belle.

ÉLISA.

Colonel...

CARBONNEL, à part.

C'est ça! flagorne!

ÉLISA, embarrassée. — A part.

Quand il saura l'usage que j'ai fait de son nom!

BERNARD.

Quant à Carbonnel... il a engraissé.. c'est une petite pelote!

CARBONNEL, à part.

Il m'abîme, moi!... le mari!

SCÈNE QUATORZIÈME.

ISIDORE, sortant de la gauche.

La couturière est dans la chambre de madame...

CARBONNEL, à part.

Hein ?

ISIDORE.

C'est la nouvelle.

ÉLISA.

Vous permettez, colonel?

BERNARD, saluant.

Comment donc!...

ENSEMBLE.

AIR du *Gendre en surveillance*. (COUDER.)

ÉLISA.	LE COLONEL.
Mon mari va sans doute	Allez, quoi que me coûte
Lui demander raison ;	Ma résignation ;
Entre eux deux je redoute	Vous reviendrez sans doute
Une explication.	Nous voir dans ce salon.

CARBONNEL.	ISIDORE.
Je vois qu'elle redoute	Il a pensé sans doute
Une explication,	Que j'annonçais le nom
Il faut, quoi qu'il m'en coûte,	De celle qu'il redoute
Qu'on me rende raison !	Dans sa perversion.

Élisa entre à droite, Isidore sort par le fond.

SCÈNE XIV.

CARBONNEL, BERNARD.

BERNARD, serrant les mains de Carbonnel.

Mon bon et brave ami! que je suis heureux de vous revoir!

CARBONNEL.

Comment donc! croyez que, de mon côté... (A part.) Il est encore très-bien, cet homme-là! belle tenue militaire!

BERNARD.

Me voilà revenu et pour ne plus vous quitter, je l'espère!

CARBONNEL.

Comment?

BERNARD.

Vous avez un appartement à louer au-dessus... je le prends!

CARBONNEL, vivement.

Ah! mais non! permettez!

BERNARD.

Pourquoi?

CARBONNEL.

Parce que... vous partez mercredi pour Pékin.

BERNARD.

Moi?... Je ne pars pas, malheureusement!

CARBONNEL.

Ah bah!

BERNARD.

Il y a trois mois que j'ai fait la sottise de donner ma démission.

CARBONNEL.

Ah bah!

BERNARD.

Pour me consacrer à mes amis... à vous, Carbonnel...

CARBONNEL.

Merci.

SCÈNE QUATORZIÈME.

BERNARD.

A votre femme, que j'aime sincèrement.

CARBONNEL.

Colonel!

BERNARD.

Vous n'êtes pas jaloux, j'espère?

Il remonte près de la cheminée, en lui tournant le dos.

CARBONNEL.

Non!... mais j'y vois clair!... j'y vois très-clair!...

BERNARD.

Je ne vous ai jamais dit le contraire.

CARBONNEL, *remontant*.

Et j'ai remarqué qu'un monsieur se permettait de faire la cour à ma femme...

BERNARD.

Un de vos amis?

CARBONNEL.

Vous penserez sans doute, comme moi, qu'il est inutile de le nommer?

BERNARD.

Oh! pardon!... j'ai été indiscret!

Il s'assied près de la cheminée.

CARBONNEL.

Ce... ce monsieur!... je ne le qualifierai pas autrement... ce monsieur adresse à Élisa des bouquets... et des lettres brûlantes... (Appuyant.) qu'on jette au feu!

BERNARD, *riant*.

Alors, elles sont d'autant plus brûlantes!

CARBONNEL, à part.

Hein? il fait des jeux de mots, je crois! (Haut.) Bien plus, il s'introduit chez moi, ce...

BERNARD.

Ce monsieur! c'est convenu!

CARBONNEL.

Il s'y établit, il s'y impose, il s'y carre dans les fauteuils, et, dans ce moment, je cherche à m'en débarrasser... vous comprenez?

BERNARD, se levant.

Parfaitement!... Eh bien, moi, à votre place, Carbonnel, j'aurais confiance en ma femme... je dormirais sur les deux oreilles.

CARBONNEL.

Vraiment? (A part.) Il va me conseiller de fermer les yeux.

BERNARD.

Ou plutôt faites mieux... vous m'invitez à dîner...

CARBONNEL

Moi?

BERNARD.

J'accepte, sans façon... c'est aujourd'hui votre jour... ce monsieur se présentera sans doute... je le verrai, je lui parlerai...

CARBONNEL, à part.

Ah ça! il ne veut pas comprendre!... (Haut.) Colonel, la patience a des bornes!...

BERNARD.

Allons, du calme, Carbonnel, du calme!... je monte voir votre appartement..

SCÈNE QUINZIÈME

CARBONNEL.

Permettez...

BERNARD.

Non, restez!

ENSEMBLE.

AIR du *Prophète*.

BERNARD.

Non, il n'est pas nécessaire
Que vous dirigiez mes pas;
Restez, cher propriétaire,
Et ne vous dérangez pas.

CARBONNEL.

De ce colonel je flaire
Les projets peu délicats;
Et d'un pareil locataire,
Sacrebleu! je ne veux pas!

Bernard sort par le fond

SCÈNE XV.

CARBONNEL, puis ISIDORE.

CARBONNEL, seul.

Son propriétaire! mais je ne veux pas lui louer!... ce serait trop commode!... Comment pourrais-je bien le dégoûter de l'appartement?... Il est charmant!... très-bien distribué... il n'a qu'un défaut : quand j'allume du feu dans mon cabinet... ça fume dans le salon au-dessus... (Tout à coup.) Oh! une idée!... si je l'enfumais!

Il sonne. — Isidore paraît.

ISIDORE.

Monsieur?

CARBONNEL.

Apporte-moi du bois vert et un fagot... mouillé!

ISIDORE.

Plait-il?

CARBONNEL, l'imitant.

Plaît-il?... Il a toujours l'air de tomber de la lune, celui-là... Je te demande du bois vert et un fagot mouillé !

ISIDORE.

J'avais bien entendu! (A part, en sortant.) Qu'est-ce qu'il veut faire de ça?

CARBONNEL, seul.

Ah! colonel! vous connaissez le feu... Eh bien, je vais vous faire connaitre la fumée!

ISIDORE, rentrant avec trois bûches et un petit fagot.

Voilà, monsieur...

CARBONNEL.

C'est bien! donne!

Il entre vivement à gauche, première porte.

SCÈNE XVI.

ISIDORE, puis ÉLISA.

ISIDORE, regardant par la porte restée entr'ouverte.

Qu'est-ce qu'il fait? Il allume du feu... ça ne prend pas!

ÉLISA, entrant et à elle-même.

J'ai laissé mon mari avec le colonel... qu'ont-ils pu se dire? (Appelant.) Isidore!

ISIDORE.

Madame?

ÉLISA.

Où est le colonel Bernard?

ISIDORE.

Je l'ai rencontré qui montait au-dessus.

ÉLISA.

Au-dessus!... pour quoi faire?

ISIDORE.

Je ne sais pas.

ÉLISA.

Et mon mari?

ISIDORE.

Monsieur?... il est très-agité... il s'est retiré dans son cabinet.

ÉLISA, à part.

Ah! mon Dieu! à la suite d'une explication, sans doute

ISIDORE.

Il m'a demandé du bois vert... et un fagot mouillé.

ÉLISA.

Un fagot mouillé?...

ISIDORE, regardant à gauche.

Il est là!... il souffle le feu... ça a pris!

SCÈNE XVII.

ÉLISA, ISIDORE, BERNARD.

BERNARD, entrant en toussant.

Ah! quelle fumée! mon Dieu, quelle fumée!

ÉLISA, à part.

Le colonel! (A Isidore.) Laissez-nous!

BERNARD.

J'ai vu l'appartement, il me convient... mais je prierai Carbonnel de faire arranger ses cheminées...

ÉLISA, à part.

Il faut absolument lui avouer... (Haut.) Colonel...

BERNARD.

Je suis bien heureux de vous trouver seule... j'ai une confidence à vous faire.

ÉLISA.

Comment?

BERNARD.

Ne riez pas!... Malgré mes quarante-huit ans, mes rhumatismes, j'ai encore le cœur tendre.

ÉLISA, à part.

Ah! mon Dieu! est-ce qu'il va me faire une déclaration?

BERNARD.

Je vais me marier!

ÉLISA.

Vous? mais contez-moi donc cela!

Elle s'assied à droite.

BERNARD.

Vous riez déjà!... (S'asseyant près d'Élisa.) Mais rassurez-vous, je ne fais pas la folie d'épouser une toute jeune fille... j'épouse une veuve... qui n'a presque pas été mariée... une femme charmante... que je serai bien heureux de vous présenter...

ÉLISA.

Avec plaisir, colonel.

SCÈNE DIX-SEPTIÈME.

BERNARD.

Elle sera mardi au bal du ministre de la guerre... si vous vouliez être assez bonne pour accepter mon bras? on dit que ce sera splendide.

ÉLISA.

Mais...

BERNARD.

Oh! pas de mais! il faut que vous fassiez connaissance avec ma future... et, à ce propos, j'ai une supplique à vous adresser... Je compose ma corbeille de mariage... et vous comprenez... un colonel attelé à une corbeille de mariage...

ÉLISA.

C'est une chose si grave!

BERNARD.

La dentelle surtout!... Quand on m'étale toutes ces petites toiles d'araignée et qu'il faut choisir... je deviens stupide!.... Aussi je voudrais vous prier de me guider, de m'éclairer.

ÉLISA.

Je suis entièrement à vous.

BERNARD, tirant deux boîtes de sa poche.

Voici déjà deux bracelets, sur lesquels je vous prie de me donner votre avis...

ÉLISA.

Attendez! je vais les mettre pour voir l'effet... (Elle met les deux bracelets.) Ah! que le bleu est joli!

BERNARD.

Et l'autre?

ÉLISA.

L'autre est ravissant!

BERNARD.

Enfin, lequel choisiriez-vous ?

ÉLISA.

Ah! colonel! on ne choisit pas entre deux bracelets!

SCÈNE XVIII.

ÉLISA, BERNARD, CARBONNEL.

CARBONNEL, rentrant, à part.

Ça a eu de la peine à prendre, mais ça a pris

BERNARD.

Je comprends... vous me conseillez de les offrir tous les deux.

CARBONNEL. Il a un soufflet à la main. A part, apercevant le colonel et sa femme.

Hein? ils sont ensemble? Et moi qui croyais l'enfumer.

BERNARD, le voyant.

Ah! voilà Carbonnel...

CARBONNEL, cachant son soufflet.

Oui, c'est moi... Vous... vous causiez?

BERNARD.

De choses intimes... qui ne vous regardent pas, curieux! (Se levant.) A propos, j'ai vu l'appartement, il y une cheminée qui fume...

CARBONNEL.

Horriblement!... C'est irrémédiable!

BERNARD, riant.

Voilà un drôle de propriétaire!... Quel prix?

SCÈNE DIX-HUITIÈME

CARBONNEL.

Quatorze mille francs!

BERNARD.

Hein? Deux chambres à coucher, un salon et un bout de salle à manger?...

CARBONNEL.

Quatorze mille francs! et les portes et fenêtres!

BERNARD, éclatant de rire.

Ah! très-joli!... Nous causerons de cela plus tard... Lorsque vous êtes entré, j'avais presque décidé madame à se laisser enlever...

CARBONNEL.

Plaît-il?

BERNARD.

Pour la conduire mardi au bal du ministre de la guerre.

ÉLISA.

Oui, mon ami, sauf votre assentiment...

CARBONNEL.

Permettez! permettez!

BERNARD.

Ah! mais, si ça vous ennuie... vous n'en serez pas! on vous donne congé!

CARBONNEL, à part.

On me donne congé!... je le trouve superbe! (Bas.) Comment, madame, vous ne rougissez pas?... (Apercevant les deux bracelets au bras d'Élisa.) Hein? des bracelets?... il lui donne des bracelets!

ÉLISA, à part.

Il est jaloux!... il va me rendre les clefs! (Haut, au colonel.)

En vérité, colonel, plus je regarde ces bracelets, plus je trouve que vous êtes un homme de goût...

BERNARD, s'inclinant.

Oh! madame...

ÉLISA.

Il était impossible de choisir quelque chose de plus gracieux, de plus riche et de plus simple à la fois... N'est-ce pas, mon ami?

BERNARD, s'inclinant.

Oh! madame...

CARBONNEL, bas, à sa femme.

Allons! embrassez-le tout de suite!

BERNARD.

Vous me donnez de l'amour-propre... Je finirai par me croire connaisseur...

ÉLISA.

Mais vous l'êtes... comme toutes les natures distinguées...

BERNARD

Ah! madame, ménagez-moi!

ÉLISA.

Je ne dis que ce que je pense.

CARBONNEL, bas, à Élisa.

Madame, ce marivaudage est indécent! Rendez ces bracelets!

ÉLISA, bas.

Rendez-moi les clefs!

CARBONNEL, bas.

Jamais!

SCÈNE DIX-HUITIÈME.

ÉLISA, bas.

Très-bien!

BERNARD.

Qu'avez-vous donc?

ÉLISA.

Rien... c'est mon mari qui insiste pour me faire accepter votre bras pour mardi...

CARBONNEL, stupéfait.

Moi?

BERNARD.

A la bonne heure!

ÉLISA.

Je vous préviens que je serai belle... très-belle! Et, si l'on danse... (Appuyant.) j'invite le colonel!

CARBONNEL, bas et vivement.

Non!... j'aime mieux rendre les clefs!

Il les rend

ÉLISA, bas.

Merci! (Haut, à Bernard, détachant un bracelet.) Colonel... voici votre bracelet.

CARBONNEL, bas.

Et l'autre!

ÉLISA, à son mari.

Mon ami... prête-moi ta bourse?

CARBONNEL, bas.

L'autre!

ÉLISA, bas.

Votre bourse?

CARBONNEL, la lui remettant.

La voilà!

ÉLISA.

Merci! (Remettant le second bracelet à Bernard.) Colonel...

CARBONNEL, à part.

Me revoilà avec mes sept francs!

ISIDORE, entrant, avec une note à la main

Monsieur, il y a là un garçon frisé, de chez Véfour...

CARBONNEL, à part.

Ah! mon Dieu! la note!...

ISIDORE.

Il dit que ces messieurs ont fait ouvrir les huîtres... qu'ils les ont mangées... (Présentant la note.) Total, cent soixante-neuf francs.

CARBONNEL, bas, à Élisa.

Rends-moi la bourse?

ÉLISA.

Oh! que non!... (Donnant la bourse à Isidore.) Payez et rapportez-moi le reste.

Isidore sort.

CARBONNEL, avec une fureur concentrée.

Et devant lui!

BERNARD, à Élisa.

A quelle heure, madame, pourrai-je vous prendre demain, pour aller choisir ma corbeille?

CARBONNEL.

Comment, votre corbeille!... vous vous mariez?

BERNARD.

Je suis venu de Marseille exprès pour ça!

CARBONNEL.

Vous étiez à Marseille?

SCÈNE DIX-HUITIÈME.

BERNARD.

Depuis quinze mois... Je suis arrivé ce matin.

CARBONNEL.

Ce matin!... de Marseille!... (Respirant.) Mais alors, ces lettres, ces bouquets?...

BERNARD.

Quelles lettres?... quels bouquets?...

CARBONNEL.

Rien!... une affaire de ménage.

BERNARD, remontant et appelant.

Isidore!... (Isidore rentre.) Tu vas me porter cela...

Il lui remet les bracelets et lui parle bas.

CARBONNEL, bas, à sa femme.

Il paraît que nous nous sommes moquée de notre petit mari?

ÉLISA, gaiement.

J'en ai peur!

CARBONNEL

C'est charmant! (A part.) Alors, elle va me rendre les clefs! (Haut.) Colonel, venez donc par ici... que je vous raconte une anecdote.

BERNARD, sans redescendre.

A moi?

CARBONNEL.

Figurez-vous que ma femme...

ÉLISA, bas.

Taisez-vous!... je vous pardonne!

BERNARD.

Vous dites que madame...?

ÉLISA, bas, suppliant.

Mon ami?...

CARBONNEL, bas.

Les clefs! ou je dis tout!

ÉLISA, effrayée.

Les voici!

CARBONNEL, triomphant.

Je les ai!

BERNARD, redescendant en scène. — Isidore sort.

Eh bien, votre anecdote?

CARBONNEL.

Rien!... une affaire de ménage!... (Avec effusion.) Ah!... colonel! mon ami!... car vous êtes mon ami!... je ferai arranger la cheminée... L'appartement est de douze cents francs... sans portes ni fenêtres... Vous dinez avec nous?... (Par réflexion.) Tiens! j'invite aussi le colonel.

Élisa passe au milieu pendant l'ensemble

ENSEMBLE.

AIR :

Enfin, la paix et le bonheur
Sont revenus dans le ménage;
Fasse le ciel qu'aucun nuage
Ne trouble ce calme enchanteur!

CARBONNEL, au public.

AIR de Mangeant.

Dans le régiment dramatique,
Soldats, tous présents à l'appel,
Nous marchons au pas gymnastique
Sous les regards d'un colonel.

BERNARD.

Toujours juste et jamais cruel,
Ce colonel... c'est le parterre!

SCÈNE DIX-HUITIÈME.

ÉLISA.

Souriez d'un œil paternel
A notre salut militaire,
Mon colonel...

BERNARD.

Mon colonel...

CARBONNEL.

Mon colonel!

TOUS, faisant le salut militaire.

Souriez d'un œil paternel,
Etc.

FIN DE J'INVITE LE COLONEL.

LE
BARON DE FOURCHEVIF

COMÉDIE EN UN ACTE

Représentée pour la première fois, à Paris, sur le théâtre du GYMNASE-
DRAMATIQUE, le 15 juin 1859.

COLLABORATEUR : M. A. JOLLY

PERSONNAGES

	ACTEURS qui ont créé les rôles
LE BARON DE FOURCHEVIF.	MM. Geoffroy.
ÉTIENNE LAMBERT, peintre.	Lagrange.
ROUQUÉROLLE, peintre.	Lesueur.
TRONQUOY, domestique.	Francisque jeune.
LA BARONNE DE FOURCHEVIF.	Mlles Mélanie.
ADÈLE, sa fille.	Lambert.

La scène se passe aux environs de Grenoble, dans le château de Fourchevif.

LE
BARON DE FOURCHEVIF

Le théâtre représente un vieux salon gothique donnant sur un parc; portraits de famille, un meuble moderne en acajou, trois portes au fond. — A droite, premier plan, table servant de bureau. — Au deuxième plan, porte. — A gauche, premier plan, fenêtre. — Deuxième plan, grande cheminée.

SCÈNE PREMIÈRE.

ADÈLE, TRONQUOY.

TRONQUOY, il porte une livrée trop dorée et de mauvais goût. Il se regarde dans la glace, à droite.

Suis-je beau, mon Dieu! suis-je beau!

ADÈLE, assise devant un chevalet, à gauche, peint des fleurs placées dans un vase, sur un guéridon.

Non, je ne pourrai jamais rendre ces tons-là... le camellia est une fleur décourageante.

TRONQUOY.

Et puis ça ne sent rien; mais patience!... j'ai lu l'autre

jour dans le journal qu'un monsieur avait trouvé le moyen de parfumer les fleurs.

ADÈLE.

En vérité?

TRONQUOY.

Ainsi la rose, à l'avenir, elle sentira l'eau de Cologne.

ADÈLE.

Jolie découverte! — Tronquoy!

TRONQUOY.

Mademoiselle?

ADÈLE; elle se lève.

C'est toi qui as été chercher ce bouquet chez M. Jules Dandrin, notre voisin?

TRONQUOY.

Oui, mademoiselle, à cheval, avec ma livrée... ça a fait un effet dans la campagne!

ADÈLE.

C'est bien, laissons ta livrée... Et que t'a dit M. Jules?

TRONQUOY.

Il ne m'a rien dit, il m'a donné cent sous; chaque fois que je le rencontre, il me donne cent sous!

ADÈLE.

Je ne te demande pas cela.

TRONQUOY

Voilà un brave jeune homme, et qui peint... comme un peintre! En un rien de temps, il a fait le rocher de monsieur votre père, qui est au bout du parc.

ADÈLE, à part.

Oh! oui, il est artiste!

SCÈNE DEUXIÈME.

TRONQUOY.

Et comme il fait de jolies chansons!

ADÈLE.

Comment?

TRONQUOY.

Avant-hier, je suis entré au salon pendant qu'il était au piano... Il chantait *le Nid d'hirondelles*... avec une petite voix... et des petits yeux; ça m'a remué!

ADÈLE, se remettant à peindre.

Où est mon père?

TRONQUOY.

M. le baron de Fourchevif? Il fait sa promenade du matin dans le parc; il a emporté des croûtes de pain pour donner aux carpes.

ADÈLE.

Et ma mère?

TRONQUOY.

Madame la baronne est très-occupée, c'est aujourd'hui jour de lessive.

SCÈNE II.

Les Mêmes, LA BARONNE, puis FOURCHEVIF.

LA BARONNE, entrant du fond.

Bonjour, Adèle.

ADÈLE.

Bonjour, maman.

LA BARONNE.

Tiens, c'est gentil, ce que tu fais là. — Tronquoy!

TRONQUOY.

Madame la baronne?

LA BARONNE.

Vous allez tendre les cordes pour la lessive. (Apercevant la livrée de Tronquoy.) Eh bien, qu'est-ce que c'est que ça? est-ce que vous êtes fou?

TRONQUOY.

Quoi donc?

LA BARONNE.

Vous mettez votre livrée neuve dès le matin!

TRONQUOY.

Madame, c'est que...

LA BARONNE.

Ne vous ai-je pas acheté une petite veste pour faire le ménage? Allez mettre votre petite veste.

TRONQUOY.

Mais, madame la baronne...

LA BARONNE.

Allez mettre votre petite veste.

Fourchevif paraît au fond; il a son pantalon retroussé du bas, il tient d'une main quelques brins de bois mort, et de l'autre un panier de pêches.

FOURCHEVIF.

C'est incroyable, c'est inimaginable!

TRONQUOY.

M. le baron!

SCÈNE DEUXIÈME.

FOURCHEVIF, lui remettant son petit fagot.

Porte ça à la cuisine. (A la baronne.) Je n'aime pas à voir traîner le bois... et, en se promenant, ça occupe! (Apercevant la livrée de Tronquoy.) Comment, te voilà encore doré sur tranches à neuf heures du matin?

TRONQUOY.

C'est ma livrée.

FOURCHEVIF.

Sa livrée! Pourquoi ne couches-tu pas avec?

LA BARONNE.

Va, parle-lui ferme.

FOURCHEVIF.

Oui. Approche! pourquoi t'ai-je acheté une livrée?

TRONQUOY.

Dame! c'est pour mettre sur mon dos.

FOURCHEVIF.

Est-il bête! Mais, si je t'ai acheté une livrée, ce n'est ni pour moi, ni pour ma femme, ni pour ma fille... et encore moins pour toi.

TRONQUOY.

Ah bah!

FOURCHEVIF.

C'est pour le monde, c'est pour les autres! Or, il n'y a personne, nous sommes seuls; donc, ta livrée devient complétement inutile.

LA BARONNE.

Parbleu!

FOURCHEVIF.

Donc, va mettre ta petite veste.

TRONQUOY.

Oh! monsieur, je suis si bien là-dedans! c'était mon rêve.

FOURCHEVIF.

Oh! l'orgueil! il y a un an ça gardait les vaches... en blouse, et aujourd'hui... (Avec colère.) Va mettre ta petite veste.

TRONQUOY.

Oui, monsieur le baron.

Il remonte.

FOURCHEVIF.

En même temps, tu diras au jardinier d'emballer deux paniers de pêches. (Remettant le petit panier qu'il tient à Adèle.) Tiens, celles-ci sont attaquées, c'est pour nous; occupe-toi de ton dessert. S'il y en a de trop gâtées, elles seront pour Tronquoy. Tronquoy, tu auras des pêches.

Tronquoy sort par le fond, à droite, avec le fagot, et Adèle, par le fond, avec le panier de pêches.

SCÈNE III.

FOURCHEVIF, LA BARONNE.

FOURCHEVIF.

Nous voilà seuls, j'ai à te parler; c'est très-important. (Ils s'asseyent à droite.) M. Jules Dandrin m'a fait demander ce matin, par son père, la main d'Adèle.

LA BARONNE.

Eh bien, je m'en doutais.

FOURCHEVIF.

Voyons, il faut causer de ça; qu'est-ce que tu en penses?

SCÈNE TROISIÈME.

LA BARONNE.

Ce n'est pas si pressé, Adèle n'a pas dix-huit ans.

FOURCHEVIF.

Encore faut-il répondre! C'est un excellent parti. Les Dandrin ont la plus belle raffinerie de betteraves du département. Sais-tu le chiffre de leur dernier inventaire? Cent soixante-quatre mille trois cent trente-deux, zéro cinq! voilà ce que j'appelle un inventaire.

LA BARONNE

Sans doute... sans doute.

FOURCHEVIF

Quoi, sans doute? ce n'est pas un bel inventaire?

LA BARONNE.

Si, mais Dandrin... Dandrin... c'est bien court; il n'est pas noble.

FOURCHEVIF.

Eh bien, et nous?

LA BARONNE, effrayée.

Chut! tais-toi donc.

FOURCHEVIF.

Sois donc tranquille, il n'y a personne. Mais tu oublies toujours que je m'appelle Potard, et toi... par conséquent madame Potard.

LA BARONNE.

Mon ami!

FOURCHEVIF.

Et que nous avons vendu de la porcelaine rue de Paradis-Poissonnière, 22. Et je m'en vante... tout bas, par exemple.

LA BARONNE.

Vous êtes insupportable avec vos souvenirs.

FOURCHEVIF.

Puisqu'il n'y a personne.

LA BARONNE.

Quelle nécessité y a-t-il de venir exhumer après dix-huit ans ce nom?...

FOURCHEVIF.

C'est connu! Lorsque nous avons acheté, il y a dix-huit ans, la terre de Fourchevif, tu m'as dit, en visitant le château... tiens, nous étions dans la seconde tourelle! tu m'as dit: « Il est impossible d'habiter ça et de s'appeler Potard. » Je t'ai répondu : « C'est vrai, ça grimace... » Alors nous nous sommes mis à chercher un nom, et, à force de chercher, nous avons trouvé celui de Fourchevif, qui était là, par terre, à rien faire.

LA BARONNE.

A qui cela nuit-il, puisqu'il n'y a plus d'héritiers de ce nom?

FOURCHEVIF.

Si, on m'a dit qu'il en restait un... un tout petit, à Paris.

LA BARONNE.

Paris est si loin du Dauphiné!

FOURCHEVIF.

Et puis il est peut-être mort, ce brave garçon; quant au titre de baron, je n'y pensais pas. Ce sont les gens du pays qui me l'ont donné. Tiens, c'est le père Mathurin qui a commencé, le jour où il est venu pour renouveler son bail, le vieux malin!

LA BARONNE.

C'est tout naturel, les Fourchevif étaient barons, et, puisque nous avons acheté leur immeuble...

SCÈNE TROISIÈME.

FOURCHEVIF.

Et recueilli leur nom...

LA BARONNE.

Nous ne devions pas contrarier les habitudes du pays.

Tous deux se lèvent.

FOURCHEVIF.

Et puis, baron, c'est gentil, c'est agréable! ça nous permet de voir la noblesse des environs... Nous boudons, nous complotons, nous parlons de nos ancêtres. (Montrant les portraits.) Voilà les miens; ont-ils des nez! Il faudra que je les fasse débarbouiller... je leur dois bien cela. Grâce à eux, à mes relations, je compte me présenter aux prochaines élections du conseil général.

LA BARONNE.

Et plus tard, qui sait... à la députation

FOURCHEVIF, vivement.

Oh! non; il faudrait aller à Paris.

LA BARONNE.

Eh bien?

FOURCHEVIF.

J'y connais tant de marchands de porcelaines! Voyons, et notre prétendu, quelle réponse?

LA BARONNE.

Dame, c'est une mésalliance!

FOURCHEVIF, à part.

Elle est superbe, ma femme... Elle a toujours l'air de revenir des croisades!

LA BARONNE.

Il y aurait peut-être un moyen.

FOURCHEVIF.

Lequel?

LE BARON DE FOURCHEVIF.

LA BARONNE.

Si M. Dandrin consentait à mettre une apostrophe à son nom!

FOURCHEVIF.

C'est juste, D, apostrophe, A, N, D'Andrin, c'est presque noble.

LA BARONNE.

Crois-tu qu'il accepte?

FOURCHEVIF.

Parfaitement; il n'est pas fier. Je lui céderai deux ou trois ancêtres, et il sera des nôtres.

SCÈNE IV.

Les Mêmes, ADÈLE, puis TRONQUOY.

ADÈLE, entrant.

Je viens d'arranger mon dessert.

FOURCHEVIF, bas, à la baronne.

Je vais l'interroger adroitement. (Haut.) Approche, Adèle. nous avons à te parler.

ADÈLE.

A moi, papa?

LA BARONNE.

Oui, mon enfant.

FOURCHEVIF.

Réponds-moi franchement. Qu'est-ce que tu penses de M. Jules Dandrin?

ADÈLE.

Mais dame, papa..

SCÈNE QUATRIÈME.

FOURCHEVIF.

Tu vas me dire qu'il n'est pas noble, c'est un malheur sans doute.

ADÈLE.

Ah! ça, ça m'est bien égal!

LA BARONNE.

Hein?

FOURCHEVIF, à part.

Elle a du sang des Potard!

LA BARONNE.

Ma fille, il ne faut pas dire cela.

FOURCHEVIF.

Non, il ne faut pas dire cela... devant le monde... D'ailleurs, M. Dandrin mettra l'apostrophe, c'est convenu.

ADÈLE.

L'apostrophe! pour quoi faire?

FOURCHEVIF.

Eh bien, pour t'épouser, car il te demande en mariage.

ADÈLE, avec joie.

Ah!

LA BARONNE, à part.

Il appelle ça l'interroger adroitement.

FOURCHEVIF.

Maintenant, donne-moi ton opinion.

ADÈLE.

Mon Dieu! vous me voyez très-embarrassée... je ferai toujours vos volontés... et celles de maman; et, puisque vous me forcez.

FOURCHEVIF.

Nous ne te forçons pas, remarque que nous ne te forçons pas.

ADÈLE.

Puisque vous me forcez à vous dire mon sentiment sur M. Jules...

FOURCHEVIF.

Ah!

ADÈLE.

Que j'ai à peine entrevu! je dois convenir que nières sont élégantes, pleines de distinction et de qu'il s'habille avec goût, qu'il marche avec grâce, mains sont fines, ses yeux spirituels...

LA BARONNE, l'arrêtant.

Ma fille!

FOURCHEVIF.

Est-ce fini?

ADÈLE.

Oui, papa.

FOURCHEVIF.

Eh bien, mon compliment! Tu n'as pas tes yeux dans ta poche! (Imitant Adèle.) « Je l'ai à peine entrevu!... » Oh! les petites filles!

ADÈLE.

Papa... est-ce que vous allez lui répondre aujourd'hui?...

FOURCHEVIF, allant à son bureau.

Un instant, que diable! D'abord il faut que je fasse mes quittances pour les envoyer à Paris, c'est après-demain le 15.

SCÈNE QUATRIÈME.

TRONQUOY, entrant. Il a mis sa veste du matin, il est triste.

Monsieur le baron...

FOURCHEVIF.

Ah! c'est toi... (L'examinant.) A la bonne heure, tu es très-bien comme ça.

TRONQUOY.

Oui, sauf que je n'ai pas l'air d'un domestique... (Avec mépris.) J'ai l'air d'un paysan!

FOURCHEVIF.

Voyons, que veux-tu?

TRONQUOY.

Il y a là un monsieur qui désire parler au propriétaire du château.

FOURCHEVIF.

Un monsieur?

TRONQUOY, montrant sa veste.

Il m'a vu avec ça!

FOURCHEVIF.

Tu m'ennuies! Comment s'appelle-t-il, ce monsieur?

TRONQUOY.

Voilà sa carte.

FOURCHEVIF, lisant.

Étienne Lambert... je ne connais pas... Fais-le entrer.

Tronquoy sort

LA BARONNE.

Viens, Adèle. (A Fourchevif.) Dépêche-toi de le congédier... c'est aujourd'hui ma lessive, tu viendras nous aider à étendre.

La baronne et Adèle entrent à droite.

SCÈNE V.

TRONQUOY, LAMBERT, FOURCHEVIF.

TRONQUOY, à la cantonade.

Par ici, entrez, monsieur.

> Lambert paraît au fond, il porte une blouse et une boîte de couleurs à la main.

LAMBERT, saluant.

Monsieur, c'est bien au propriétaire du château que j'ai l'honneur de parler ?

FOURCHEVIF, se levant.

A lui-même, monsieur.

TRONQUOY, à part, examinant le costume de Lambert.

Après ça, il n'est pas mieux mis que moi.

LAMBERT, à Fourchevif.

Monsieur, vous avez, au bout de votre parc, un rocher célèbre parmi les artistes qui viennent en Dauphiné, et je viens vous demander la permission d'en faire une étude.

FOURCHEVIF.

Ah ! c'est pour ça... Alors monsieur est artiste ?

> Il remet sa casquette.

LAMBERT.

Oui, monsieur ; couvrez-vous donc, je vous prie.

FOURCHEVIF.

Ma parole, je ne sais pas ce que vous avez tous après mon rocher. C'est une grosse pierre comme les autres.

SCÈNE SIXIÈME.

LAMBERT.

Il y en a même de plus grosses !

FOURCHEVIF, à part.

Il a peut-être l'intention de me vendre son barbouillage. (Haut.) Monsieur, je vous accorde la permission de faire mon rocher... Mais, si c'est pour me le vendre, je vous préviens que je n'achète pas ces machines-là.

LAMBERT, piqué.

Rassurez-vous, monsieur ; quand je commence un tableau, il est vendu ; d'ailleurs, je ne travaille pas pour la province.

FOURCHEVIF.

Alors très-bien ; faites votre petit dessin ; mais n'entrez pas dans le potager... Les fruits sont comptés.

LAMBERT.

Hein ?

FOURCHEVIF, sortant par la droite.

Tronquoy, ne quitte pas monsieur.

SCÈNE VI.

LAMBERT, TRONQUOY.

LAMBERT, à lui-même.

Qu'est-ce que c'est que ce hérisson-là ? (A Tronquoy. — Portant sa boîte à couleurs sur le guéridon.) Qu'est-ce qu'il fait, ton maître ?

TRONQUOY.

Il fait sa lessive.

LAMBERT.

Oui, mais sa profession ?

TRONQUOY.

Sa profession ? Il n'en a pas. (Avec fierté.) M. le baron de Fourchevif est bourgeois !

LAMBERT.

Hein ? il s'appelle le baron de Fourchevif, lui ?

TRONQUOY.

Parbleu !

LAMBERT, à lui-même.

Ah ! par exemple, c'est un peu fort ! (A Tronquoy.) Mon ami, veux-tu dire à ton baron de venir tout de suite, j'ai à lui parler.

TRONQUOY.

Mais, monsieur...

LAMBERT.

Va, c'est très-important. (Tronquoy sort.) Ah ! voilà un baron qui a besoin d'une leçon ; je me charge de la lui donner... Et ce brave Rouquérolle, mon rapin, mon compagnon de travail, qui m'attend à l'auberge pour déjeuner... Bah ! il m'attendra.

SCÈNE VII.

LAMBERT, FOURCHEVIF.

FOURCHEVIF, entrant.

Vous m'avez fait demander ? Dépêchons-nous, je suis pressé.

SCÈNE SEPTIÈME.

LAMBERT.

C'est bien à M. le baron de Fourchevif que j'ai l'honneur de saluer ?

FOURCHEVIF.

Lui-même ; après ?

LAMBERT.

En êtes-vous bien sûr ?

FOURCHEVIF.

Comment ! voilà qui est fort !

LAMBERT.

Vous savez qu'il n'en reste plus qu'un Fourchevif... le dernier de la famille ?

FOURCHEVIF, se désignant.

Eh bien ?

LAMBERT.

J'ai bien de la peine à croire que ce soit vous.

FOURCHEVIF.

Et pourquoi, s'il vous plait ?

LAMBERT, simplement.

Parce que c'est moi !

FOURCHEVIF.

Hein ? vous M. le baron ?

Il ôte vivement sa casquette.

LAMBERT.

Couvrez-vous donc, je vous prie.

FOURCHEVIF.

C'est impossible ! un baron... en blouse !

LAMBERT.

Vous êtes bien en casquette ! Faut-il produire mon acte

de naissance? Je suis fils de Raoul de Fourchevif et de dame Raymonde Jacotte de Fourcy.

FOURCHEVIF, à part.

J'ai vu ces noms-là dans mes titres. (Haut.) Mais que signifie cette carte : « Étienne Lambert? »

LAMBERT.

C'est mon nom de peintre, mon nom de guerre, si vous voulez... Sans fortune et obligé de vendre mes tableaux pour vivre, je n'ai pas cru devoir associer le nom de mes ancêtres aux péripéties d'une position... plus que précaire; il sied mal de porter ses diamants quand on n'est pas toujours sûr d'avoir un habit. Alors, j'ai mis le nom de mes aïeux dans ma poche, par respect pour eux, et j'en ai arboré un autre : Étienne Lambert! Au moins, celui-là n'engage pas. Étienne Lambert peut endosser la blouse du peintre, fumer librement sa pipe, loger au sixième étage, et, dans les jours difficiles, aborder sans humiliation le dîner à vingt-deux sous... le baron de Fourchevif ne le pourrait pas.

FOURCHEVIF.

Vous m'avez l'air d'un brave garçon, je crois que nous pouvons nous entendre.

LAMBERT.

Comment cela?

FOURCHEVIF.

Du moment que vous ne vous servez pas du nom de vos ancêtres, je ne vois pas pourquoi vous vous opposeriez à me le laisser porter.

LAMBERT.

Vous croyez que ça se prête comme un parapluie?

SCÈNE SEPTIÈME.

FOURCHEVIF.

Oh! je ne vous le demande pas pour rien. (Tirant son portefeuille). Je suis trop juste.

LAMBERT.

Oh! oh! cachez cela.

FOURCHEVIF.

Comment?

LAMBERT.

Je ne vends pas de vieux galons.

FOURCHEVIF, étonné.

Ah! alors, que désirez-vous?

LAMBERT, s'asseyant.

C'est bien simple, je désire que vous sortiez de mon nom.

FOURCHEVIF.

Ah! ça, c'est impossible.

LAMBERT.

Impossible est joli. Mais vous oubliez donc que je puis vous y contraindre? on vient de faire une petite loi sur les titres.

FOURCHEVIF, vivement.

Je la connais, mais vous ne voudrez pas, vous un artiste, vous ne voudrez pas dépouiller un pauvre père de famille d'un nom qu'il a honorablement conquis par dix-huit ans d'exercice!

LAMBERT.

Il y a six mois, j'ai fait condamner un monsieur qui avait conquis ma montre de cette manière-là.

FOURCHEVIF.

Oh! quelle différence! Mais vous ne savez pas tout. Je

me présente au conseil général, mes circulaires sont lancées ; ce serait me couvrir de honte, de ridicule.

LAMBERT.

Désolé !

FOURCHEVIF.

Et ma femme, pauvre femme, comment lui dire...? Elle est si nerveuse. Et ma fille, ma pauvre fille, qui va se marier. Un pareil scandale ferait tout manquer... elle en mourrait et ma femme aussi ! et moi aussi !

LAMBERT, riant.

Diable ! trois morts sur la conscience.

FOURCHEVIF.

Quatre ! le prétendu, quatre !

LAMBERT, à part.

Il est drôle, ce bonhomme. (Haut.) Mon Dieu ! je n'ai aucune raison de vous être personnellement désagréable, et je cherche s'il n'y aurait pas un moyen...

FOURCHEVIF.

Oh ! parlez ! (Tirant de nouveau son portefeuille) aucun sacrifice ne me coûtera.

LAMBERT.

Laissez donc votre portefeuille en repos.

FOURCHEVIF.

Oui, voyons votre moyen. (A part.) Dieu ! que j'ai chaud !

LAMBERT.

Vous êtes riche, n'est-ce pas... très-riche ?

FOURCHEVIF.

Moi ? (A part.) Il va me demander des sommes folles. (Haut.) Je suis riche... j'ai une certaine aisance, mais il ne faudrait pas croire...

SCÈNE SEPTIÈME.

LAMBERT, se levant.

Ah ! si vous n'êtes pas riche, n'en parlons plus, ça ne peut pas s'arranger.

FOURCHEVIF.

Eh, bien, oui, la ! je suis riche, je suis très-riche... dans une certaine mesure.

LAMBERT.

Alors, nous pouvons causer; asseyez-vous.

<small>Il le fait asseoir sur la chaise qu'il vient de quitter et en prend une autre.</small>

FOURCHEVIF, à part.

Qu'est-ce qu'il va demander, mon Dieu !

LAMBERT.

Je vous ai dit que j'avais quitté mon nom parce que ma position de fortune ne me permettait pas de le soutenir dignement.

FOURCHEVIF.

Oui.

LAMBERT.

Eh bien, si je consentais à vous le laisser porter, à vous qui êtes mieux partagé que moi, prendriez-vous l'engagement sérieux de lui rendre son ancien lustre ?

FOURCHEVIF

Qu'entendez-vous par là ?

LAMBERT.

J'entends que vous le tiriez de l'oubli, que vous le fassiez rayonner de sa splendeur passée, enfin que vous le portiez haut et ferme, comme il convient à un baron de Fourchevif.

FOURCHEVIF.

Et après ?

LAMBERT.

Voilà tout.

FOURCHEVIF, joyeux.

Comment! vous ne demandez que ça?

LAMBERT.

Prenez garde! je vous demande peut-être plus que vous ne pourrez me donner. Autrefois, nous habitions ici une splendide demeure.

FOURCHEVIF.

Vous trouvez que c'est mal tenu?

LAMBERT.

Mais franchement...

FOURCHEVIF.

Très-bien, je vais faire repeindre la façade du château... à l'huile!

LAMBERT.

Ce n'est pas tout que le château soit repeint, il faut qu'un gentilhomme l'habite, et voilà le difficile.

FOURCHEVIF.

Mais je sais être gentilhomme, voilà dix-huit ans que je pratique.

LAMBERT.

Enfin, je veux bien vous essayer.

FOURCHEVIF.

Comment, m'essayer?

LAMBERT.

Oui, c'est une expérience ; je vous prête le nom de mes pères, mais prenez-y garde, si vous laissez passer l'oreille du bourgeois, je le reprends ; je le remets dans la poche de l'artiste.

Ils se lèvent.

SCÈNE SEPTIÈME.

FOURCHEVIF.

C'est convenu.

LAMBERT.

Où est ma chambre ?

FOURCHEVIF.

Votre chambre ?

LAMBERT.

Il faut bien que je sois là pour vous voir à l'œuvre.

FOURCHEVIF.

Ah ! oui.

LAMBERT.

Cela paraît vous contrarier ; voilà déjà un faux pas.

FOURCHEVIF.

Comment ?

LAMBERT.

L'hospitalité est une vertu de race.

FOURCHEVIF.

Et je sais la pratiquer ! Voulez-vous nous faire l'amitié de manger la soupe avec nous ?

LAMBERT.

La soupe ?

FOURCHEVIF.

Non, de dîner avec nous. (Indiquant le fond, à gauche.) Voici votre chambre ; il y a un carreau en papier, mais on attend le vitrier... (A part.) depuis trois ans.

LAMBERT, regardant les portraits d'ancêtres.

Les voilà, ces nobles têtes !

FOURCHEVIF.

Nos ancêtres ! j'ai l'intention de les faire revenir.

LAMBERT.

Me pardonneront-ils le compromis que je viens de faire avec vous?

FOURCHEVIF.

Ah! qu'est-ce que ça leur fait?

LAMBERT.

Voici Hugues-Adalbert de Fourchevif; il a été aux croisades.

FOURCHEVIF.

Ah! il a été...? (A part.) Ça fera plaisir à ma femme. (Haut.) Il est bien noir! c'est le climat.

LAMBERT, regardant un panneau du mur, derrière le bureau, et riant.

Ah! ah! je le reconnais, c'est bien ça.

FOURCHEVIF.

Quoi donc?

LAMBERT.

Une histoire que m'a racontée souvent mon grand-père. (Frappant sur le panneau.) Il y a un bailli là dedans.

FOURCHEVIF.

Dans le mur?

LAMBERT, s'asseyant sur un canapé

Oui, il est là depuis 1623. Il avait osé lever les yeux sur la femme de Raoul, seizième baron de Fourchevif. Raoul revenait de la chasse... le bailli effrayé se jette dans un placard... éternue... et aussitôt Raoul fait murer le placard.

FOURCHEVIF.

Ah! mon Dieu! parce qu'il avait éternué!

LAMBERT.

Le lendemain, on découvrit que les soupçons de Raoul n'étaient pas fondés.

FOURCHEVIF.

Eh bien, alors, le bailli ?...

LAMBERT, d'un air indifférent.

Oh ! on le laissa là pour ne pas gâter la boiserie... nous avions droit de haute justice.

FOURCHEVIF, à part.

Elle est jolie, sa haute justice.

LAMBERT.

Ces souvenirs sont pour moi pleins de charme! (Se levant.) Vous m'avez dit que ma chambre était là?

FOURCHEVIF.

Oui... Vous prendrez garde aux fauteuils, il y en a un de cassé ; on attend le tapissier. (A part.) Il doit venir avec le vitrier.

LAMBERT.

A bientôt. (A part.) Je m'amuse, moi, ici.

Il entre à gauche au fond

SCÈNE VIII.

FOURCHEVIF, puis LA BARONNE.

FOURCHEVIF, seul.

Un bailli muré, c'est horrible ! (Montrant la table qui est près du panneau.) Dire que j'écrivais là tous les jours ! (Prenant la table et l'éloignant du mur.) Jamais je ne pourrais écrire mes quittances si près du bailli.

LA BARONNE, paraissant au fond, suivie de Tronquoy qui porte du linge.

Dépêchez-vous, dites qu'on étende, je vais avec vous?

Tronquoy traverse au fond.

FOURCHEVIF, arrêtant la baronne.

Non, reste, j'ai à te parler.

LA BARONNE.

Quelle figure bouleversée !

FOURCHEVIF.

Si tu savais ! Il est ici... je l'ai vu...

LA BARONNE.

Qui ça ?

FOURCHEVIF.

Le dernier des Fourchevif, le vrai !

LA BARONNE.

Ah ! mon Dieu ! qu'est-ce que tu me dis là

FOURCHEVIF.

C'est un peintre.

LA BARONNE.

Donne-lui un secours.

FOURCHEVIF.

Ah bien, oui ! Il est fier comme tous les nobles. (Avec rage.) Oh ! les nobles !

LA BARONNE.

Tais-toi donc, nous le sommes.

FOURCHEVIF, se calmant.

Ah ! c'est juste. Il voulait reprendre son nom.

LA BARONNE.

Jamais ! D'abord, qui nous prouve que c'est un Fourchevif ?

FOURCHEVIF.

Oh ! il n'y a pas à en douter... Il m'a raconté des particularités... Tu ne sais pas ? (Indiquant le panneau.) Il y a un bailli là...

SCÈNE HUITIÈME.

LA BARONNE.

Un bailli ?

FOURCHEVIF.

Depuis 1623, parce qu'il avait éternué !... Mais j'ai arrangé l'affaire... Il nous laisse son nom... à la condition que nous le ferons briller... que nous serons grands seigneurs !... Comme si c'était difficile !... Et il va passer quelques jours avec nous... pour nous essayer...

LA BARONNE.

Comment, nous essayer ?

FOURCHEVIF.

Oui, et, s'il trouve que nous ne sommes pas assez gentilshommes... le pacte est rompu !... Il faut l'éblouir !... il faut être splendides ! Voyons, qu'est-ce que nous pourrions faire ? As-tu un bon dîner ?

LA BARONNE.

J'ai un lièvre.

FOURCHEVIF.

Fais-nous servir le gros melon.

LA BARONNE.

Je le gardais pour dimanche...

FOURCHEVIF.

Ça ne fait rien !... Tu as là un petit bonnet du matin... c'est bien simple... il te faudrait une toque... avec des plumes !

LA BARONNE.

Attends !... Mon bonnet de soirée ! Je l'avais hier pour aller prendre le thé chez le comte de la Brossinière... Il est resté là.. (Elle prend un bonnet à fleurs dans un carton et le met.) Mais toi ?... Tu ne vas pas rester avec ton paletot de la *Belle Jardinière.*

FOURCHEVIF.

C'est juste !... Je vais mettre mon habit noir !...
Il le prend sur son fauteuil et le met.

LA BARONNE.

Et ton pantalon relevé?...

FOURCHEVIF.

A cause de la rosée... (Rabaissant son pantalon.) Tu as raison... Soyons gentilhomme !...

SCÈNE IX.

LES MÊMES, LAMBERT, puis TRONQUOY.

LAMBERT sort de sa chambre ; il a ôté sa blouse et porte un paletot élégant.

Monsieur le baron...

FOURCHEVIF, à sa femme.

C'est lui ! (A part.) Tiens! il s'est habillé aussi. (Haut. — Présentant Lambert à sa femme.) Baronne... permettez-moi de vous présenter M. Étienne Lambert... un peintre très-distingué... dont nous avons vu si souvent le nom dans le livret du muséum.

LAMBERT.

Ah ! baron ! (Saluant.) Madame...

FOURCHEVIF.

Il a bien voulu faire à notre rocher l'honneur de le dessiner... et à nous le plaisir de passer quelques jours au château... (A part.) Je soigne mon style !

SCÈNE NEUVIÈME.

LA BARONNE.

Soyez le bienvenu, monsieur... notre maison a toujours été ouverte aux artistes.

FOURCHEVIF.

C'est vrai ! (Feignant l'enthousiasme.) Oh ! les artistes !

LA BARONNE.

Et il me serait particulièrement agréable que vous considérassiez cette demeure comme la vôtre.

FOURCHEVIF, à part.

« Considérassiez ! » Elle soigne aussi son style.

LAMBERT.

Vous me voyez confus d'un tel accueil, madame la baronne... Je le dois moins à mon mérite qu'à vos grandes habitudes d'hospitalité !...

LA BARONNE, saluant.

Monsieur...

LAMBERT, saluant.

Madame... (A part.) Elle a un bon bonnet !

FOURCHEVIF, à part.

Jusqu'à présent, ça marche très-bien !

LAMBERT.

Dites donc, baron ?

FOURCHEVIF.

Mon ami ?

LAMBERT.

Qu'est-ce que c'est donc que ces linges qui se balancent désagréablement sur des cordes dans la cour d'honneur ?

LA BARONNE, à part.

Ma lessive ?

FOURCHEVIF.

Voilà qui est fort ! Des linges dans la cour d'honneur ! (A sa femme.) Savez-vous, baronne, ce que ça peut être ?

LA BARONNE.

Je l'ignore... je ne m'occupe pas de ces détails...

FOURCHEVIF.

J'allais y faire mettre des orangers... je les attends.

TRONQUOY, entre, tenant à la main de grosses épingles en bois.

Madame la baronne, il ne reste plus que ça d'épingles, je viens en chercher...

LA BARONNE, bas, à Tronquoy.

Tais-toi !

FOURCHEVIF, après lui avoir donné un coup de poing à la dérobée.

Comment, faquin ! c'est toi qui te permets d'étendre dans la cour d'honneur...?

TRONQUOY.

Mais c'est madame qui m'a dit...

LA BARONNE.

Moi ?

FOURCHEVIF, bas.

Veux-tu te taire !

TRONQUOY, de même.

Mais oui... ce matin...

FOURCHEVIF, de même.

Pas un mot... ou je te chasse !...

LA BARONNE.

Impertinent !

LAMBERT, à part.

Je crois que j'ai dérangé la lessive.

SCÈNE NEUVIÈME.

FOURCHEVIF, à Lambert.

On n'a jamais vu une brute pareille!

LAMBERT.

C'est votre valet de chambre?

FOURCHEVIF.

Oui... c'est un de mes valets de chambre.

LAMBERT.

Il est bien mal tenu.

FOURCHEVIF.

Tiens! il n'a pas sa livrée! c'est inouï! (Avec colère.) Tronquoy!

TRONQUOY.

Monsieur?

FOURCHEVIF.

Comment oses-tu te présenter ici avec cette loque sur le dos?

LA BARONNE.

C'est d'une inconvenance!...

TRONQUOY.

Mais vous m'avez grondé ce matin parce que...

FOURCHEVIF.

Tu ne dois jamais quitter ta livrée! jamais!

LA BARONNE.

Jamais!

TRONQUOY, étonné.

Ah bah! (Enchanté.) Ça me va... je vais la remettre.. Ah! j'oubliais... le jardinier va partir... quel prix voulez vous vendre vos pêches?

FOURCHEVIF, toussant pour le faire taire

Hum! hum!

LA BARONNE, à part.

L'imbécile!

LAMBERT.

Comment! vous vendez vos pêches?

FOURCHEVIF.

Moi?

LA BARONNE.

Par exemple!

TRONQUOY.

Celles qui ne sont pas attaquées!

FOURCHEVIF, bas, à Tronquoy.

Veux-tu te taire! (Haut.) Vendre mes pêches! me faire fruitier!

LA BARONNE.

Voilà qui serait bouffon!

FOURCHEVIF.

Cet idiot comprend tout de travers!... je fais emballer des pêches pour un ami... pour le préfet!... Et il va les envoyer au marché, sous mon nom!... Avec des brutes pareilles, il faudrait être partout! Que je t'y reprenne!

LAMBERT.

Oui... il vous faudrait un intendant!

FOURCHEVIF.

Voilà! Il me faudrait un intendant! Nous en causions encore ce matin avec la baronne. (A Lambert.) Vous ne connaîtriez pas quelqu'un?

LAMBERT.

Si, j'ai peut-être votre affaire.

SCÈNE DIXIEME.

FOURCHEVIF, à part.

Ah diable! j'ai eu tort de lui demander ça. (Haut.) Nous en reparlerons... Baronne, veuillez donner des ordres pour qu'on débarrasse la cour d'honneur.

LA BARONNE.

Soyez tranquille... (Saluant Lambert.) Monsieur...

Elle sort par le fond.

FOURCHEVIF, à Tronquoy.

Va mettre ta livrée, maroufle! (A part.) Maroufle est grand seigneur! (Tronquoy sort.) Quant à moi... je vais parler à ce jardinier qui vend mes pêches! (A part.) Je vais lui dire de ratisser le parc! (Haut.) Vous permettez?... A bientôt!

Il sort par le fond à droite.

SCÈNE X.

LAMBERT, puis ROUQUÉROLLE.

LAMBERT, seul.

Ça fait sa lessive, ça vend des pêches et ça veut porter le nom de Fourchevif!

ROUQUÉROLLE, paraît au fond, costume de velours, cheveux très-longs.

Eh bien, tu ne viens pas?

LAMBERT.

Rouquérolle!

ROUQUÉROLLE.

Voilà une heure que je t'attends à l'auberge. L'omelette est cuite... et recuite!

LAMBERT.

Tu arrives à propos... j'ai une communication à te faire.

ROUQUÉROLLE.

A moi?

LAMBERT.

Mon ami... voilà douze ans que je fais une remarque pénible : c'est que tu n'as aucune espèce de talent.

ROUQUÉROLLE.

Hein?

LAMBERT.

Tu crois faire de la peinture, tu ne fais que des épinards.

ROUQUÉROLLE.

C'est vrai, je vois vert... j'ai le malheur de voir vert!

LAMBERT.

Donc, tu n'as d'autre avenir que de peindre des enseignes pour les nourrisseurs.. des pelouses vertes... avec des vaches... de même couleur!

ROUQUÉROLLE.

Ah! Lambert! tu n'es pas gentil!

LAMBERT.

Attends! Mais, comme tu es un brave garçon, que j'aime... j'ai songé à ton avenir, je t'ai trouvé une place!

ROUQUÉROLLE.

Dans les chemins de fer?

LAMBERT.

Non... je connais un grand seigneur qui a besoin d'un intendant.

ROUQUÉROLLE.

Tiens!

LAMBERT.

Il lui faut un homme qui ait le sentiment des arts, le goût des belles choses. (Voyant Rouquérolle tirer sa pipe.) Cache ta pipe!... un homme enfin qui sache le diriger dans l'emploi de sa fortune... et j'ai pensé à toi!

ROUQUÉROLLE.

Intendant?... C'est une drôle d'idée... Qu'est-ce qu'il y a à faire?

LAMBERT.

Rien du tout!

ROUQUÉROLLE.

Et on gagne?...

LAMBERT.

Deux mille quatre cents francs environ...

ROUQUÉROLLE.

C'est peu... Enfin!...

SCÈNE XI.

Les Mêmes, FOURCHEVIF.

FOURCHEVIF, à la cantonade.

Ratissez partout!.. je ne veux pas voir une feuille à terre.

LAMBERT, bas, à Rouquérolle.

Le baron! Je vais te présenter... De la tenue, montre ton linge! (Se ravisant en regardant la chemise de Rouquérolle.) Non, boutonne ton paletot!

FOURCHEVIF, à Lambert.

Je vous demande pardon de vous avoir laissé

LAMBERT, présentant Rouquérolle.

Baron, voici la personne dont je vous ai parlé.

FOURCHEVIF, saluant Rouquérolle.

Monsieur... (A Lambert.) Quelle personne?

LAMBERT.

L'intendant

FOURCHEVIF.

Ah oui! Nous avions parlé... vaguement...

LAMBERT.

Je me suis permis de l'arrêter en votre nom :

FOURCHEVIF.

Comment, déjà?

LAMBERT.

Nous sommes convenus de tout absolument.

ROUQUÉROLLE.

Oui, baron, de tout!

FOURCHEVIF.

Ah! c'est différent, du moment que...

ROUQUÉROLLE, à part.

Il a une bonne tête, le patron!

Il remonte et regarde les portraits au fond.

FOURCHEVIF, bas, à Lambert.

Dites-moi, il a les cheveux bien longs?

LAMBERT, bas.

Il les fera couper.

SCÈNE DOUZIÈME.

FOURCHEVIF, bas.

Est-il honnête?

LAMBERT, bas.

Je n'en sais rien... Vous savez, les intendants! Mais c'est un homme qui a les connaissances les plus variées et les plus étendues.

FOURCHEVIF.

Oui, mais...

LAMBERT.

Il connait la peinture, l'architecture, l'agriculture... Faites-le causer, vous en serez étonné... Moi, je vais revoir les arbres qui ont ombragé ma jeunesse. (A part.) Et croquer mon rocher. (Haut.) Faites-le causer.

Il sort par le fond.

SCÈNE XII.

ROUQUÉROLLE, FOURCHEVIF.

FOURCHEVIF, à part.

Il me fourre un intendant! Je n'en ai pas besoin. (Regardant Rouquérolle.) Il a une franche figure de coquin!

ROUQUÉROLLE, qui a examiné les portraits.

Vous avez de jolis bonshommes là.

FOURCHEVIF.

Comment, des bonshommes?... ce sont mes ancêtres...

ROUQUÉROLLE.

En voilà un qui a poussé au noir.

FOURCHEVIF.

C'est Hugues-Adalbert de Fourchevif... il a été aux c sades... dit-on !

ROUQUÉROLLE.

C'est peint dans la manière de Ribéra.

FOURCHEVIF.

Ribéra?

ROUQUÉROLLE.

Un Espagnol qui voyait noir... Moi, je vois vert... le malheur de voir vert !... M. le baron ne fume pas?

FOURCHEVIF.

Non... Je vous serai même obligé... le tabac incommode la baronne et moi-même... Mais il faut que je vous mette au courant de mes affaires.

ROUQUÉROLLE,

Volontiers...

FOURCHEVIF, qui a tiré un papier de sa poche.

Voici un petit projet de bail sur lequel je ne serais pas fâché d'avoir votre avis...

Ils s'asseyent à la table.

ROUQUÉROLLE.

Parlez... (A part.) Je donnerais tous les trésors de l'Asie pour fumer une pipe.

FOURCHEVIF.

Il s'agit d'un bail à cheptel... je n'ai pas besoin de vous dire ce que c'est que le bail à cheptel... vous avez des connaissances pratiques.

ROUQUÉROLLE.

Dites toujours!

SCÈNE DOUZIÈME

FOURCHEVIF.

Nous avons le cheptel simple... le cheptel à moitié et le cheptel de fer.

ROUQUÉROLLE.

C'est le plus solide.

FOURCHEVIF.

Non... moi, je préfère le cheptel à moitié.

ROUQUÉROLLE.

Chacun son idée. M. le baron ne fume pas?

FOURCHEVIF.

Mais non! (A part.) Quel drôle d'intendant! (Haut.) Il est bon de vous dire que j'ai quatorze cents têtes de moutons.

ROUQUÉROLLE, étonné.

Quatorze cents! (A part.) Qu'est-ce qu'il peut faire de toutes ces têtes-là?

FOURCHEVIF.

Quand je dis quatorze cents... mon fermier en a la moitié.

ROUQUÉROLLE.

Alors, reste à quatorze cents demi-têtes... c'est déjà bien gentil!

FOURCHEVIF.

Voici l'article 14, sur lequel j'appelle toute votre attention.

ROUQUÉROLLE.

Allez!...

FOURCHEVIF, après avoir mis ses lunettes.

« Le preneur sera tenu de garder ledit cheptel par lui

et ses gens ; il devra justifier de toutes morts naturelles par le rapport des peaux... »

ROUQUÉROLLE.

Le rapport des peaux ?

FOURCHEVIF.

Oui... Ainsi, quand un mouton mourra, il sera tenu de montrer sa peau.

ROUQUÉROLLE.

Le mouton ?

FOURCHEVIF.

Non, le fermier.

ROUQUÉROLLE.

La peau du fermier ?

FOURCHEVIF.

Non, la peau du mouton.

ROUQUÉROLLE.

La peau de la tête ?

FOURCHEVIF.

Eh non ! toute la peau ! (A part.) Il est stupide ! (Haut, reprenant sa lecture.) « Tous ravissements de loups et autres morts violentes se justifieront comme faire se pourra. »

ROUQUÉROLLE.

Tiens ! vous avez des loups ?

FOURCHEVIF.

Ne m'en parlez pas ! L'hiver dernier, ils ont mangé seize moutons.

ROUQUÉROLLE.

Bravo ! c'est splendide !

SCÈNE DOUZIÈME.

FOURCHEVIF.

Qu'est-ce qui est splendide?

ROUQUÉROLLE.

Vos loups!... Ça devient très-rare! En Angleterre, on les achète... nous les chasserons... Chasser le loup, c'est un de mes rêves! Il nous faudra des chevaux, une meute, des piqueurs.

FOURCHEVIF.

Permettez...

ROUQUÉROLLE.

Je me charge de vous trouver tout cela, soyez tranquille! Nous nous arrangerons une vie de Polichinelle!

Il lui frappe sur l'épaule.

FOURCHEVIF, se levant impatienté.

Une vie de Polichinelle!

ROUQUÉROLLE, se levant.

Par exemple, votre mobilier est triste... oh! qu'il est vilain!

FOURCHEVIF.

Comment!... c'est de l'acajou... verni!...

ROUQUÉROLLE.

Précisément; il vous faut du vieux chêne, des bahuts, des tables, des fauteuils de style, des chenets en fer de l'époque.

FOURCHEVIF.

Pourquoi pas en or?

ROUQUÉROLLE.

Ah! dame, quand on est baron, quand on a des papas qui ont été aux croisades, on ne se meuble pas comme un passementier!

FOURCHEVIF, à part.

Ah! mais il m'ennuie, celui-là!

ROUQUÉROLLE.

Dites donc, baron, une confidence.

FOURCHEVIF.

Quoi encore?

ROUQUÉROLLE.

Je n'ai pas déjeuné. (Mettant la main sur son estomac.) Ça fait cri cri!

FOURCHEVIF.

Ah! vous n'avez pas...? C'est bien, je vais voir à l'office, (A part.) Je crois qu'il reste de la dinde. (Haut.) Tenez, en attendant, faites mes quittances de loyer...

ROUQUÉROLLE.

Moi?

FOURCHEVIF, prenant un papier sur la table.

Voici la liste de mes locataires... avec les sommes à toucher... vous n'aurez qu'à copier.

ROUQUÉROLLE.

Franchement, je n'aime pas beaucoup ce travail-là.

FOURCHEVIF.

En vérité! (A part.) Dès que l'autre sera parti, en voilà un que je flanquerai à la porte.

Il entre à droite, au fond.

SCÈNE XIII.

ROUQUÉROLLE, seul, se mettant à table.

C'est vrai... faire des quittances pour des locataires qui seront obligés de les payer un jour ou l'autre... ça me rend mélancolique! (Lisant un papier.) Liste des locataires de M. le baron de Fourchevif. (Parlé.) Fourchevif! C'est mon propriétaire!... (Se levant.) Je lui dois trois termes! Voilà une rencontre!... Tiens, mon nom! il y a une note à côté. (Lisant.) « Donner congé au petit barbouilleur. » (Parlé.) Il faut que je me donne congé! Bah! ça m'est égal, j'ai un autre logement chez lui! (Apercevant le tableau commencé par Adèle.) Tiens! on peint ici! (Examinant le tableau.) Peinture de demoiselle... pour la fête à papa!

SCÈNE XIV.

ROUQUÉROLLE, ADÈLE, puis FOURCHEVIF.

ADÈLE, entrant et apercevant Rouquérolle.

Quel est ce monsieur qui regarde mon tableau?

ROUQUÉROLLE.

Ah! pardon, mademoiselle, je suis le nouvel intendant.

ADÈLE.

Comment! papa a pris un intendant!... Pour quoi faire?

ROUQUÉROLLE.

Mais... pour ne rien faire.

ADÈLE, riant.

Ah! ah! c'est de la franchise... Vous êtes amateur de peinture?

ROUQUÉROLLE.

Mieux que ça.

ADÈLE.

Artiste, peut-être?

ROUQUÉROLLE.

Je me le suis laissé dire.

ADÈLE, allant au chevalet.

Ah! quel bonheur! Donnez-moi des conseils, monsieur, et surtout soyez franc!

ROUQUÉROLLE, à part.

Elle est gentille! (Haut.) Franchement, c'est mou, c'est poncif, palette de famille; ça manque de flou.

ADÈLE.

De flou?

ROUQUÉROLLE.

Tenez! voilà un camelia qui ressemble à un coquelicot... vous voyez coquelicot... moi, je vois vert!

ADÈLE.

Il faut convenir que vous n'êtes pas complimenteur.

ROUQUÉROLLE.

Ah! dame! vous avez encore à piocher! (Lui donnant un pinceau.) Tenez, fourrez-moi des glacis là dedans... et empâtez vos premiers plans! Empâtez, ferme!

ADÈLE, travaillant.

Ce n'est pas ma faute... je n'ai jamais eu de conseils...

SCÈNE QUATORZIÈME.

ROUQUÉROLLE, à part.

Elle est très-gentille!... ça ferait une jolie petite femme pour Lambert! (Haut.) Aimez-vous les artistes?

Il s'assied près du chevalet.

ADÈLE.

Oh! oui, beaucoup!

ROUQUÉROLLE.

Vous êtes dans le vrai... N'épousez jamais un bourgeois... c'est aplatissant! Empâtez! empâtez!

ADÈLE.

Encore?

ROUQUÉROLLE.

Toujours! Épouseriez-vous un artiste?

ADÈLE.

Dame! (A part.) Mon père lui a parlé de M. Jules!

ROUQUÉROLLE.

J'en connais un... un vrai... qui n'est pas loin d'ici.

ADÈLE, baissant les yeux.

Je crois savoir qui...

ROUQUÉROLLE, à part.

Ça y est!... Elle a vu Lambert!... Le flibustier! Il faut que je touche un mot de ce mariage-là au baron. (A Adèle.) Empâtez! empâtez! (Se levant, à part.) Lambert m'a trouvé une place, je lui trouve une femme... Manche à!

FOURCHEVIF, entrant.

Votre déjeuner est prêt. (A part.) Il restait de la dinde.

ROUQUÉROLLE.

Baron, écoutez-moi... (A part.) Je ne peux pas lui parler

de ça devant la petite. (Bas, à Fourchevif.) J'ai une com nu- nication à vous faire... attendez-moi !

Il sort par le fond, à droite

SCÈNE XV.

ADELE, FOURCHEVIF, puis LAMBERT.

FOURCHEVIF.

« Attendez-moi! » Je ne suis pas à ses ordres !... (A Adèle.) Encore à tes pinceaux! Ne te dérange pas, continue. (A part.) Si l'autre pouvait la voir... ça le flatterait! (Lambert paraît au fond.) Justement le voici! (A Lambert.) Mon cher ami... je vous présente ma fille... une artiste en herbe... voyez.

LAMBERT.

Mademoiselle. (Regardant le tableau.) Vous voulez dire en fleurs...

FOURCHEVIF.

Ah! très-joli! (A Lambert.) Eh bien, comment trouvez-vous ça?

LAMBERT.

Mademoiselle me permet-elle d'être sévère?

FOURCHEVIF.

Oh! féroce!

LAMBERT.

Ceci est trop empâté, beaucoup trop!

ADÈLE, étonnée.

Ah !

FOURCHEVIF.

Oui, ça use trop de couleurs, ça n'a pas de bon sens!

SCENE SEIZIÈME.

ADÈLE.

Mais, papa...

FOURCHEVIF.

Monsieur te dit de ne pas empâter. N'empâte pas, voilà tout! Ce sera bien mieux en n'empâtant pas tant.

ADÈLE, à part.

Ma foi! je ne sais plus lequel écouter! (Saluant Lambert.) Monsieur...

LAMBERT, saluant.

Mademoiselle...

Adèle sort au fond.

SCÈNE XVI.

FOURCHEVIF, LAMBERT, puis TRONQUOY.

FOURCHEVIF.

Eh bien, vous venez de faire votre promenade dans le parc?

LAMBERT.

Oui.

FOURCHEVIF.

J'espère que c'est... ratissé...

LAMBERT.

Je suis arrivé juste à temps pour empêcher un sacrilège.

FOURCHEVIF.

Quoi donc?

LAMBERT.

Des hommes armés de cognées allaient abattre les grands arbres de la futaie.

FOURCHEVIF.

Ah oui!... ils sont vendus!

LAMBERT.

Non, vous ne pouvez pas vendre ces arbres-là!

FOURCHEVIF.

Pourquoi?

LAMBERT.

C'est là que dame Aloyse rencontra pour la première fois Gontran de Fourchevif, le chef de notre famille...

FOURCHEVIF.

Ça... ça m'est bien égal.

LAMBERT.

Ce sont des arbres historiques... et ceux-là on ne les coupe jamais!

FOURCHEVIF.

Mais mon marchand de bois...

LAMBERT.

Je viens d'arrêter les travaux...

FOURCHEVIF.

Cependant...

LAMBERT.

Il le faut!

FOURCHEVIF.

Bien! bien!

LAMBERT, à part.

J'en ai commencé une étude, ça me permettra de la finir!

SCÉN SEIZIÈME.

FOURCHEVIF, à part.

Il est un peu exigeant !

LAMBERT.

J'ai encore à vous parler de notre mausolée.. il est dans un état déplorable... il croule...

FOURCHEVIF.

Des ruines dans le feuillage, ça fait très-bien.

LAMBERT.

Il faudra le faire reconstruire...

FOURCHEVIF.

Oui, mon ami... (A part.) Quelques mille de briques !...

LAMBERT.

En marbre...

FOURCHEVIF.

Ah !

LAMBERT.

Je vous en ferai le dessin... Deux lions pleurant sur une urne.

FOURCHEVIF, à part.

Avec ça que c'est bon marché des lions qui pleurent sur des urnes ! (Haut.) Mon ami, permettez-moi une observation... Des lions qui pleurent... ça me semble un peu... Moi, je crois que deux chiens... deux gros chiens en porcelaine...

LAMBERT.

Non ! non !... Deux lions en marbre.

FOURCHEVIF, à part.

Ah ! mais il devient très-ennuyeux !

<small>Tronquoy entre. Il a remis sa livrée et porte une lettre sur un plat d'argent.</small>

TRONQUOY, solennellement.

C'est une lettre de la part de M. le comte de la Brossinière...

FOURCHEVIF, regardant le plat avec étonnement, et bas à Tronquoy.

Tiens, pourquoi ce plat?

TRONQUOY, bas.

C'est par ordre de madame la baronne.

FOURCHEVIF, bas.

C'est bien... Mais ne laisse pas traîner mon argenterie. (Tronquoy sort. — A part.) A-t-on jamais vu mettre des lettres sur le plat! (Haut, à Lambert.) Le comte de la Brossinière est un voisin... un de mes électeurs les plus influents.

LAMBERT, regardant le cachet de la lettre.

Oh! oh! voici qui est grave!

FOURCHEVIF.

Quoi donc?

LAMBERT.

Regardez ce cachet... Trois lions de gueules accostés de six merlettes engrêlées de sable.

FOURCHEVIF.

Eh bien?

LAMBERT.

Mais ce sont vos armes! C'est l'écusson des Fourchevif! M. de la Brossinière a usurpé votre blason!

FOURCHEVIF, tranquillement.

Tiens! tiens! tiens!

LAMBERT.

Et vous ne frémissez pas? vous ne bondissez pas?

SCÈNE SEIZIÈME.

FOURCHEVIF.

Oh! pour des merlettes... entre voisins!

LAMBERT, allant à la table.

Nous allons répondre à ce petit monsieur... écrivez.

FOURCHEVIF.

Moi?

LAMBERT.

Oui... mettez-vous là.

FOURCHEVIF, s'asseyant à la table.

De la modération, je vous en prie... C'est un de mes électeurs les plus...

LAMBERT, dictant.

« Monsieur le comte... vous avez pris mes merlettes... grattez-les! »

FOURCHEVIF, écrivant.

« Grattez-les! » c'est bien raide!

LAMBERT.

Signez!

FOURCHEVIF.

C'est égal... elle est un peu sèche, ma... votre lettre.

LAMBERT, mettant la lettre sous enveloppe.

Je l'espère bien!.... Vous voilà probablement avec une affaire sur les bras, mais l'honneur est sauf!

FOURCHEVIF.

Une affaire? quelle affaire?

LAMBERT.

Ces petits nobliaux sont susceptibles... je les connais... Il est présumable que M. de la Brossinière ne grattera pas... et qu'il vous enverra ses témoins.

FOURCHEVIF, se levant.

Un duel ? mais je ne me bats pas, moi !

LAMBERT.

Vous y serez forcé !... Il vous insultera !

FOURCHEVIF.

S'il m'insulte, je déposerai ma plainte entre les mains du procureur impérial !

LAMBERT.

Un procès ! quand vous avez une épée !

FOURCHEVIF.

Une épée ! Où diable voyez-vous une épée ?

LAMBERT.

Celle des Fourchevif !

FOURCHEVIF.

Je n'ai pas acheté meublé !

LAMBERT.

Vous vous battrez !

FOURCHEVIF.

Je ne me battrai pas ! Plutôt mourir !

LAMBERT, froidement.

Soit, monsieur... mais vous trouverez bon que je reprenne un nom que vous ne savez pas porter.

FOURCHEVIF.

Un instant, mon ami !

LAMBERT, froidement.

Cette lettre à son adresse, ou je reprends mon nom. Je vous salue... (A part, riant.) Pauvre bonhomme !

Il entre dans la chambre à gauche

FOURCHEVIF, seul.

S'il croit que j'ai envie de me faire embrocher pour des merlettes !

SCÈNE XVII.

LA BARONNE, FOURCHEVIF.

LA BARONNE, entrant.

Jai' entendu des cris... Qu'y a-t-il ?

FOURCHEVIF.

Il est enragé ! il veut que je me batte en duel.

LA BARONNE.

Un duel ! Ah !

FOURCHEVIF, l'assistant.

Mais ne t'effraye donc pas... il n'y a pas de danger ! Je ne me battrai pas !

LA BARONNE.

Tu me le jures, n'est-ce pas ?

FOURCHEVIF.

Oui ! je te le jure sur... sur la tête de mes ancêtres !.... (Se reprenant.) de ses ancêtres !

LA BARONNE.

Oh ! merci !... C'est bien, ce que tu fais là !

FOURCHEVIF.

Oui, mais nous sommes perdus !

LA BARONNE.

Comment ?

FOURCHEVIF.

Si je ne me bats pas... et je l'ai juré !... il reprend son nom !

LA BARONNE.

Ah ! mon Dieu !

FOURCHEVIF.

Et il faut redevenir Potard !

LA BARONNE

Jamais !... jamais !

Ils s'asseyent à la table.

SCÈNE XVIII.

<small>LES MÊMES, ROUQUÉROLLE, puis ADÈLE.</small>

ROUQUÉROLLE, entrant, à part.

Ah ! j'ai bien déjeuné ! Il a de bon petit vin, le baron !

FOURCHEVIF, à part.

Tiens ! c'est mon intendant !... Si je lui donnais son compte ?

ROUQUÉROLLE, à part.

La famille est assemblée... c'est le moment de faire la demande...

Il met ses gants.

FOURCHEVIF, à part.

Je lui payerai ses huit jours.

ROUQUÉROLLE, à part.

C'est drôle ! je suis étourdi. (Haut). Baron... et vous, baronne... justement préoccupé du bonheur de votre fa-

SCÈNE DIX-HUITIÈME.

mille... je viens remplir une mission... que dis-je ? un devoir !

FOURCHEVIF et LA BARONNE.

Quoi donc ?

ROUQUÉROLLE.

Vous connaissez Lambert... Il est bon, doux, timide, instruit... enfin c'est un artiste... et un artiste qui vend.

FOURCHEVIF.

Eh bien ?

ROUQUÉROLLE.

J'ai l'honneur de vous demander, en son nom, la main de votre charmante fille...

FOURCHEVIF et LA BARONNE.

Hein ?

ROUQUÉROLLE.

Je n'ajouterai qu'un mot : Les enfants s'aiment !

FOURCHEVIF, vivement.

C'est faux ! Ma fille...

ROUQUÉROLLE, dignement.

On attend la réponse !

Il s'assied près du chevalet.

FOURCHEVIF, indigné.

Marier ma fille à un barbouilleur !

LA BARONNE, bas, vivement.

Taisez-vous !

FOURCHEVIF.

Quoi ?

LA BARONNE.

Ce mariage peut nous sauver !

FOURCHEVIF.

Comment?

LA BARONNE.

Avec lui, le nom entre dans la famille.

FOURCHEVIF.

Et nous pouvons nous en servir tous... elle a raison !

LA BARONNE.

D'ailleurs, il est fort bien, ce jeune homme, et c'est un vrai noble !

FOURCHEVIF, se levant.

Oui, mais il n'a pas le sou ! (Adèle paraît.) Ma fille !... (A Rouquérolle.) Laissez-nous l'interroger.

ROUQUÉROLLE.

Ça marche ! Je vais prendre mon café.

Il rentre à droite au fond.

SCÈNE XIX.

ADÈLE, FOURCHEVIF, LA BARONNE.

FOURCHEVIF, bas, à sa femme.

Commence !... je te soutiendrai.

LA BARONNE, de même.

Non, toi !

FOURCHEVIF, se rasseyant.

Adèle... ma chère enfant !

ADÈLE.

Quoi, papa?

SCÈNE DIX-NEUVIÈME.

FOURCHEVIF.

Nous t'avons parlé ce matin de M. Jules...

ADÈLE.

Oh! c'est un excellent jeune homme!

FOURCHEVIF.

Oui... sans doute... C'est que ta mère a pensé...

LA BARONNE.

Non... ton père.

FOURCHEVIF.

Enfin, nous avons pensé tous les deux... que M. Jules... n'est peut-être pas le mari qui te convient...

ADÈLE, vivement.

Ah! par exemple! Qu'avez-vous à lui reprocher?

FOURCHEVIF.

Rien... mais ta mère... aurait un autre parti à te proposer.

ADÈLE.

Comment?

LA BARONNE.

C'est-à-dire... ton père. (A part.) Il me met toujours en avant.

FOURCHEVIF.

Enfin, nous avons tous les deux un autre parti à te proposer... un jeune homme d'une grande naissance... et qui peint bien mieux que M. Jules.

ADÈLE.

Oh! c'est impossible!

FOURCHEVIF.

Tu l'as vu... c'est ce jeune homme qui était là tout à l'heure... et qui trouve que tu empâtes trop.

ADÈLE.

Mais je ne le connais pas! je ne l'aime pas!

FOURCHEVIF.

Mais M. Jules non plus?

ADÈLE, naïvement.

Ah! si, papa!

FOURCHEVIF et LA BARONNE, se levant.

Comment?

ADÈLE.

Ce n'est pas ma faute... c'est venu sans que j'y prenne garde... en peignant des camélias.

FOURCHEVIF, à part.

Allons! nous voilà bien! (Haut.) Voyons... sois raisonnable!... Il y va de notre repos... de notre bonheur!

LA BARONNE.

De notre honneur même!

ADÈLE.

Ah! mon Dieu!

FOURCHEVIF.

Jamais nous ne te contraindrons... mais, si tu nous aimes... si tu veux qu'on nous estime... tu épouseras celui que nous te proposons.

ADÈLE.

Je vous obéirai, mon père, mais je serai malheureuse...

LA BARONNE

Adèle!

FOURCHEVIF

Ne dis pas ça!

SCÈNE DIX-NEUVIÈME.

ADÈLE.

Oh! **je le** sens bien... je n'aimerai jamais mon mari... Jamais! jamais!... Je n'aimerai que M. Jules... toujours, toujours!... Mais je saurai me sacrifier avec courage... avec calme... (Éclatant en sanglots.) Oh! que je suis malheureuse!

FOURCHEVIF, pleurant.

Et moi donc!

LA BARONNE, sanglotant.

Et moi!

FOURCHEVIF, de même.

N'avoir qu'une fille...

LA BARONNE, de même.

Qu'on adore!...

FOURCHEVIF.

Pour laquelle... on se jetterait dans le feu, et... (Tout à coup.) Nous sommes des lâches, des sans-cœur, des orgueilleux!...

LA BARONNE, sanglotant.

Oui! sacrifier notre fille!

FOURCHEVIF.

Eh bien, non!... Au diable les Fourchevif! (A Adèle.) **Tu épouseras Jules!**

LA BARONNE.

Tu l'épouseras!

ADÈLE, se jetant dans ses bras.

Ah! maman!

FOURCHEVIF.

Et quant à ce monsieur... nous allons voir!

SCÈNE XX.

Les Mêmes, LAMBERT, puis ROUQUÉROLLE, puis TRONQUOY.

LAMBERT sort de sa chambre; il a repris son costume de peintre.

M. le baron, votre réponse?

FOURCHEVIF.

Ma réponse, la voici : Monsieur, je m'appelle Potard, marchand de porcelaines, rue de Paradis-Poissonnière, 22... fait l'exportation!...

ADÈLE et LA BARONNE.

Hein?

FOURCHEVIF.

Voici madame Potard et mademoiselle Potard! Je reprends mon nom... gardez le vôtre!

LAMBERT.

A la bonne heure! voilà où je voulais vous amener.

FOURCHEVIF.

Quant à ma fille... (Avec énergie.) vous ne l'aurez pas! vous ne l'aurez pas!

ROUQUÉROLLE, qui vient d'entrer.

Hein?

LAMBERT.

Pardon... mais je ne vous l'ai jamais demandée...

TOUS.

Comment?

SCÈNE VINGTIÈME.

ROUQUÉROLLE, bas, à Lambert.

Non, c'est moi.

LAMBERT, passant devant Fourchevif.

Vous êtes charmante, mademoiselle... mais rassurez-vous, je ne songe pas à me marier.

FOURCHEVIF.

Ah çà! qu'est-ce que vous m'avez donc chanté, vous, mon intendant?

ROUQUÉROLLE.

J'ai vu vert, que voulez-vous?

LAMBERT.

Puisque vous reprenez votre nom, permettez-moi de reprendre aussi le mien... Je ne suis nullement baron... et encore moins Fourchevif.

TOUS.

Ah bah!

LAMBERT.

Étienne Lambert, paysagiste... et bourgeois... comme vous.

FOURCHEVIF.

Ah çà! le vrai?... le vrai Fourchevif? (Avec joie.) Il est mort?

LAMBERT.

Calmez votre douleur... il se porte à merveille... C'est un de mes meilleurs amis...

FOURCHEVIF.

Mais...

LAMBERT.

Soyez tranquille, je ne lui dirai rien... J'ai simplement voulu vous prouver que chacun, noble et bourgeois, doit rester à sa place...

FOURCHEVIF.

Vous avez raison. (A Rouquérolle.) Monsieur, enchanté d'avoir fait votre connaissance... Je vous donne votre compte.

ROUQUÉROLLE.

Ah bah! (Tirant sa pipe, et bas à Lambert.) C'est égal, j'ai bien déjeuné! Allumons-en une.

LAMBERT, bourrant sa pipe.

Ça va!

Ils allument leur pipe. Potard et sa femme sont sur le devant.

FOURCHEVIF.

Vois-tu, ma femme, la noblesse est une belle chose... mais il faut être né là dedans... Nous sommes bourgeois... restons bourgeois?

LA BARONNE, poussant un soupir.

Allons faire notre lessive!

FIN DU BARON DE FOURCHEVIF.

LE CLUB CHAMPENOIS

A-PROPOS

EN UN ACTE, MÊLÉ DE COUPLETS

Représenté pour la première fois, à Paris, sur le théâtre de la MONTANSIER
(Palais-Royal), le 8 juin 1848.

COLLABORATEUR : M. LEFRANC

PERSONNAGES

	ACTEURS qui ont créé les rôles.
UN MONSIEUR (dans la salle).	MM. Alcide Tousez.
GINDINET, instituteur primaire.	Hyacinthe.
CASSAGNOL, comédien.	Levassor.
PONTCHARRAT, maire.	Amant.
CRÉTINOT, notaire.	Kalekaire.
BUFFETERY, garde champêtre.	Masson.
HENRIETTE, nièce de Pontcharrat.	Mlle Pauline.

Paysans et paysannes, un petit Nègre (personnage muet).

La scène se passe, chez Pontcharrat, à Vitry-le-Brûlé, en Champagne.

LE CLUB CHAMPENOIS

Le théâtre représente une salle de bal. A droite, un petit orchestre avec instruments appendus au mur. A gauche, un bureau sur une estrade servant de tribune. Porte au fond, à droite, troisième plan la porte de l'école communale, à gauche, troisième plan; une autre porte, bancs et chaises.

SCÈNE PREMIÈRE.

PONTCHARRAT, HENRIETTE, puis la voix de Gindinet dans la coulisse.

PONTCHARRAT, lisant le journal pendant qu'Henriette travaille.

« République française... Décret du Gouvernement provisoire... » (Parlé.) Ah! très-bien! ah! très-bien! voyons la rente... ça ne monte pas, j'en ai. (Reprenant le journal.) Encore un décret, deux décrets, quatre décrets, six décrets... (Parlé.) A la bonne heure! voilà un gouvernement qui fonctionne... oui, mais la rente ne monte pas. (Reprenant le journal.) Ah! ça, c'est une circulaire... J'en ai entendu parler. Ah! très-bien! ah! très-bien!

HENRIETTE, travaillant.

D'abord, vous, mon oncle, vous approuvez tout, toujours... comme sous l'ancien gouvernement...

PONTCHARRAT.

C'est mon devoir, je suis fonctionnaire. Si, comme moi, tu étais maire... maire de Vitry-le-Brûlé en Champagne...

HENRIETTE.

Pour ce que ça vous rapporte.

PONTCHARRAT.

Comment, ce que ça me rapporte!... d'abord je ne paye pas mes ports de lettres quand j'écris à l'autorité; ensuite je suis le premier magistrat du pays.

AIR : *De sommeiller encor, ma chère.*

Sur ma maison un drapeau se balance,
D'un monument ça lui donne l'aspect,
Je promulgue mainte ordonnance
Pendant l'été contre le chien suspect;
Sur les murs décrétant l'amende
Contre certaines libertés;
J'inspire au passant qui s'amende
Le respect aux propriétés.

Qu'est-ce que tu veux! je suis veuf, j'ai de l'ambition et... il n'y a qu'une chose qui me préoccupe.

HENRIETTE.

Quoi donc?

PONTCHARRAT

Ce sont les instructions du citoyen Farouchot, le sous-secrétaire du sous-commissaire du canton : il m'invite à ouvrir un club pour propager les idées démocratiques.

HENRIETTE.

Eh bien?

PONTCHARRAT.

Eh bien, ils ne mordent pas au club à Vitry-le-Brûlé. Personne ne vient! je leur ai pourtant promis des rafraîchissements. Je leur ai loué une salle de bal, celle-ci. Ah

bien oui! la dernière fois, nous étions huit... on bâillait!...
et, comme personne ne demandait la parole, j'ai prié Crétinot, le notaire, de nous lire quelques pages de *l'Histoire
de la grandeur et de la décadence des Romains*... Cela fut
généralement peu goûté.

HENRIETTE.

Alors, il n'y a pas de votre faute.

PONTCHARRAT.

Je le sais bien... mais Farouchot, le secrétaire du commissaire, peut croire que j'y mets de la tiédeur, et, en
temps de révolution... c'est plus fort que moi, mais depuis quelque temps, je pense beaucoup aux girondins...
avec ça que je ressemble à André Chénier.

HENRIETTE.

Oh! quelle idée!

PONTCHARRAT.

Une idée de Gindinet... A propos, j'ai une bonne nouvelle à t'apprendre.

HENRIETTE, vivement.

Le retour de mon cousin?

PONTCHARRAT.

Non, je suis sur le point d'obtenir une augmentation de
traitement pour Gindinet, notre instituteur primaire et ton
fiancé...

HENRIETTE.

Une augmentation à lui, mais à quel titre?

PONTCHARRAT.

A titre de futur neveu, parbleu!... Eh bien, commences-
tu un peu à t'y faire?... C'est un bien bon jeune homme,
va.

HENRIETTE...

C'est possible, mais il n'est pas spirituel.

PONTCHARRAT.

Il a une si belle écriture... c'est lui qui me copie tous mes arrêtés.

HENRIETTE.

Et c'est pour cela que vous le protégez.

PONTCHARRAT.

Je le protége parce qu'il est sobre et continent, et j'aime assez qu'un mari soit... C'est une vraie demoiselle.

HENRIETTE.

Et vous voulez me marier avec une demoiselle; mais ça ne se fait pas.

PONTCHARRAT.

Allons, assez! vous raisonnez toujours... Est-ce que vous penseriez encore à votre cousin Cassagnol? un mauvais sujet?...

HENRIETTE, à part.

Pauvre garçon!

PONTCHARRAT.

Se faire comédien, histrion! lui, le neveu d'un maire!... Quelle page dans l'histoire!...

HENRIETTE.

C'est bien votre faute... vous l'avez chassé de chez vous...

PONTCHARRAT.

Je crois bien!... un garnement qui avait toujours les bras croisés... autour de ton cou.

HENRIETTE.

Puisque c'est mon cousin.

PONTCHARRAT.

La belle raison !

GINDINET, dans la coulisse.

Au secours ! au secours !

PONTCHARRAT.

Ce bruit... dans la classe de Gindinet.

SCÈNE II.

PONTCHARRAT, HENRIETTE, GINDINET.

GINDINET, paraissant avec un martinet à la main et parlant à la cantonade.

Oui, vous êtes des anarchistes ! des terroristes ! des communistes !

PONTCHARRAT.

Ah ! mon Dieu ! qu'y a-t-il ?

GINDINET.

Père Pontcharrat ! l'hydre de l'anarchie est mon école ! ma chaire a été violée !

PONTCHARRAT.

Vous m'effrayez.

GINDINET.

C'est encore la faute de Marmadou... c'est toujours la faute de Marmadou !

PONTCHARRAT

Qui ça ?...

GINDINET.

Un de mes élèves. le chef de la montagne, un gueux,

un brigand, un scélérat! je ne peux pas le regarder sans frémir!... ah!

PONTCHARRAT.

Quel âge a-t-il?

GINDINET.

Mais il va avoir huit ans...

HENRIETTE, à part.

Il ne lui manquait plus que d'être poltron.

GINDINET.

Voici le récit de l'attentat. Conformément au 273ᵉ décret du Gouvernement provisoire qui nous enjoint de donner aux enfants une éducation civique et militaire, je lui demande avec bienveillance : « Citoyen Marmadou, qu'entendez-vous par venir reconnaître *trouille?* » savez-vous ce qu'il me répond?

PONTCHARRAT.

Non.

GINDINET.

Il me répond : Zut!... aussitôt je saisis le glaive de la justice, mon martinet, et je lui applique..

PONTCHARRAT.

Une danse?

GINDINET.

Non, un pensum : je lui applique deux fois le verbe : *Je réponds zut au bon M. Gindinet. qui m'interroge avec bienveillance.*

PONTCHARRAT.

Voilà un verbe!

GINDINET.

Au même instant, une grêle de dictionnaires, de caté-

SCÈNE DEUXIÈME.

chismes et d'encriers me pleut sur la tête... je proteste avec énergie et je m'éclipse...

HENRIETTE.

Avec énergie! M. Gindinet est en déroute.

GINDINET.

Momentanément ; et si c'était un effet de votre bonté .

HENRIETTE.

Quoi donc ?

GINDINET.

Vous savez... comme la dernière fois... des échaudés, ça les calme.

PONTCHARRAT.

Comment ! vous transigez avec l'émeute ?

GINDINET.

Quand elle est la plus forte.

AIR : *Les anguilles.*

Résister au flot populaire
C'est la politique des sots,
La fortune toujours préfère
Celui qui sait fuir à propos.
Demandez à maint personnage
Son secret pour rester sur l'eau :
Il se cache pendant l'orage,
Et reparaît quand il fait beau.

HENRIETTE, prenant une corbeille d'échaudés.

Dans un quart d'heure, tout sera rentré dans l'ordre. (A part, en sortant.) Je ne pourrai jamais épouser cet homme-là !

Elle sort par la droite.

SCÈNE III.

PONTCHARRAT, GINDINET.

GINDINET.

Aimable enfant !

PONTCHARRAT.

Gindinet, veux-tu que je te dise, je te trouve tiède avec ma nièce.

GINDINET.

Moi, père Pontcharrat ? je suis au comble ; d'abord on n'épouse pas la nièce d'un maire sans être au comble.. généralement.

PONTCHARRAT.

Ambitieux !

GINDINET.

Et puis, par ce mariage, j'échappe aux poursuites de la veuve Tropical.

PONTCHARRAT, à part.

Nous y voilà. (Ému.) Ah çà ! cette veuve... te fait donc toujours des agaceries ?

GINDINET.

Vous appelez ça des agaceries... mais c'est un brochet, c'est une louve affamée qui me suit pas à pas pour me... (Il frissonne.) Brrr !

PONTCHARRAT, de même.

Brrr ! (A part.) Est-il heureux. (Haut.) Gindinet, tu devrais lui faire comprendre que ce qu'il lui faut, à son âge, c'est un homme mûr, un homme tranquille.

SCÈNE TROISIÈME

GINDINET.

Elle ne le comprendrait pas.

PONTCHARRAT.

Cependant, à quarante ans...

GINDINET.

Père Pontcharrat, il y a des femmes brunes qui n'ont jamais quarante ans... et celle-ci vous a des yeux !

PONTCHARRAT.

Ah !

GINDINET.

Qui vous égrugent !

PONTCHARRAT.

A trois pas ! je l'ai remarqué...

GINDINET.

C'est plus fort que moi, quand je rencontre cette femme puissante...

PONTCHARRAT, avec passion.

Vésuvienne ! appelle-la Vésuvienne !

GINDINET.

Soit, mon sein s'agite, mes jambes se dérobent... et je deviens rouge comme une grenade en fleur...

PONTCHARRAT, vivement.

Gindinet, nous signerons le contrat ce soir, et, dans huit jours, tu seras le mari d'Henriette.

GINDINET.

Avec plaisir ; au moins, celle-là, je peux la regarder, ça ne me fait rien du tout.

PONTCHARRAT.

Et, si tu rencontres la veuve Tropical, tu me promets...

GINDINET.

De me sauver.

PONTCHARRAT.

Oh! merci!

GINDINET.

Hein?

PONTCHARRAT.

Merci pour ma nièce... Chut! la voici.

SCÈNE IV.

PONTCHARRAT, GINDINET, HENRIETTE.

HENRIETTE, à Gindinet.

Monsieur, vos élèves, oubliant le passé, consentent à vous recevoir.

GINDINET.

Comment! vous êtes parvenue à les apaiser?

HENRIETTE.

Tout de suite.

GINDINET, à part.

Quel chic elle a pour fermer l'abîme des révolutions!

PONTCHARRAT, à Gindinet.

Allez, mon ami; moi, je cours chez Crétinot le notaire, et de là chez tous nos parents et amis, pour la signature.

HENRIETTE.

Quelle signature?

PONTCHARRAT.

Celle du contrat... c'est pour ce soir.

HENRIETTE.

Est-il possible !

PONTCHARRAT.

On dansera... j'invite tout le village.

CHOEUR.

AIR : *Moi, vous céder la place.* (Frisette.)
Pour qu' l'égalité brille
Pas d'exclusion du tout :
Tout l' monde est d' notr' famille,
Nos amis sont partout.

Pontcharrat sort par le fond, et Gindinet entre à droite.

SCÈNE V.

HENRIETTE, puis CASSAGNOL,
DES COMMISSIONNAIRES.

HENRIETTE, seule.

Pour ce soir... que faire?... et mon cousin qui n'arrive pas... Je lui ai pourtant écrit pour le prévenir de ce mariage. Le pauvre garçon ! il n'ose plus se présenter ici... mon oncle l'en a chassé si durement, et il est si timide...

CASSAGNOL, dans la coulisse.

Ohé! la maison, ohé !

HENRIETTE.

Ciel! cette voix!...

Cassagnol fait son entrée, suivi de deux commissionnaires chargés de malles. Cassagnol précède le cortège en moulinant avec sa canne, à la façon des tambours-majors.

CASSAGNOL, chantant.

Quand les canes vont aux champs
La première va devant,
La seconde suit la première,
La troisième est la dernière.
Quand les canes.....

Aux commissionnaires qui exécutent le mouvement.

Halte!... front!

HENRIETTE.

Cassagnol !

CASSAGNOL.

Henriette !

HENRIETTE.

Enfin te voilà !

CASSAGNOL.

Avec armes et bagages. Où est mon oncle ?

HENRIETTE.

Sorti.

CASSAGNOL.

Brave homme ! (Aux commissionnaires.) Entrez là.

Ils entrent à gauche.

HENRIETTE.

Que fais-tu ?

CASSAGNOL.

Je m'installe.

HENRIETTE.

Mais toutes ces malles ?

CASSAGNOL.

Le nécessaire du voyageur, mes costumes. J'arrive ! Périgueux.

SCÈNE CINQUIÈME.

HENRIETTE.

Tu as reçu ma lettre?

CASSAGNOL.

J'étais au théâtre, j'allais entrer en scène. Je jouais *Tartufe*. Au premier mot, je comprends qu'il s'agit d'un rival. Je plante là la boutique, je cours chez moi, je fais mes paquets et me voilà.

HENRIETTE.

Tu allais entrer en scène? eh bien, et le public?

CASSAGNOL.

Tiens, c'est juste... Oh! ils auront remplacé mon rôle par une chansonnette.

HENRIETTE.

Le rôle de Tartufe!

CASSAGNOL

Bah!... au milieu des préoccupations politiques, on ne s'en sera pas aperçu.

HENRIETTE.

Mais que vas-tu dire à mon oncle?

CASSAGNOL.

Moi? je lui dirai : « Salut et fraternité! »

HENRIETTE.

Il sera furieux.

CASSAGNOL.

Alors je lui demanderai ta main... ça le calmera.

HENRIETTE.

Il te la refusera.

CASSAGNOL.

Alors je te compromettrai.

HENRIETTE, naïvement.

Comment cela?

CASSAGNOL.

Comment?... Henriette, y a-t-il des noisettes dans les bois de Vitry-le-Brûlé?

HENRIETTE.

Oui.

CASSAGNOL.

Très-bien. (A part.) Nous en cueillerons.

HENRIETTE.

Mais je ne te reconnais plus... Quel changement depuis six mois... toi, si timide...

CASSAGNOL.

Qu'est-ce que tu veux! l'air de la Dordogne... l'atmosphère des coulisses...

AIR du *Magnétisme*.

Lorsque j'ai quitté le village
Les yeux baissés, la bouche en cœur,
J'étais fort bête pour mon âge,
Mais, depuis, vois, quel air vainqueur!
Je parle haut, j'ai de l'aisance,
Beaucoup d'aplomb, beaucoup d'acquit;
Au besoin, j'ai de l'insolence,
Et ça passe pour de l'esprit.
  Lorsque l'on pose
  Et que l'on cause,
  Sur toute chose,
  A tout propos,
  Quel avantage!
  Sur l'homme sage
  On a l' suffrage
  De tous les sots.

SCENE SIXIÈME.

Or, dans ce temps-ci, l'on peut faire
Sa p'lote avec rapidité,
Lorsque l'on a pour soir, ma chère,
L'appui de la majorité.

Ah! mon Dieu!

HENRIETTE.

Quoi donc?

CASSAGNOL.

J'ai oublié de te saluer en entrant.

Il l'embrasse.

GINDINET, sortant de la classe et l'apercevant.

Ah!

HENRIETTE.

M. Gindinet!

Elle se sauve par la gauche.

SCÈNE VI.

CASSAGNOL, GINDINET.

CASSAGNOL, à part.

Il paraît que c'est là le Gindinet... il m'a vu.

GINDINET.

Monsieur, j'ai le droit de m'étonner...

CASSAGNOL.

C'est à monsieur Gindinet que j'ai l'honneur...

GINDINET.

Oui, monsieur, mais tout à l'heure, en entrant...

CASSAGNOL.

Moi, monsieur, je me nomme Olivier, Olivier de Cassagnol.

GINDINET.

Tout à l'heure, en entrant...

CASSAGNOL.

Ma jeunesse n'eut rien de remarquable! je fis mes études à l'université d'Oxford.

GINDINET.

Mais ça ne m'explique pas pourquoi...

CASSAGNOL.

Mon père, vieux marin...

GINDINET.

Pourquoi vous embrassiez...

CASSAGNOL.

La carrière militaire?...

GINDINET.

Mais non, ma femme, ma prétendue, Henriette!

CASSAGNOL.

Henriette! Monsieur préfère-t-il que nous parlions anglais?

GINDINET, à part

Ah! il est stupide, ce voyageur.

SCÈNE VII.

CASSAGNOL, GINDINET, PONTCHARRAT.

PONTCHARRAT, entrant par le fond, une lettre à la main.

Mais c'est absurde! ça n'a pas de nom! c'est de la tyrannie!

SCÈNE SEPTIÈME.

CASSAGNOL, voulant l'embrasser.

Cher oncle... permettez-moi...

PONTCHARRAT.

Cassagnol!... que le diable t'emporte! d'où viens-tu? Je n'ai pas le temps de te mettre à la porte... mais ça se retrouvera.

CASSAGNOL.

Merci. (A part.) Je m'attendais à être plus mal reçu.

GINDINET, bas, à Pontcharrat.

Dites donc, j'ai surpris cet étranger embrassant votre nièce.

PONTCHARRAT.

Il s'agit bien de cela! Gindinet, Cassagnol, donnez-moi un conseil.

CASSAGNOL.

Qu'y a-t-il?

PONTCHARRAT.

Il y a que je suis en butte aux haines du pouvoir Mes amis, je suis la victime des proconsuls, je viens de recevoir une lettre de Farouchot... c'est la troisième... Écoutez. (Lisant.) « Citoyen maire, je prends la plume pour vous dire que la moutarde me monte ; vous flanquez-vous de la République? »

GINDINET.

C'est bien écrit.

PONTCHARRAT, continuant.

« Pour la troisième et dernière fois, convoquez votre club, nom d'un nom! »

CASSAGNOL.

Style administratif.

PONTCHARRAT, continuant.

« Les élections approchent. Si vous n'avez pas aujourd'hui même entendu des candidats pendant deux heures au moins, je me propose de vous la faire danser.

» Salut et fraternité!
» *Signé* FAROUCHOT. »

GINDINET.

Tiens! j'ai connu un cordonnier de ce nom-là.

CASSAGNOL.

Un cordonnier? allons donc! il y mettrait des formes.

PONTCHARRAT.

Malheureux!... tu fais des mots sur les hommes en place...

CASSAGNOL.

Pourquoi pas?

AIR :

Quand sous les coups du bon sens irrité
Tombe à jamais maint et maint privilége,
Il en est un, celui de la gaîté,
Que le Français malin avec raison protége.
Du quolibet les droits sont constatés,
Qui donc voudrait aujourd'hui les proscrire?
En proclamant toutes les libertés
N'oublions pas la liberté de rire.
Ah! gardons bien la liberté de rire.

PONTCHARRAT.

Rire! lorsqu'un Farouchot se propose de vous la faire danser? c'est très-élastique ce mot-là, et en temps de révolution... ces diables de Girondins ne me sortent pas de la tête.

CASSAGNOL.

Convoquez votre club.

SCÈNE SEPTIÈME.

PONTCHARRAT.

Si tu crois que c'est facile. Et puis où se procurer des candidats; la Champagne en manque.

CASSAGNOL.

Ah! voilà un pays privilégié.

GINDINET.

Qu'est-ce que vous dites donc? il y en a trois dans le canton.

PONTCHARRAT.

Lesquels?

GINDINET.

Nous avons d'abord Jean-Louis, dit le Corinthien, un ouvrier; puis le citoyen Grand-Bagout, un économiste; et enfin, l'illustre général Chauvinancourt, et...

PONTCHARRAT.

Les connais-tu?

GINDINET.

Non.

PONTCHARRAT.

Ni moi non plus. D'ailleurs, ils ne se dérangeraient pas pour nous... Ah! il y a des moments où je comprends l'émigration; mes amis, si nous partions pour Coblentz.

GINDINET.

Et mon école?

PONTCHARRAT.

Ah! à celui qui m'apporterait des candidats, vois-tu, je donnerais...

CASSAGNOL.

Quoi?

PONTCHARRAT.

Mille poignées de main!

CASSAGNOL.

Tout ça!... je vais me coucher.

Fausse sortie.

PONTCHARRAT, le ramenant.

Comment? est-ce que tu aurais un moyen?

CASSAGNOL.

Peut-être.

GINDINET.

Voyons.

PONTCHARRAT.

Parle, que veux-tu? ma fortune? Non, je te ferai faire mon portrait à l'huile.

CASSAGNOL.

J'ai horreur des corps gras... je vais me coucher.

Même jeu.

PONTCHARRAT, le ramenant.

Malheureux! parle, mais que veux-tu?

CASSAGNOL.

Je veux... je veux la main de ma cousine.

GINDINET.

Eh bien, et moi?

PONTCHARRAT.

C'est impossible... j'ai promis à Gindinet...

CASSAGNOL.

Alors, que Gindinet vous sauve... ça le regarde.

SCÈNE SEPTIÈME.

PONTCHARRAT.

C'est juste... ça te regarde, Gindinet... **sauve-moi**... As-tu une idée?

GINDINET, cherchant.

Pas encore.

PONTCHARRAT, à part.

Ah! mon Dieu! d'un côté la veuve Tropical... de l'autre, Farouchot... (Haut.) As-tu trouvé ton idée, Gindinet?

GINDINET.

Pas encore.

PONTCHARRAT.

J'en suis fâché; mais le devoir d'un maire est de se conserver à ses administrés; en conséquence, je vais rendre un arrêté : « Celui de vous deux qui m'amènera le plus de candidats épousera ma nièce. »

CASSAGNOL.

Tope! ça va! enfoncé Gindinet!

GINDINET.

Ah! c'est comme ça... Eh bien, j'accepte le défi; je relève le gant.

CASSAGNOL.

Bravo!

GINDINET.

Le temps de donner congé à ma classe... j'enfourche le cheval du brigadier et fouette cocher!

PONTCHARRAT.

Partez, jeunes combattants!... la lice est ouverte!

CHOEUR.

AIR : *Il faut courir vite.* (Cœur de Grand'Mère.)

Sans vous arrêter, courez vite, bien vite,
A vaincre un rival ici tout vous invite.

Songez que pour prix de ce tournoi d'amour
Une jeune beauté vous attend au retour.

<small>Gindinet sort par la droite, et Cassagnol par la gauche.</small>

SCÈNE VIII.

PONTCHARRAT, puis CRÉTINOT.

PONTCHARRAT, seul.

Ce Cassagnol pourrait bien l'emporter; il est remuant, il est intrigant... Eh bien ! je fais des vœux pour lui... Oui, je me ferais un malin plaisir de lui manquer de parole... quant à Gindinet, il sera mon neveu... quant à la veuve Tropical, par Vénus! elle sera ma proie.

CRÉTINOT, entrant par le fond en lisant le journal.

C'est une infamie !...

PONTCHARRAT, à part.

Ah! Crétinot, le notaire, il vient pour le contrat.

CRÉTINOT, de même.

C'est une infamie... un pareil décret !

PONTCHARRAT, à part.

Il est toujours furieux.

CRÉTINOT.

C'est une infamie ! c'est une infamie!

PONTCHARRAT.

Qu'avez-vous donc?

CRÉTINOT, indigné.

Ils viennent de supprimer les bonnets à poil !

SCÈNE HUITIÈME.

PONTCHARRAT.

Eh bien ! après ?

CRÉTINOT.

Et c'est quand nous venons de faire une révolution au nom de la liberté ? (Avec dégoût.) Ah !

PONTCHARRAT.

Qu'est-ce que ça vous fait, puisque vous êtes chasseur?

CRÉTINOT.

Du tout, je viens d'envoyer ma démission ; maintenant, je suis grenadier.

PONTCHARRAT.

Mais il n'y en a plus.

CRÉTINOT.

Il y en aura un pour protester; et l'on inscrira ma tombe : Crétinot, dernier grenadier de France !

PONTCHARRAT, à part.

Quel notaire biscornu !

CRÉTINOT, très-animé.

Pontcharrat, rappelez-vous ce que je vous dis : le corps social est en dissolution... nous touchons au bas-empire.

PONTCHARRAT.

Comment, parce que les bonnets à poil...

CRÉTINOT, de même.

Rappelez-vous ce que je vous dis : le corps social...

PONTCHARRAT.

Il ne s'agit pas de cela, j'ai une grande nouvelle à vous annoncer... une nouvelle qui va vous étonner.

CRÉTINOT.

Je ne m'étonne plus de rien.

PONTCHARRAT.

Nous allons entendre des candidats.

CRÉTINOT.

Ah bah!

PONTCHARRAT.

Ici, aujourd'hui même.

CRÉTINOT.

Où sont-ils?...

PONTCHARRAT.

On court après.

CRÉTINOT.

Ils ne viendront pas.

PONTCHARRAT.

Pourquoi?

CRÉTINOT.

Qu'est-ce que c'est que Vitry-le-Brûlé pour ces messieurs... et nous venons de faire une révolution au nom de l'égalité!... Ah!...

SCÈNE IX.

PONTCHARRAT, CRÉTINOT, BUFFETERY.

BUFFETERY.

Monsieur le maire! monsieur le maire!

PONTCHARRAT.

Buffetery! le garde-champêtre... que veux-tu?

BUFFETERY.

C'est un candidat. M. Jean-Louis, dit le Corinthien, qui se présente de la part de M. Cassagnol.

PONTCHARRAT, avec joie.

Un candidat! Crétinot! un candidat! (A Buffetery.) Fais-le entrer... non, attends! je vais passer un habit... Ah! mon Dieu!

CRÉTINOT.

Qu'avez-vous?

PONTCHARRAT.

Et l'auditoire, le public! nous n'avons pas de public! j'ai oublié le public... Que faire? (Ritournelle en sourdine du chœur qui va suivre.) Qu'est-ce que c'est que ça?

BUFFETERY, au fond.

Vos invités qui viennent pour les fiançailles.

PONTCHARRAT.

La noce! c'est le ciel qui l'envoie... Tiens-toi près de la porte et pas un mot.

SCÈNE X.

PONTCHARRAT, CRÉTINOT, BUFFETERY,
Les Invités, Paysans et Paysannes.

CHŒUR DES INVITÉS.

AIR de *Ton roi, je le dois*. Homme sanguin. (Gymnase.)

A l'appel
Solennel
D'un magistrat paternel,
Nous voici
Tous ici
Prêts à danser avec lui.

PONTCHARRAT.

Si j'avais de la fortune,
Je voudrais de deux jours l'un
Voir ainsi tout' ma commune,
Chez moi s'ébattre... en commun.

Êtes-vous tous entrés ?

LES INVITÉS.

Tous.

PONTCHARRAT.

Très-bien. Je vais rendre un arrêté : Buffetery, ferme la porte et que personne ne sorte.

BUFFETERY, dans le fond.

On me passera plutôt sur le corps !

LES INVITÉS.

Qu'est-ce que cela veut dire ?

PONTCHARRAT.

Chers concitoyens, je vous ai ménagé une surprise. Depuis longtemps la commune de Vitry-le-Brûlé brûlait... d'entendre des candidats.

UN PAYSAN, à son voisin.

Des candidats ? qu'est-ce que c'est que ça ?

LE PAYSAN.

C'est des escamoteurs.

PONTCHARRAT.

J'ai pensé qu'il était de mon devoir, moi, votre père... et maire, de vous procurer l'objet, et vous allez être admis à le juger. Le club est assemblé.

UN INVITÉ.

Le club ?

UN AUTRE.

C'est une trahison.

SCÈNE ONZIÈME.

TOUS, murmurant.

Pas de club! pas de club!

UNE FEMME.

Nous sommes venus pour danser, et nous voulons danser.

PONTCHARRAT.

Citoyens...

TOUS.

Non, non, allons-nous en!

Ils font mine de se retirer.

BUFFETERY, à la porte, sabre en main.

On me passera plutôt sur le corps.

Tous les invités reviennent en scène.

PONTCHARRAT.

La séance est ouverte. (Il prend place au bureau avec Crétinot, et les paysans se rangent sur les bancs.) Faites entrer le citoyen Jean-Louis, dit le Corinthien, ouvrier. (Buffetery disparaît.) Citoyens, c'est un ouvrier, c'est un frère que vous allez entendre, respect à son langage simple et rustique, respect à sa blouse maculée par le travail! à cette blouse que... à cette blouse qui... (Tout à coup.) Faites donc entrer le candidat.

SCÈNE XI.

LES MÊMES, CASSAGNOL, sous le nom du Corinthien; il est habillé avec beaucoup de recherche; lorgnon à l'œil, gants jaunes, bottes vernies.

TOUS, assis.

Tiens! un monsieur!

CASSAGNOL, à part.

Je n'ai pas trouvé de blouse dans ma garde-robe.

PONTCHARRAT, au Corinthien.

Pardon... mais nous attendions un ouvrier.

CASSAGNOL.

Je suis aux ordres de l'assemblée.

PONTCHARRAT.

Comment! vous êtes?...

CASSAGNOL, lorgnant le président.

Tailleur de pierre.

PONTCHARRAT.

Ah! pardon!... je vous prenais pour un diplomate... Veuillez prendre la peine de monter à la tribune.

TOUS.

Oui, à la tribune!... à la tribune!...

CASSAGNOL.

Citoyens!... (Toussant.) Hum! hum! (Il tire une bonbonnière.) Je vous demanderai la permission de prendre un jujube. Citoyens! fils d'ouvrier, ouvrier moi-même... j'ai toujours manié la pioche et le marteau. Si vous me demandez mes titres à moi, pauvre prolétaire, je vous répondrai en vous montrant ces mains calleuses, (Un paysan qui est à côté de lui se lève et regarde ses mains; il les cache derrière son dos.) usées par le travail; ces bras tatoués par la souffrance...

UNE VOIX, dans le fond.

Faites-les voir.

TOUS.

Oui, oui, oui.

CASSAGNOL.

Ah! que ne puis-je me mettre à nu devant vous.

SCÈNE ONZIÈME:

PONTCHARRAT.

Le candidat veut-il que le bureau statue?

CRÉTINOT.

Je m'y oppose au nom de ces dames.

CASSAGNOL.

Citoyens! (Il tousse.) hum! hum! (Ouvrant sa bonbonnière.) Je vous demanderai la permission de prendre un second jujube?

CRÉTINOT, bas à Pontcharrat.

Il en abuse!

PONTCHARRAT, à Crétinot.

Je le crois phthisique, ce tailleur de pierre.

CASSAGNOL.

Citoyens! je ne suis qu'un pauvre ouvrier... excusez mon langage abrupt, je ne me suis point exercé dans ces brillants tournois de la parole; je n'ai point étudié l'éloquence, cet art si difficile, *ars difficilis*, comme l'appelle Cicéron.

CRÉTINOT.

Il parle latin... eh bien! il doit mal tailler la pierre.

CASSAGNOL.

Travailleurs! je connais vos misères, j'ai sondé vos souffrances, j'ai su les partager, et à moi seul il appartient...

Il s'arrête et respire un flacon.

PONTCHARRAT.

Que faites-vous donc?

CASSAGNOL.

Permettez que je respire quelques sels?

CRÉTINOT, avec déférence.

Oh! l'impôt est aboli.

UN PAYSAN.

Ça un ouvrier, excusez !

CASSAGNOL.

Pendant ce laps, je vais vous faire distribuer quelques circulaires... (Appelant.) Domingo ! Domingo. (Un petit nègre entre et va se placer à la droite de Cassagnol.) Répandez mes circulaires dans les groupes.

PONTCHARRAT, à part.

Il possède un nègre.

CASSAGNOL, au nègre qui ne bouge pas.

Mais va donc !

Il lui lance un coup de pied

CRÉTINOT.

Je demanderai l'opinion du candidat sur l'émancipation des noirs.

CASSAGNOL.

Quelle que soit sa couleur, l'homme est un frère ; tendons-lui une main secourable. (Second coup de pied.) Mais va donc !

Le nègre distribue des papiers et sort.

CRÉTINOT, à part.

Il appelle ça une main secourable.

UNE VOIX.

C'est pas un ouvrier ! à bas !

TOUS.

Oui, à bas ! à bas !

PONTCHARRAT.

Citoyens, ces doutes sont injurieux pour le candidat... votre bureau ne les partage pas. (A Cassagnol.) Veuillez nous montrer votre livret.

SCÈNE ONZIÈME.

CASSAGNOL, se peignant les favoris.

Qu'est-ce que c'est que ça?

PONTCHARRAT.

Comment! vous n'êtes donc pas tailleur de pierre?

TOUS, mouvement.

Non, non.

CASSAGNOL

Permettez... je le fus au sortir du berceau... à l'âge de sept ans... et le serai toujours... de cœur!

TOUS.

Ah! ah! ah!

CASSAGNOL.

Mon père, ancien notaire...

CRÉTINOT.

Vous nous avez dit qu'il était ouvrier.

CASSAGNOL.

Eh bien!... ouvrier notaire.

TOUS.

A bas! à bas!

CASSAGNOL.

Mon père ouvrier notaire me fit faire les plus brillantes études, et bientôt je dus entrer à la Cour des comptes en qualité d'ouvrier référendaire.

TOUS, se levant avec une explosion de murmures.

Ah! ah!

CASSAGNOL, se précipitant de la tribune.

Et ce titre d'ouvrier je n'en rougis pas, il fait ma gloire! c'est ma noblesse, à moi!

UNE VOIX.

C'est un blagueur! à la porte!

TOUS.

Oui, oui, à la porte! à la porte!

On l'enlève et on le jette à la porte.

CASSAGNOL, au milieu du hourra général.

Ma vie tout entière!... fils de mes œuvres... sorti du peuple... c'est à la sueur de mon front... (Au fond.) Allez au diable!

SCÈNE XII.

LES MÊMES, moins CASSAGNOL, puis GIND

PONTCHARRAT.

Je vais mettre aux voix la candidature...

TOUS.

Non, non.

PONTCHARRAT.

Pour la régularité... (A part.) Ça me fera gagner du temps. (Haut.) Que ceux qui sont d'avis...

GINDINET, entrant.

Monsieur Pontcharrat, monsieur Pontcharrat!...

Les paysans se forment en groupe au fond. Crétinot se joint à eux.

PONTCHARRAT.

Gindinet! nous amènes-tu quelqu'un?

GINDINET.

Attendez... ce cheval est d'un dur! j'ai la rate... Dites donc, j'ai rencontré la veuve Tropical... la Vésuvienne...

SCÈNE TREIZIÈME.

PONTCHARRAT.

Ah! mon Dieu!

GINDINET.

Heureusement que j'étais à cheval... j'ai piqué des deux... C'est égal, c'est une belle gaillarde. Ah ça! je viens de chez le Corinthien, il ne viendra pas.

Crétinot redescend.

PONTCHARRAT.

Ah bah!

GINDINET.

Il se pose les sangsues!

CRÉTINOT.

Farceur! il sort d'ici.

GINDINET.

Comment!

PONTCHARRAT.

Envoyé par Cassagnol.

GINDINET.

Cassagnol! Pristi! je remonte sur mon bidet, je cours chez Grand-Bagout et je le ramène... en croupe! (A part, en sortant.) Ah! c'est égal, c'est une belle gaillarde!

Il sort.

SCÈNE XIII.

PONTCHARRAT, CRÉTINOT, BUFFETERY, LA NOCE, UN MONSIEUR, dans la salle.

PONTCHARRAT.

Je vais mettre aux voix la candidature...

UN MONSIEUR, se levant dans une avant-scène de gauche.

Je demande la parole.

PONTCHARRAT.

Que voulez-vous?

LE MONSIEUR.

La parole... c'est pour un renseignement... j'arrive et... Y a-t-il longtemps que le club est commencé?...

PONTCHARRAT.

Adressez-vous à l'ouvreuse.

LE MONSIEUR.

Permettez... je ne suis point un étranger, je suis Champenois, je suis venu à Paris pour voir les clubs.

PONTCHARRAT.

Mais, monsieur...

LE MONSIEUR.

En débarquant, je tombe sur votre affiche : *Club champenois*... Je me dis fameux, voilà mon affaire... (Mettant sa main sur ses yeux et regardant le public.) C'est drôle, je ne vois personne de chez nous. (A Pontcharrat.) Dites donc, il est cher, votre club...

PONTCHARRAT.

Ah çà! monsieur, quand vous aurez fini...

LE MONSIEUR, avec énergie.

Je demande la parole pour un fait personnel... (Naturellement.) Pouvez-vous me dire si le Muséum est ouvert le samedi?

PONTCHARRAT.

Eh! monsieur, vous n'êtes pas dans un bureau de renseignements... demandez à l'ouvreuse.

SCÈNE TREIZIÈME.

LE MONSIEUR.

A l'ouvreuse !... Merci !

Il disparaît

PONTCHARRAT.

Que ceux qui sont d'avis d'admettre la candidature du citoyen Jean-Louis, veuillent bien lever la main.

Tous lèvent la main.

CRÉTINOT.

Je demande la contre-épreuve.

PONTCHARRAT.

C'est de droit... que ceux qui sont opposés à la candidature veuillent bien lever la main. (Tous lèvent la main.) Nous voilà fixés.

LE MONSIEUR, reparaissant.

Pardon... je viens de demander à l'ouvreuse... elle ne sait pas.

PONTCHARRAT.

Monsieur, au nom du ciel, laissez-nous continuer. (Aux invités.) Quelqu'un demande-t-il le scrutin ?

UN PAYSAN.

Qu'est-ce que c'est que ça ?

LE MONSIEUR, expliquant.

On appelle scrutin un chapeau de feutre...

PONTCHARRAT.

Encore une fois, monsieur, je vous prie de vous taire.

LE MONSIEUR.

Ah !... je croyais pouvoir me permettre... comme compatriote, comme Champenois... (Il se rassied.) Ça suffit. (A part.) Il est rageur, ce président.

PONTCHARRAT.

Quelqu'un demande-t-il la parole ?

LE MONSIEUR, au public.

Comment? il me l'ôte, et... il ne sait pas présider, cet homme-là.

PONTCHARRAT.

Si personne ne demande la parole, le citoyen Crétinot va nous lire quelques pages de l'*Histoire de la grandeur et de la décadence des Romains*.

TOUS, avec véhémence.

Non! non! nous n'en voulons pas....

UNE VOIX.

Levez la séance.

PONTCHARRAT.

C'est impossible... il n'y a encore qu'une demi-heure... nous attendons des candidats.

UN PAYSAN, bâillant.

Ah! que c'est embêtant!

LE MONSIEUR, gouaillant.

Ah! ce club!

PONTCHARRAT.

Voyons, citoyens, demandez la parole... un peu de complaisance, que diable! voyons... citoyens. (A part.) Je ne pourrai jamais faire durer ça deux heures. (Haut.) Citoyens!... (Tout à coup.) Allons! les femmes peuvent parler!

TOUTES LES FEMMES, à la fois.

Nous voulons danser, nous sommes venues pour danser, nous danserons.

On ne s'entend plus. Le président agite sa sonnette.

SCÈNE TREIZIÈME.

PONTCHARRAT.

Je retire la parole aux femmes. C'est indécent! (Aux hommes.) Voyons, citoyens... il y a des questions importantes à l'ordre du jour... Qui est-ce qui demande la parole ?

LE MONSIEUR, à part.

Il me fait de la peine ! (Se levant.) Allons, je la demande.

PONTCHARRAT, avec colère.

Pour la troisième fois, monsieur vous n'avez pas le droit d'interrompre...

LE MONSIEUR.

Moi ! j'interromps ?... personne ne parle !... (A part.) Décidément le bureau m'est hostile. (Haut.) Citoyens, je ne suis point un orateur... mon père, ancien carbonari...

CRÉTINOT.

Ro !

LE MONSIEUR.

Plait-il?

CRÉTINOT.

Ro !

LE MONSIEUR.

Ro ! (Avec indignation.) Oh! oh! mais, président, cet homme manque à l'assemblée !

CRÉTINOT.

On ne dit pas un carbonari, on dit un carbonaro.

LE MONSIEUR.

Ah !... c'est possible, je ne suis point un orateur. (Au public.) Je vous disais donc que mon père, membre de la société des carbonaro.

CRÉTINOT.

Ri!

LE MONSIEUR.

Plaît-il ?

CRÉTINOT.

Ri ! on ne dit pas les carbonaro, on dit les carbonari.

LE MONSIEUR.

Ah çà ! qu'est-ce qu'il a donc à m'asticoter celui-là... Ro ! ri ! voulez-vous me laisser tranquille, vieux serpent à sonnettes ! Tenez, vous m'ennuyez... je vais boire une chope...

Il disparaît.

SCÈNE XIV.

Les Mêmes, moins LE MONSIEUR, HENRIETTE, puis CASSAGNOL, sous le nom de GRAND-BAGOUT.

HENRIETTE, entrant vivement.

Mon oncle ! mon oncle ! un nouveau candidat !

PONTCHARRAT.

Lequel ?

HENRIETTE

M. Grand-Bagout, de la part de M. Cassagnol.

PONTCHARRAT.

Fais-le entrer.

HENRIETTE, à part.

Pourvu qu'on ne le reconnaisse pas. (A la cantonade.) Par ici, monsieur, par ici.

Grand-Bagout paraît, il boite, porte un gilet blanc à larges revers, un chapeau, forme tyrolienne, en feutre ras, un habit râpé ; il salue le bureau et l'assemblée.

SCÈNE QUATORZIÈME.

GRAND-BAGOUT *.

Citoyens, je suis un enfant d'Épernay.

CRÉTINOT.

Le bureau vous invite à monter à la tribune.

GRAND-BAGOUT, à la tribune.

Citoyens, ma profession de foi sera courte. Je suis un enfant d'Épernay, mon père est d'Épernay, ma mère est d'Épernay, mes frères sont d'Épernay, et je ne crains pas de le dire, dussé-je m'aliéner vos suffrages, (Avec énergie.) citoyens, toute ma famille est d'Épernay!

UN INVITÉ, ne pouvant contenir son enthousiasme.

Bravo!

GRAND-BAGOUT.

Je ne m'expliquerai pas davantage sur mes antécédents politiques. Je n'ajouterai plus qu'un mot... ma position de fortune est indépendante... J'accepterai les vingt-cinq francs.

TOUS.

Très-bien! très-bien!

PONTCHARRAT.

Cette déclaration fait honneur à vos sentiments. Quelqu'un a-t-il des interpellations à adresser au candidat?

CRÉTINOT, étendant le bras.

Je demande la parole.

PONTCHARRAT, saisissant le bras de Crétinot et gesticulant avec lui.

Citoyens, je ne saurais trop vous engager à diriger principalement vos questions sur la constitution que nous sommes appelés à nous donner.

* Tout le rôle doit être nasillé.

CRÉTINOT.

C'est précisément là-dessus...

PONTCHARRAT.

Parlez.

CRÉTINOT.

Je demanderai l'opinion du candidat sur la suppression des bonnets à poil... et sur le divorce.

GRAND-BAGOUT.

Citoyens, j'ai pour habitude d'aborder de front les questions. On me demande mon opinion sur la suppression des bonnets à poil et sur le divorce. Je répondrai que l'agriculture est la plus noble des professions... Si j'arrive à la Chambre, je me ferai le représentant de la race ovine, bovine et chevaline. Je crois avoir suffisamment répondu à l'interpellation qui m'était adressée.

CRÉTINOT.

Permettez, vous avez répondu... pour les bonnets à poil!... mais pas pour le divorce.

TOUS.

C'est vrai, c'est vrai !

GRAND-BAGOUT.

Je vais répondre. Citoyens! la marine mérite tout notre intérêt. Je voterai pour un président. Vive l'agriculture !

CRÉTINOT.

Voilà ce que je voulais lui faire dire... très-bien ! très-bien !

PONTCHARRAT.

Autre question. Êtes-vous républicain ?

GRAND-BAGOUT, avec vigueur.

Qu'on m'enlève l'épiderme...

SCÈNE QUATORZIÈME.

PONTCHARRAT.

Non, je vous demande si vous êtes républicain.

GRAND-BAGOUT.

Eh bien?... (Reprenant.) Qu'on m'enlève l'épiderme et sous cette peau de républicain palpitera toujours une chair républicaine!

On applaudit avec chaleur.

PONTCHARRAT, lisant un papier.

Question communiquée. On demande la profession du candidat.

GRAND-BAGOUT.

J'ai quarante ans et je suis chauve.

PONTCHARRAT.

Votre profession?

GRAND-BAGOUT.

Ah! équilibriste.

PONTCHARRAT.

Comment?

GRAND-BAGOUT.

J'ai consacré ma vie à l'équilibre des intérêts sociaux.

PONTCHARRAT, bas à Crétinot.

Socialiste.

GRAND-BAGOUT, continuant.

J'ai consacré ma vie au triomphe de cette formule : l'homme doit vivre en se reposant. Je pose donc un principe: Celui qui travaille...

PREMIER PAYSAN.

Est un *feignant*.

GRAND-BAGOUT.

Vous rendez parfaitement ma pensée.

SECOND PAYSAN.

Ah çà ! si personne ne travaille, qui est-ce qui labourera la terre ?

GRAND-BAGOUT.

J'attendais cet argument. Nous aurons des machines.

TROISIÈME PAYSAN.

Et pour les vendanges ?

GRAND-BAGOUT.

Des machines.

UNE PAYSANNE.

Et pour les enfants ?

GRAND-BAGOUT.

Des machines.

DEUXIÈME PAYSAN.

Et qu'est-ce qui fera les machines ?

GRAND-BAGOUT.

D'autres machines. La terre ne sera plus qu'une grande famille de machines qui s'engendreront les unes par les autres et de cette façon... je serai très-clair. (Avec volubilité.) En combinant les divers éléments de la production régénérés par les bienfaits de l'association et fonctionnant sous la pression permanente de l'État dont l'impulsion vivifiée par la solidarité garantielle se rattache si essentiellement aux intérêts de l'agriculture, nous touchons à la solution du grand problème...

TOUS, avec enthousiasme.

Bravo ! bravo ! bravo !

GRAND-BAGOUT, avec modestie

Je suis clair, voilà tout.

SCÈNE QUATORZIÈME.

TOUS.

Très-bien ! très-bien ! vive le candidat !

<small>Grand-Bagout descend de la tribune au milieu des félicitations de l'assemblée, et Crétinot lui serre la main avec effusion.</small>

PONTCHARRAT.

Vous avez été d'une lucidité...

CRÉTINOT.

Surtout à la fin.

GRAND-BAGOUT.

Permettez-moi de vous distribuer quelques brochures. (En remettant une à Crétinot.) Projet non réalisé. (A un paysan.) Projet à réaliser. (A un autre.) Projet en voie de réalisation. (Remettant une petite bouteille à Pontcharrat.) Projet... Ah ! non, ça, c'est du vulnéraire suisse... J'en tiens aussi.

PONTCHARRAT.

Veuillez vous retirer un moment. Nous allons délibérer sur votre candidature.

GRAND-BAGOUT.

J'ose espérer.

TOUS.

Vive le candidat ! vive le candidat !

<small>AIR : *Par maints détours.* (Existence décolorée.)</small>

Oui, notre choix
S'arrête
Sur sa tête.
Cette fois,
Nous donnons tous nos voix !
Quel éclat
Un pareil candidat
Jett'ra sur le char de l'État.

<small>Grand-Bagout sort par la gauche en boitant en mesure sur l'air du chœur.</small>

SCÈNE XV.

Les Mêmes, moins **CASSAGNOL, GINDINET,**
arrivant essoufflé.

GINDINET, entrant par le fond.

Ouf! ce cheval est d'un dur!

PONTCHARRAT.

Gindinet! Eh bien?

GINDINET.

Eh bien! J'ai encore rencontré la veuve Tropical... cette femme ne me lâchera pas... elle me moucharde... avec ses yeux en amande... mais j'ai piqué des deux et je suis arrivé chez M. Grand-Bagout, il ne viendra pas...

PONTCHARRAT.

Ah bah!

GINDINET.

Il se purge.

PONTCHARRAT.

Allons donc!

GINDINET.

J'en ai la preuve.

PONTCHARRAT.

Mais nous venons de l'entendre... à l'instant... c'est Cassagnol qui...

GINDINET.

Encore!

PONTCHARRAT.

Ça lui en fait deux, tandis que toi...

SCÈNE SEIZIÈME.

GINDINET.

Ça suffit, je renfourche le cheval du brigadier... bien qu'il soit d'un dur!... et je cours chercher le général Chauvinancourt.

PONTCHARRAT

Dépêche-toi. Le club s'impatiente.

GINDINET.

Je pars comme une flèche et je reviens comme une balle.

Il sort vivement.

SCÈNE XVI.

LES MÊMES, moins GINDINET, LE MONSIEUR
dans la salle.

PONTCHARRAT, à part.

Ah çà! qu'est-ce que je vais leur dire pour leur faire prendre patience? (Haut.) Citoyens...

PREMIER PAYSAN.

Je demande la parole pour m'en aller.

TOUS.

Oui, oui !

PONTCHARRAT.

Je ne vous demande qu'une petite demi-heure

TOUS.

Non, non !

PONNCHARRAT.

Nous attendons le général Chauvinancourt, un vieux débris... qui ne peut tarder... Crétinot va vous lire quelques pages...

TOUS.

A bas! à bas!

LE MONSIEUR, dans la salle, reparaissant.

Ah! j'ai bu ma chope! (Aux acteurs.) Dites donc, vous ne savez pas la nouvelle?

PONTCHARRAT.

Encore ce monsieur!

LE MONSIEUR.

Il paraît que l'empereur de Russie a proclamé la république.

TOUS.

Ah bah!

LE MONSIEUR.

On le crie dans les rues... je viens d'acheter le journal *la Vérité!*... je ne l'ai pas encore lu, mais voilà l'article... (Lisant.) « Pétersbourg. Nous tenons de source certaine, qu'à la suite d'un festin, Sa Majesté l'Empereur de Russie, ne pouvant maîtriser son enthousiasme, a porté un toast à la République... »

TOUS.

Ah ah!

LE MONSIEUR.

A la république des lettres.

TOUS.

Ah! allons-nous-en! allons-nous-en!

PONTCHARRAT.

Citoyens, à vos places...

TOUS.

Non! non!

PONTCHARRAT, agitant sa sonnette.

Je vais me couvrir.

SCÈNE SEIZIÈME.

DEUXIÈME PAYSAN.

Couvrez-vous, qu'est-ce que ça nous fait?

TROISIÈME PAYSAN.

Levez la séance!

UNE PAYSANNE.

Ou faites-nous danser.

PONTCHARRAT.

En place, citoyens, en place!

TOUS, entourant l'orchestre, et très-animés.

Nous voulons danser! nous voulons danser!

PONTCHARRAT, à part.

Il n'y a que ce moyen. (Haut.) Eh bien!... en place pour la contredanse!

TOUS.

Ah! bravo! bravo!

Ils se placent. Pontcharrat prenant un violon, Crétinot, un ophicléide qui sont accrochés au mur derrière l'orchestre, préludent.

LE MONSIEUR.

Comment? ils vont danser. Je demande la parole.

PONTCHARRAT.

La chaîne anglaise.

La danse commence.

LE MONSIEUR.

Eh bien! les voilà partis! Ah! ce club!... (Les haranguant pendant qu'ils dansent.) Citoyens!... c'est pour une motion d'ordre... au nom de votre dignité... (L'orchestre fait un couac.) Cristi! que c'est faux!

PONTCHARRAT.

Balancez vos dames!

LE MONSIEUR.

Je m'étonne, que dans des circonstances aussi... quand il s'agit des intérêts de...

PONTCHARRAT.

Les quatre-z-autres !

LE MONSIEUR.

Ah ! ce club ! Quand il s'agit... Cristi ! que c'est faux ! (La danse continue.) Je proteste contre ces saturnales ! je proteste...

SCÈNE XVII.

Les Mêmes, CASSAGNOL, bruit à la porte.

BUFFETERY.

On me passera plutôt sur le corps !

CASSAGNOL, sous le nom de Chauvinancourt.

Ouvre les rangs, pékin.

Les danseurs et danseuses se rangent sur les côtés. On aperçoit Chauvinancourt, costume de vieux grognard, caricature, il a une cravache à la main.

CHAUVINANCOURT.

Ah çà ! se moque-t-on de moi. On me demande pour un club et je tombe au milieu d'un bastringue.

LE MONSIEUR, de la salle.

Très-bien !... très-bien ! nous protestons contre ces saturnales.

Pontcharrat est descendu de l'orchestre avec Crétinot.

PONTCHARRAT, à Chauvinancourt.

Permettez... qui êtes-vous ?

SCÈNE DIX-SEPTIÈME.

CHAUVINANCOURT, très-brusque.

Taisez-vous!

CRÉTINOT.

Mais c'est le président.

CHAUVINANCOURT, de même.

Taisez-vous! Je suis le général Chauvinancourt.

PONTCHARRAT.

Ah! nous vous attendions... si vous voulez monter à la tribune...

CHAUVINANCOURT, de même.

Je suis bien là, je veux rester là, je ne monte pas sur les planches, je ne suis pas un paillasse, corbleu!

CRÉTINOT.

Cependant, l'usage...

CHAUVINANCOURT, de même.

Taisez-vous!... voici ma profession de foi et silence dans les rangs. (Il tousse et relève sa moustache.) Hum!... (Parlant à droite.) Tas de pékins! vingt-six blessures! trente campagnes!... quarante ans de service! voilà! crrrrr!...

TOUS.

Bravo! bravo!

CHAUVINANCOURT, même jeu.

Hum!... (Parlant à la gauche.) Tas de pékins! vingt-six blessures! trente campagnes! quarante ans de services! voilà! crrrrr!

LE MONSIEUR.

C'est la même chose... vous l'avez déjà dit.

CHAUVINANCOURT.

Taisez-vous!... mon nom est inscrit sur les Pyramides, on peut s'en assurer...

CRÉTINOT.

Comment cela?

CHAUVINANCOURT.

En y allant... J'étais à Aboukir... c'est là que j'ai eu le malheur de perdre mon bras droit.

Un geste.

PONTCHARRAT, examinant son bras

Comment! vous avez perdu?... Ah! celui-là est bien imité.

CHAUVINANCOURT.

Mon bras droit s'appelait alors le capitaine Franbichon... un brave dont je dus consoler la veuve... pendant six mois; elle me couronna de myrthes...

LE MONSIEUR, à part.

Polisson!

CHAUVINANCOURT.

Puis elle me planta là pour un mameluck; j'en fus navré : mais bientôt la victoire en chantant effaça ces souvenirs.

LE MONSIEUR.

Je demanderai l'opinion du candidat sur l'assiette de l'impôt.

CHAUVINANCOURT.

Vous m'ennuyez! crrrrr! (Reprenant.) J'entrai dans la cavalerie, nous avions des culottes de peau. Un soir, c'était après Marengo, le pain manqua, nous mangeâmes nos culottes.

PONTCHARRAT.

Mais le lendemain, vous n'étiez pas couverts.

CHAUVINANCOURT.

Nous étions couverts de lauriers! ce costume plaît aux belles.

SCENE DIX-SEPTIÈME.

TOUS.

Très-bien! très-bien!

LE MONSIEUR.

Je demanderai l'opinion du général sur l'assiette.

CHAUVINANCOURT.

Vous m'ennuyez!... crrrrr! A Austerlitz, un beau matin, Napoléon me dit : Chauvinancourt, prends vingt hommes et mouche ces canons, j'en pris huit et pstt!... les canons furent mouchés. C'est là que j'eus le malheur de perdre mon second bras droit... Un brave dont je dus consoler la veuve; je l'adorais... Nous nous séparâmes pour un coup de cravache que je lui sanglai vaguement sur le râble.

CRÉTINOT et PONTCHARRAT

Comment!

CHAUVINANCOURT.

Oui, j'ai toujours battu les femmes... C'est une de mes friandises!... (Remontant et passant la revue des assistants, les mains derrière le dos.) Maintenant vous me connaissez, faites-moi des questions et si elles ne sont pas trop bêtes, j'y répondrai.

LE MONSIEUR.

Ah! enfin!... Êtes-vous pour un président?

CHAUVINANCOURT.

Citoyens! je suis un vieux soldat... un président... ça ne botte...

LE MONSIEUR.

Combien de chambres?

CHAUVINANCOURT.

Quatre!

LE MONSIEUR.

C'est un appartement complet.

CHAUVINANCOURT.

Je veux que le gouvernement soit bien logé.

PONTCHARRAT.

Que pensez-vous de l'organisation du travail?

TOUS.

Ah! ah!

CHAUVINANCOURT.

Citoyens, je suis un vieux soldat... l'organisation, ça me chausse...

LE MONSIEUR.

Mais encore...

CHAUVINANCOURT.

Nourri dans les camps, élevé dans les camps, grandi dans les camps!... Vingt-six blessures! trente campagnes!... quarante ans de services! je suis républicain, j'ai servi l'Empereur, j'aime l'Empereur, vive l'Empereur!

TOUS.

Vive l'Empereur! vive l'Empereur!

LE MONSIEUR, avec force.

Citoyens! citoyens!... vous vous trompez... vous criez vive l'Empereur!

PONTCHARRAT.

Eh bien?

LE MONSIEUR.

Nous sommes sous la République, c'est vive la République!

CRÉTINOT.

Oh! c'est un carliste!

TOUS.

A la porte! à la porte!

SCÈNE DIX-HUITIÈME.

LE MONSIEUR, à part.

Ah çà! est-ce que je serais tombé dans un club de bonapartistes? (Haut.) Permettez.

TOUS.

A la porte! à la porte!

LE MONSIEUR.

Eh bien! soit... je sors!... Mais je sais ce qu'il me reste à faire. (A part.) Je vais les faire empoigner... où y a-t-il de la mobile? Je vais demander à l'ouvreuse.

Il sort.

SCÈNE XVIII.

LES MÊMES, moins LE MONSIEUR.

PONTCHABRAT.

Ce n'est pas malheureux... Il est insupportable ce monsieur... (Tirant sa montre.) Deux heures! citoyens, la séance est levée.

TOUS.

Ah! enfin!...

CHŒUR DES INVITÉS.

AIR : *Pour notre grande affaire.* (Existence décolorée.)

De not' planton civique
Puisqu'on nous r'lève enfin,
Noyons la politique
Au cabaret voisin.

PONTCHARRAT.

Surtout, n'oubliez pas
Dans une heur'... le repas.

CRÉTINOT.

Le contrat sera prêt
En mêm' temps que l' banquet.

ENSEMBLE.

De notr' planton civique,
Etc...

Les paysans et Crétinot sortent par le fond. Cassagnol a été prendre Henriette à la porte de gauche, et fait un tour de valse avec elle dans le mouvement du chœur continué à l'orchestre.

SCÈNE XIX.

CASSAGNOL, PONTCHARRAT, HENRIETTE, puis GINDINET, puis LE MONSIEUR.

CASSAGNOL.

Tra la, la, la...

PONTCHARRAT.

Général!... général!

GINDINET, entrant.

Ah! je viens de chez le général Chauvinancourt... il ne viendra pas.

PONTCHARRAT.

Ah bah!

GINDINET.

Il met son vin en bouteilles.

PONTCHARRAT, démasquant Cassagnol.

Mais le voici, le général!

CASSAGNOL, ôtant sa perruque et ses moustaches.

Il n'y a plus de général, cher oncle... il n'y a plus qu'un

SCÈNE DIX-NEUVIÈME.

neveu, un amoureux, brûlant de voir couronner ses feux.

PONTCHARRAT et GINDINET.

Cassagnol!

CASSAGNOL.

Je vous avais promis trois candidats, si vous êtes content de la fourniture... (Il prend la main d'Henriette.) signez la quittance.

PONTCHARRAT.

La quittance?... Ah! tu t'es moqué de moi et tu crois... Gindinet a pris hypothèque, voilà mon neveu, je n'en veux pas d'autre.

CASSAGNOL.

Vieux Metternich!...

HENRIETTE.

Mais... mon oncle!...

GINDINET, d'un air honteux et contrit.

Je demande la parole... je ne peux plus épouser votre nièce...

PONTCHARRAT, HENRIETTE et CASSAGNOL.

Comment?

Ils se rapprochent.

GINDINET.

Voici pourquoi... (S'interrompant, et à Pontcharrat.) Faites éloigner la petite. (Henriette remonte.) Voici pourquoi... (S'interrompant.) Faites éloigner le petit... (Cassagnol rejoint Henriette.) Voici pourquoi... Éloignez-vous aussi... (Se ravisant.) Ah! non!... Je viens de rencontrer la veuve Tropical...

Il lui parle à l'oreille.

PONTCHARRAT.

Ah! mon Dieu.

GINDINET.

Voilà pourquoi je ne peux plus épouser votre nièce.

PONTCHARRAT, à part.

Tout est perdu. (Haut.) Cassagnol, je me ravise, nous signerons le contrat ce soir.

CASSAGNOL, redescendant avec Henriette.

Des lampions! des lampions!

Il embrasse Henriette.

TOUS, répètent.

Des lampions!...

CHŒUR.

AIR : de *l'École buissonnière.*

On le sait, souvent l'amour,
A servi la politique ;
La politique, à son tour,
Pour cette fois sert l'amour!

Cassagnol s'avance vers le public, et commence le couplet final.

CASSAGNOL.

AIR :

Ce soir, messieurs, à votre tribunal...

LE MONSIEUR, dans la salle, à Cassagnol.

Pardon, monsieur!

CASSAGNOL.

Monsieur?

LE MONSIEUR.

Ah çà! farceur! c'est donc une comédie que vous jouez là?

CASSAGNOL.

Oh!... une pochade.

SCÈNE DIX-NEUVIÈME.

LE MONSIEUR.

Le commissaire m'a dit une comédie... allez, continuez, faites-moi rire.

Cassagnol recommence le couplet au public.

CASSAGNOL, au public.

AIR :

Ce soir, messieurs, à votre tribunal...

LE MONSIEUR, se relevant.

Pardon, monsieur... est-ce que la pièce est finie?

CASSAGNOL.

Oui.

LE MONSIEUR.

Ah! diable! c'est que je n'y ai rien compris... auriez-vous l'obligeance de la recommencer?

CASSAGNOL.

Ce soir?

LE MONSIEUR.

S'il vous plaît?

CASSAGNOL.

Il est trop tard... revenez demain... Qu'est-ce que vous faites demain?

LE MONSIEUR.

Je vais voir les travaux du Champ-de-Mars.

CASSAGNOL.

Où ça?

LE MONSIEUR.

Eh bien! au Champ-de-Mars.

CASSAGNOL.

Farceur!... (Le monsieur fait une fausse sortie.) Eh bien! vous vous en allez?... vous n'écoutez pas le couplet au public?

LE MONSIEUR.

Oh! c'est toujours la même chose... je le connais votre couplet... voulez-vous que je vous le chante?

CASSAGNOL.

Ah! oui! je serais curieux... (Pontcharrat fait un mouvement vers le monsieur.) Pardon... c'est que je vois notre président... je crois qu'il voudrait en être.

PONTCHARRAT.

Dame!

LE MONSIEUR.

Allons, vous en serez... nous le chanterons à nous *deusse.*

GINDINET.

Eh bien! et moi?... pourquoi pas à nous *troisse...*

CASSAGNOL.

A nous quatre, alors.

LE MONSIEUR

Allons-y!

AIR :

Ta di da da... indulgent tribunal,
Ta di da da... un arrêt trop sévère...
(A Pontcharrat, parlé.) A vous!

PONTCHARRAT.

Ta di da da... toujours impartial,
Ta di da da... la faveur du parterre.
(A Gindinet, parlé.) A vous!

GINDINET.

Ta di da da.... le pauvre auteur,
Ta di da da... son espérance...

LE MONSIEUR, à Cassagnol, parlé.

A vous! La fin.

SCÈNE DIX-NEUVIÈME.

CASSAGNOL.

Ta di da da... sa frayeur,
Ta di da da... espoir flatteur,
Ta di da da... votre indulgence.

TOUS.

REPRISE.

Ta di da da... sa frayeur,
Etc.

FIN DU TROISIÈME VOLUME.

TABLE

CÉLIMARE LE BIEN-AIMÉ. 1
UN MONSIEUR QUI PREND LA MOUCHE. 137
FRISETTE. 213
MON ISMÉNIE. 267
J'INVITE LE COLONEL. 331
LE BARON DE FOURCHEVIF. 377
LE CLUB CHAMPENOIS. 441

www.ingramcontent.com/pod-product-compliance
Lightning Source LLC
Chambersburg PA
CBHW050603230426
43670CB00009B/1242